国家社会科学基金项目"经济下行期资产证券化创新对银行风险承担的影响研究"（项目号：16CJY070）

资产证券化与商业银行风险

来自中国银行业的研究

李佳 著

中国社会科学出版社

图书在版编目（CIP）数据

资产证券化与商业银行风险：来自中国银行业的研究/李佳
著 . —北京：中国社会科学出版社，2021. 3
ISBN 978 – 7 – 5203 – 7806 – 2

Ⅰ. ①资…　Ⅱ. ①李…　Ⅲ. ①资产证券化—研究—中国 ②商业
银行—风险管理—研究—中国　Ⅳ. ①F832. 51 ②F832. 332

中国版本图书馆 CIP 数据核字（2021）第 020098 号

出 版 人	赵剑英	
责任编辑	刘晓红	
责任校对	周晓东	
责任印制	戴　宽	

出　　版	中国社会科学出版社	
社　　址	北京鼓楼西大街甲 158 号	
邮　　编	100720	
网　　址	http：//www. csspw. cn	
发 行 部	010 – 84083685	
门 市 部	010 – 84029450	
经　　销	新华书店及其他书店	

印刷装订	北京君升印刷有限公司	
版　　次	2021 年 3 月第 1 版	
印　　次	2021 年 3 月第 1 次印刷	

开　　本	710 × 1000　1/16	
印　　张	16. 75	
插　　页	2	
字　　数	258 千字	
定　　价	99. 00 元	

摘　　要

　　近年来，银行体系一直是提高我国金融市场融资效率的重要力量，但长期信贷扩张带来的风险积累也不容忽视，并且经济下行压力导致实体经济风险的恶化也不可避免地会传导至银行系统。随着经济增长趋势的下行与银行风险的不断攀升，我国资产证券化的发展不断提速，因此需要考虑的是，拥有风险转移与流动性效应等微观功能的资产证券化创新，将对银行风险承担产生何种影响？在经济下行趋势不断强化的背景下，资产证券化能否成为银行风险管理的重要途径？对于这些问题的解答，不仅能够为维护银行稳定、优化监管机构的监管措施提供理论支撑，更可为"不发生系统性风险"底线的维持提供决策支持。因此，本书以"经济下行期"为研究背景，在借鉴现有文献的基础上，全面探讨了资产证券化对银行风险承担的影响。本书的主要研究结论有：

　　（1）以"经济下行压力"为背景，从理论上得出我国商业银行发展资产证券化的目的在于改善资产流动性结构、缓解资产负债的期限错配、提升风险管理能力与竞争力，并以我国银行业为样本进行实证考察，发现银行发展资产证券化的真实目的在于缓解风险和改善营利性，同时发现经济下行态势也是银行发展资产证券化的重要动力，而且随着银行经营压力的提升，资产证券化增加流动性、转移风险、提高营利性和补充资本等功能将逐渐被银行重视，这也凸显经济下行压力给银行带来的经营困境，是政府部门大力推动资产证券化的目的之一。

　　（2）理论上看，资产证券化对银行风险承担的影响遵循一条由"微观向宏观"过渡的三阶段路径：第一阶段，资产证券化将通过风险转移、流动性效应及监管资本套利等功能影响银行个体行为，这是微观阶段的影响。第二阶段，上述功能效应对银行个体行为的影响，将通过银行资产负债结构、流动性结构、期限结构及风险偏好等变化来体现，并反映在风险承担水平的变化上，这是中观阶段的影响。第三阶段，资产证券化对银行风险承担的影响，将产生一定的溢出效应，并且该溢出效应最终将体现于金融稳定的变化上，这是宏观阶段的影响。

（3）以重启后的银行信贷资产证券化发展为样本，发现在初始阶段资产证券化显著推动了银行风险上升，同时机制分析结果表明：资产支持证券发行银行主要是通过道德风险倾向或从事高风险业务，及持有更高比例风险资产与更多"基础资源"导致不良贷款率上升，并且在发展初期，银行更注重基础资产池的高信用质量，或采取"风险自留"等微观行为，这均不利于风险的缓解。同时，通过长期分析发现，在政策因素推动下，资产证券化能够缓解银行风险，可见目前采取的政策基本实现了应有目标，属于有效的"政策"，该结论也说明伴随着时间推移及资产证券化不断发展，其导致银行风险上升的效应将不断弱化。

（4）以"经济下行压力"为背景，实证考察资产证券化对银行风险的影响，结果显示在经济下行趋势中，资产证券化能够显著降低银行风险，并且相比上市银行和规模较大银行，资产证券化更有利于降低非上市银行与规模较小银行的风险；在考虑银行微观结构差异的分析中，发现对于资产流动性、资本规模、营利性较低，及风险资产占比较高的银行，资产证券化越有利于实现风险缓解，这也从侧面证实了在经济下行压力下，资产证券化可通过改善银行资产流动性、资本规模、盈利水平及风险资产占比等微观结构，以实现风险的降低。

（5）采用双向固定效应、双重差分、中介效应等实证分析方法，进一步分析资产证券化对银行稳定的影响，发现在经济下行趋势下，资产证券化并未对银行稳定带来不利影响，同时也未导致银行杠杆的过度增长，可知目前我国银行资产证券化的发展处在稳定状态，其微观功能的发挥也在正常边界之内。

（6）资产证券化的理性发展，可充当维护经济下行期银行稳定的重要路径，主要可从明确资产证券化的功能定位、动态监控资产证券化影响银行风险承担的传导链条及完善纳入资产证券化后的银行监管系统来实现。

（7）在经济下行期，我国银行资产证券化应遵循如下发展策略，即将渐进式推动金融结构的优化作为资产证券化的发展目标；审慎看待资产证券化的功能体系；以"宏观审慎监管"为蓝本，强化资产证券化的监管；从法律制度角度完善资产证券化发展的制度保障。

关键词：经济下行期；资产证券化；银行风险

ABSTRACT

In recent years, the Banking System has been an important force to improve the Financing efficiency of Chinese Financial Market, but the risk accumulation brought by long – term Credit Expansion can not be ignored, and the deterioration of real Economic Risk caused by Economic Downward pressure will inevitably be transmitted to the Banking System. With the downward trend of economic growth and the rising risk of Banks, the development of Asset Securitization in China is speeding up. Therefore, we need to consider how the innovation of Asset Securitization with micro functions such as Risk Transfer and Liquidity Effect will affect the Risk – Taking of Banks? Under the background of economic downward trend, can asset securitization become an important way of Bank Risk Management? The answers to these questions can not only provide theoretical support for maintaining bank stability and optimizing regulatory measures of regulators, but also provide decision support for maintaining the bottom line of "no systemic risk" . Therefore, based on the research background of "Economic Downturn Period", this book comprehensively discusses the impact of Asset Securitization on Bank Risk – Taking on the basis of existing literature. The main conclusions of this book are as follows:

1. Based on the background of "Downward Pressure of Economy", it is theoretically concluded that the purpose of developing Asset Securitization of Chinese Commercial Banks is to improve the structure of Asset Liquidity, alleviate the term mismatch of Assets and Liabilities, and enhance the ability

and competitiveness of Risk Management. Taking Chinese Banking industry as a sample, this paper makes an empirical study and finds that the real purpose of developing Asset Securitization of Banks is to mitigate risks and improve them for profit, it is also found that the downward trend of economy is an important driving force for banks to develop Asset Securitization. With the increase of bank operation pressure, the functions of Asset Securitization, such as increasing liquidity, transferring risk, increasing profitability and replenishing capital, will gradually be taken seriously by banks. This also highlights the operational difficulties brought by the downward pressure of economy which is the purposes for the government department that vigorously promotes Asset Securitization.

2. In theory, the impact of Asset Securitization on Bank Risk – Taking follows a three – stage path of transition from "micro to macro": In the first stage, Asset Securitization will affect bank individual behavior through risk transfer, liquidity effect, regulatory capital arbitrage and other functions, which is the impact of the micro stage. In the second stage, the impact of the above – mentioned functional effects on the bank's individual behavior will be reflected in the changes of the bank's asset liability structure, liquidity structure, term structure and risk preference, and reflected in the changes of the risk – taking level, which is the impact of the meso stage. In the third stage, the impact of Asset Securitization on Bank Risk – Taking will have a certain spillover effect, and the spillover effect will finally be reflected in the change of financial stability, which is the impact of the macro stage.

3. Taking the development of bank credit Asset Securitization after the restart as a sample, it is found that Asset Securitization significantly promotes the rise of bank risk in the initial stage. At the same time, the mechanism analysis results show that Asset – Backed Securities issuing banks mainly increase the non – performing loan rate through moral hazard tendency or engaging in high – risk business, and holding a higher proportion of risk assets and more "basic resources", And in the early stage of development, banks pay more attention to the high credit quality of the basic asset pool, or take micro

behaviors such as "risk retention", which are not conducive to risk mitigation. At the same time, through long – term analysis, it is found that asset securitization can alleviate bank risk under the promotion of policy factors. It can be seen that the current policies have basically achieved their due goals, which are effective policies. This conclusion also shows that with the passage of time and the continuous development of Asset Securitization, the effect of its leading to the rise of bank risk will continue to weaken.

4. Based on the background of "downward pressure of economy", this paper makes an empirical study of the impact of Asset Securitization on Bank Risk. The results show that Asset Securitization can significantly reduce bank risk in the downward trend of economy. Compared with listed banks and larger banks, Asset Securitization is more conducive to reduce the risk of non listed banks and smaller banks. Considering the differences of bank microstructure, the paper analyzes the impact of Asset Securitization on bank risk In the analysis, it is found that for banks with low liquidity, capital scale, profitability and high proportion of risk assets, Asset Securitization is more conducive to risk mitigation, which also proves that under the downward economic pressure, Asset Securitization can achieve risk by improving the bank's micro structure of asset liquidity, capital scale, profitability and proportion of risk assets reduction.

5. By using the two – way fixed effect, double difference, intermediary effect and other empirical analysis methods, we further analyze the impact of Asset Securitization on bank stability, and find that Asset Securitization has not brought adverse effects on bank stability and excessive growth of bank leverage under the trend of economic downturn. We can see that the development of bank Asset Securitization in China is in a stable state at present, Its micro function is also within the normal boundary.

6. The rational development of Asset Securitization can serve as an important path to maintain the stability of banks in the economic downturn, which can be realized by clarifying the functional orientation of Asset Securitization, dynamically monitoring the transmission chain of the impact of Asset

Securitization on bank risk bearing, and improving the banking regulatory system incorporated into Asset Securitization.

7. In the period of economic downturn, Asset Securitization of banks in China should adhere to the following development strategies: gradually promoting the optimization of financial structure as the development goal of Asset Securitization; prudently treating the functional system of Asset Securitization; strengthening the supervision of Asset Securitization Based on "macro prudential supervision"; improving the institutional guarantee of Asset Securitization development from the perspective of legal system.

Key Words: Economic Downturn; Asset Securitization; Bank Risk

目　　录

第一章 导论

第一节 选题背景

2019 年政府工作报告明确提出，"稳妥处置金融领域风险，加强金融风险监测预警和化解处置"，可见防控金融风险已成为金融发展的重要任务之一①，通过深化改革化解金融风险，对于守住不发生系统性风险的底线、推动我国经济实现高质量发展具有重要意义。目前，经济增长下行压力不断释放，2018 年中央经济工作会议明确表明"经济面临下行压力"，李克强总理在部署 2019 年经济政策安排工作时更是直言"经济下行压力加大"，足见决策当局对"经济下行压力"问题的重视。在经济增长下行影响下，实体经济违约风险不断明显，尤其是在目前结构性"去杠杆"导致融资环境不断紧缩的情况下，各类企业与地方政府债务问题受到了广泛关注，截至 2018 年 10 月底，私营企业资产负债率达到 56.2%，同比增长 4.8 个百分点，并且根据 IMF 测算，若将隐性债务考虑在内，地方政府杠杆率也达到 51.8% 的高位（陈彦斌、王兆瑞，2019）。考虑到我国"银行主导型"的金融结构背景，近二十年来，银行中介一直是提高融资效率的重要力量，但在此过程中，一方面，长期信贷扩张将会带来金融风险的上升，甚至会出现金融危机（张晓晶等，2019）；另一方面，经济下行压力导致实体经济风险的恶

① 第五次全国金融工作会议提出"服务实体经济、防控金融风险和深化金融改革"作为金融发展的三项任务。

化将不可避免传导至银行体系，目前银行体系不良贷款与不良贷款率的"双升"① 已经凸显了该问题。可以预见的是，随着经济"去杠杆化"与国内资产市场的深度调整，商业银行风险状况前景不容乐观，并且值得注意的是，我国商业银行毕竟是金融体系的主导力量，银行体系的稳定不仅是维护金融稳定的重要环节，更是决定有效处理"防范化解重大风险"问题的重要保障。因此，在经济下行背景下，如何厘清商业银行风险的变化特征已成为学术界和监管部门亟待解决的重要课题，同时，商业银行风险承担水平的降低，不仅是维护银行体系稳定、守住不发生系统性金融风险的基础环节，更是监管机构优化监管措施的重要决策支撑。

资产证券化最初诞生于 20 世纪 70 年代的美国，在历经近半个多世纪的发展后，资产证券化在美国、欧洲和日本等发达国家实现了迅速增长，并一度超越国债市场②，成为资本市场中规模最大的子市场。虽然金融危机的爆发导致该市场规模出现萎缩，但其促进金融机构改善流动性、转移风险与提高营利性等功能依然受到市场广泛青睐。作为最近几十年全球金融市场最重要的金融创新之一，与其说资产证券化是一项金融创新工具，不如将其视为一种创新流程。所谓"资产证券化"，即将信贷资产等流动性较差的债权类项目出售至特殊目的机构（SPV），由其进行打包与分层，并辅之必要的信用评级与增级，以转换为可在资本市场中交易证券的过程。在此之中，"破产隔离"是该流程的核心环节（邹晓梅等，2015），而该环节所伴随的债权转让，背后则体现了银行风险的转移或剥离。为此，多数学者将资产证券化视为"风险转移工具"（孙安琴，2011；孔丹凤等，2015；李佳，2017；宋清华、胡世超，2018），"转移风险"也被当作资产证券化的基本功能之一（王晓、李佳，2010），该功能在实现信用风险转移的同时，也不会影响银行与

① 据中国银保监会相关数据显示，银行全行业不良贷款余额从 2011 年第四季度开始由降转升，至 2018 年第四季度持续上升。截至 2018 年第三季度，商业银行不良贷款率达到 1.87%，较上季度末增加 0.01 个百分点，创下了 2008 年金融危机后的新高；同时，截至 2018 年年底，商业银行不良贷款率达到 1.89%，又持续上涨 0.02 个百分点，创 10 年内新高，并且不良贷款总额为 2 万亿元左右。

② 截至 2018 年年底，美国资产证券化市场规模接近 11 万亿美元，超过了同期国债市场规模。

客户的关系（庄毓敏等，2012；许坤、殷孟波，2014）。在金融危机爆发之前，资产证券化品种与规模之所以迅速扩张，主要也在于银行针对"风险转移"功能的迫切需求，该功能也确实为银行带来了风险转移的大量益处，但却在金融危机爆发的情况下出现缺失（Archarya et al.，2013；Huong et al.，2016）。

我国资产证券化自 2005 年正式起步，但金融危机的爆发使该实践一度停滞，直至 2012 年 6 月，伴随金融深化的需要，央行等部门联合发布了《关于进一步扩大信贷资产证券化试点有关事项的通知》，标志着信贷资产证券化再度启动，此时我国经济增长正式步入下行周期，商业银行风险问题也开始显现。在此之后，针对资产证券化出台的一系列政策措施，均体现了政府当局对利用资产证券化相关功能，以缓解银行风险或不良贷款状况的期待，比如 2014 年 11 月 20 日，银监会下发了《关于信贷资产证券化备案登记工作流程的通知》，将信贷资产证券化业务由审批制改为备案制；同年 11 月 21 日，证监会正式颁布《证券公司及基金公司子公司资产证券化业务管理规定》，亦将资产证券化业务从之前的行政审批制转向备案制。2015 年 4 月 2 日，央行下发公告（2015，第 7 号）称，已经取得监管部门相关业务资格，发行过信贷资产支持证券且能够按规定披露信息的受托机构和发起机构，可直接向中国人民银行申请注册。以上这些将资产证券化业务由审批制改为备案制或注册制的政策行为，再加上国务院"盘活存量"的政策考量，蕴含了监管部门对银行流动性结构或期限结构失衡的忧虑，而两者的失衡亦是银行风险的成因之一。进一步观察来看，2016 年 2 月，央行等部委联合发布《关于金融支持工业稳增长调结构增效益的若干意见》，同年 4 月，银行间交易协会颁布了《不良贷款资产支持证券信息披露指引（试行）》，意味着不良贷款证券化正式开启。同时，李克强总理在 2017 年 3 月 5 日的政府工作报告中也提到"促进盘活存量资产，推进资产证券化"等"去杠杆"措施，资产证券化的功能定位也正式从基础设施融资转为"去杠杆"。可见，不断出台的政策措施，看似为推动资产证券化发展创造了空间，实则反映了监管当局为银行提供多元化风险管理途径的目的。那么考虑到发达国家资产证券化业务带来的不利冲击及教训，在经济下行压力下，我国资产证券化的初步发展对商业银行风险承担水平将产生何种影响？资产证券化能否成为商业银行风险管理的重要创新途径？这不仅是本书需要回答的主要问题，也是关系到如何进一步规范资产证券化发展的基础考虑因素。

第二节　选题意义

本书将基于"经济下行期"的重要背景，针对已有研究的不足，在借鉴前述研究成果的基础上，全面探讨资产证券化对商业银行风险承担的影响。本书选题的研究意义在于：

一方面，关于理论意义：一是基于"由微观向宏观过渡"的三阶段动态路径，深入探讨资产证券化对银行个体行为、银行个体风险承担以及银行系统稳定性的影响，揭示资产证券化对银行风险承担的作用机理，以深化对资产证券化与银行风险承担关系的理解。二是从短期和长期两个角度分析资产证券化与商业银行风险之间的关系，为深化认识资产证券化风险行为提供了一个新的视角。现有研究仅集中于资产证券化对商业银行风险影响的微观解释，而本书首次着眼于经济下行压力这一复杂宏观经济背景，考虑短期、长期及政策因素的融合，进一步补充完善了资产证券化风险行为的研究文献。三是已有文献主要聚焦于发达国家的银行体系，这无法洞察我国银行资产证券化的风险管理效果。本书以我国独特的银行微观特征变化为切入点揭示资产证券化对银行风险产生的影响，并基于经济下行压力下的宏观背景对此进行深入分析，为全面厘清资产证券化与银行风险之间的关系提供了我国的经验证据，丰富了资产证券化对商业银行风险影响情景机制的相关研究。

另一方面，关于现实价值：一是详细分析在经济下行压力下，我国银行体系的"新常态"特征及特殊的功能需求，为银行推进资产证券化业务提供支撑依据。二是结合经济下行期资产证券化创新对银行风险承担影响特殊性的分析，基于功能观的视角，以维护金融稳定为目的，剖析商业银行资产证券化的发展行为，防止银行出现过度创新。三是探讨经济下行期背景下，商业银行如何通过发展资产证券化缓解风险承担，进而为提升系统稳定性提供对策建议。四是本书的研究结论为进一步规范资产证券化发展的政策选项提供了理论与经验依据，对保障资证券化基本功能的有效发挥，及维护银行的稳健运营具有重要的政策启示和借鉴意义。

第三节　研究思路及内容

一　研究思路

在资产证券化相关理论与文献综述的基础上：第一，结合经济下行趋势的经济背景，基于功能观视角探讨资产证券化创新的主要动因，力求对我国资产证券化发展的需求本质进行明确，并从经济下行特征、银行微观行为变化及政策因素等维度出发，从实证上确定经济下行阶段银行发展资产证券化的主要动因。第二，通过构建资产证券化对银行风险影响的"三阶段"动态路径机制，从功能效应（微观阶段）、银行个体行为变化（中观阶段），及对金融稳定的溢出效应（宏观阶段）三个角度，从理论上厘清资产证券化对银行风险承担的影响机制。第三，基于前文构建的理论架构，对我国资产证券化与银行风险承担进行实证考察，一方面，从短期和长期两个方面，并纳入政策因素，对资产证券化与银行风险承担的关系进行初步判断；另一方面，以经济下行为背景，进一步探讨资产证券化对银行风险的影响机制，从而为判断资产证券化与银行风险的关系提供我国的证据。第四，进一步剖析资产证券化对银行稳定的影响，并区分不同的银行微观特征及银行类型进行异质性分析。从微观路径、中观路径、宏观路径三个方面，深入探讨资产证券化发展趋势下，银行维护系统稳定性的具体路径，并以经济下行趋势为背景，从发展目标、功能约束及监管框架的构建等方面剖析资产证券化的发展及监管趋势。

从研究思路来看，本书的研究对象主要包括资产证券化与银行风险承担，在此基础上，试图考察经济下行背景下，资产证券化对银行风险承担的影响机制，不仅从理论层面上厘清两者的关系，也从实证角度给出相关的经验证据，当然在此过程中也涵盖资产证券化与银行稳定关系的研究，并针对资产证券化的发展及银行稳定等问题提出应有的对策启示。本书基于如下思路展开研究：

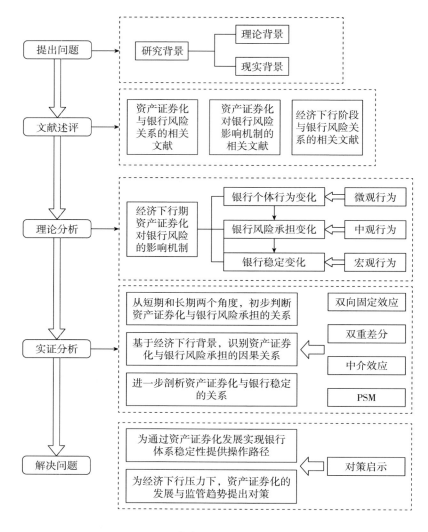

图1-1 本书研究思路及简要框架

提出问题：在我国经济下行压力趋势下，经济高质量发展及防范化解重大风险的要求，需要给予资产证券化发展一定的支持，资产证券化也逐步被视为银行风险管理的渠道之一，这也迎合了我国资产证券化发展提速的情形。理论与现实依据：梳理资产证券化的相关理论，及其与银行风险承担关系的研究文献，并对经济下行压力背景进行界定分析。分析问题：从理论上厘清资产证券化对银行风险承担的影响机理，并基于经济下行的背景趋势，从实证上详细剖析资产证券化对银行风险的影响。解决问题与最终目的：提出在经济下行压力下，随着资产证券化的发展，银行维护自身稳定性的具体路径，并在发展目标、功能约束及监管框架构建等方面给出相应的策略启示。

二　结构安排及内容

本书的结构安排及内容如下：

第一章导论。本章主要阐述本书选题的背景及意义，提出了全书的研究思路、研究框架、研究方法及创新之处等，并对全书的基本结构安排进行了详细说明。本章的内容是全书研究的基础。

第二章是资产证券化的理论基础及相关文献综述。本章首先基于不同学者的观点，总结了资产证券化的理论内涵，并从资产支持债券、信贷资产传递债券、资产担保债券、本息拆离债券等方面对资产证券化的具体种类进行归纳，同时阐述了资产证券化的转移和管理风险、增加流动性、降低融资成本、减少信息不对称、增加资本充足率、提高盈利能力等功能，在此基础上，对学术界关于资产证券化功能的研究观点进行梳理。其次，针对资产证券化与商业银行风险承担的相关文献进行综述，一方面，阐述了资产证券化影响银行风险承担的观点争论；另一方面，从银行信贷标准的降低、激励监督机制的弱化、风险偏好的变化、高风险资产占比的提升、杠杆率水平的增加，及风险保留机制等方面，梳理总结了资产证券化影响银行风险承担的具体机制，并从资产证券化对金融稳定影响的视角出发，进一步剖析了银行风险承担变化的相关观点。最后，综述经济增长周期下行与银行风险承担关系的文献，从理论上对学术界关于经济下行压力下，银行风险承担变化的具体机制进行梳理。

第三章为经济下行期银行资产证券化发展的现实背景及内涵。本章首先概括了资产证券化的功能及发展背景，一方面对资产证券化的功能进行简要说明，另一方面基于商业银行竞争力提升的视角，对资产证券化发展的背景进行回顾，并从业务经营、盈利渠道和风险管理等方面阐述了资产证券化提升商业银行竞争力的具体路径，当然本部分也从一种新型的市场化融资中介出发，阐述了资产证券化的发展对商业银行带来的挑战。其次，本章分析了经济下行期我国资产证券化发展的背景及动力探析，主要从银行流动性的缓解、风险管理能力的强化、银行服务实体效率的提升等需求出发，基于资产证券化的增大流动性、风险转移和信用中介等功能，并结合经济下行压力的背景探讨了目前我国银行发展资产证券化的主要动力。最后，考虑到我国经济发展阶段与发达国家资产证券化迅速发展时期所处的阶段显著不同，本章以经济下行压力为背景，基于银行微观特征、经济增长下行的现实压力及政策因素的推动等角度，实证分析经济下行背景下，银行发展资产证券化的主要因素，本部分的研究为现阶段银行发展资产证券化的现实需求及动力提供了直接证据。

第四章为资产证券化对银行风险承担影响机制的进一步讨论。结合前文针对资产证券化的发展动因，及关于资产证券化与银行风险承担关系的文献梳理可以得知，无论资产证券化发展是提升，抑或降低银行风险承担，其中的影响机制必将遵循一条"由微观向宏观过渡"的三阶段路径趋势：第一阶段，借助功能效应，资产证券化将通过风险转移、流动性效应及监管资本套利等功能影响银行个体行为，这是微观阶段的影响。第二阶段，上述功能效应对银行个体行为的影响，将通过银行资产负债结构、流动性结构、期限结构及风险偏好等变化来体现，并反映在风险承担水平的变化上，这是中观阶段的影响。第三阶段，资产证券化对银行风险承担的影响，将产生一定的溢出效应，并且该溢出效应最终将体现于金融稳定的变化上，这是宏观阶段的影响。本章以该三阶段路径为基础，剖析资产证券化对银行风险承担的影响机制，为后续经济下行压力下，实证检验资产证券化与银行风险承担的关系奠定基础。

第五章是资产证券化对银行风险承担影响的初步实证考察。本章首先基于资产证券化风险转移的相关功能，并基于该功能中具体的风险转移、风险分担及风险保护等流程，详细剖析了资产证券化对商业银行风险的影响机制。在此基础上，结合我国资产证券化发展的现实情况，从短期和长期两个维度，提出资产证券化与银行风险承担之间关系的基本研究假说，即在发展初期，资产证券化不利于缓解银行风险，甚至引起风险上升，但从长期来看，在政策因素推动下，资产证券化导致银行风险上升的作用将逐步弱化，并逐渐实现银行风险的降低。其次，根据当前银行信贷资产证券化重启不久的现实背景，对后续实证研究的样本、数据、变量及模型进行设计，力求从不同角度识别资产证券化与银行风险承担的关系。最后，从不同视角对资产证券化与银行风险承担的关系进行实证检验：一方面基于普通面板回归、动态面板回归及倾向得分匹配等方法，针对资产证券化与银行风险承担的关系进行初步判断，以给出短期影响的证据，并基于银行微观特征与宏观经济发展趋势，判断资产证券化对银行风险承担的影响机制；另一方面，鉴于我国金融创新涵盖浓厚的政策色彩，本章纳入两项政策因素：一是2014年年底及2015年年初资产证券化业务由审批制向备案制或注册制的转变；二是2016年不良贷款证券化的启动，从长期视角进一步分析资产证券化对银行风险承担的影响机制。本章的研究对于银行如何通过资产证券化以缓解风险具有重要意义，对于进一步基于经济下行趋势背景，详细研判资产证券化与银行风险的关系奠定了基础。

第六章是经济下行期资产证券化对银行风险影响的实证考察。通过上一章的研究可知，虽然短期来看资产证券化并不利于银行风险的缓解，但长期趋势显示，资产证券化有助于对银行风险形成抑制，因此在经济下行背景下，我们需要进一步论证拥有盘活资产流动性、转移风险及节约监管资本等功能的资产证券化能否降低银行风险，以进一步缓解银行在经济下行趋势下的经营压力。本章首先针对现阶段我国经济增长的趋势进行了说明，认为自2015年以来经济增长率低于7%的现实，是目前"经济下行压力"的重要标志，经济下行阶段的确定也为后续的自然实验奠定了基础。其次，将资产证券化发行银行界定为处理组，非资产证券化发行银行界定为对照组，以经济增长下行压力的划分，构建双重差分模型，对经济下行压力下资产证券化与银行风险之间的因果关系进行充分识别。再次，区分银行流动性、盈利能力、资本约束等不同的微观特征，及上市银行与非上市银行、大型商业银行、城商行和农商行等，判断经济下行趋势下资产证券化对银行风险影响的异质性，并探讨其中的影响机制。最后，纳入政策因素，即以2016年"不良贷款证券化启动"为基准，进一步对上述结果进行稳健性检验。

第七章为资产证券化对银行稳定的影响研究。在后危机时代，各国当局开始针对资产证券化进行全面反思。由于我国资产证券化发展历程并不长，还不太可能对金融稳定带来不利影响，但鉴于目前资产证券化对银行风险承担的影响特征，有必要进一步分析资产证券化与银行稳定的关系。本章通过构建一个简化的存贷收益模型，从理论上推导演绎了资产证券化对银行资本比率、资产收益率的正向促进作用，即在其他条件不变的情况下，资产证券化不仅有助于补充资本规模，有效提升资本比率，还可以降低经营成本，以增加盈利水平，而资本规模和盈利水平上升又会引起 z 值的提升，由此体现银行稳定性的增强。在此基础上，沿用上文针对资产证券化与银行风险承担关系实证分析的研究样本，进一步探索资产证券化对银行稳定性的影响，并区分银行微观特征，及不同银行类别探讨了资产证券化对银行稳定影响的异质性和影响机制。本章接下来还分析了资产证券化与银行杠杆的关系，发现资产证券化可通过流动性效应与风险转移等机制，对银行杠杆的增长形成抑制。总体来看，目前我国资产证券化的发展并未对银行稳定带来不利影响。

第八章为资产证券化发展趋势下银行稳定机制研究。尽管我国重启不久的资产证券化并未对银行稳定带来不利影响，但我们也应未雨绸缪，考察资产证券化发展趋势下维护银行稳定的具体路径。与前文的研究相对应，在推动资产证券化迅速发展的同时，本章认为亦需要从微观、中观和宏观三个层面构建实现银行稳定的操作路径：一是微观层面路径，即合理控制资产证券化创新边界，明确资产证券化的功能定位。二是中观层面路径，即动态监控资产证券化引导银行风险承担的传导链条，确定资产证券化创新趋势下银行风险承担变化态势。三是宏观层面路径，即有效搭建基于资产证券化创新的宏观审慎监管框架，重构纳入资产证券化后的银行监管系统，以此路径为基础，本章详细探讨了资产证券化发展趋势下实现银行稳定的操作路径。

第九章为经济下行期我国银行资产证券化发展的策略启示。本章对经济下行期，我国资产证券化的发展趋势进行分析：第一，界定资产证券化的发展目标，即渐进式地推动金融结构的优化，资产证券化的发展，不仅需要打破目前以银行为核心的间接融资体系，改变银行在融资体系中"一家独大"的局面，亦要对目前融资工具的"失衡"态势进行优化，吸纳更多金融机构参与融资体系，通过促进混业经营实现金融结构的优化。此外，资产证券化的发展，也需要改善目前中小企业融资约束过高等问题。第二，审慎看待资产证券化的功能体系。对于"流动性效应"功能的约束，应谨慎看待"发起—分销"的经营模式，严格规定基础资产的规模，并对金融机构的流动性扩张进行控制。对于"风险转移"功能的约束，应强化创新模式的监管，不仅应加强对资产证券化基础资产的监督，在表外证券化和表内证券化之间实现创新流程的有效权衡，也要从动态视角监控银行风险承担的变化趋势。第三，以"宏观审慎监管"为蓝本，强化资产证券化的监管。金融危机的爆发表明，资产证券化的微观审慎监管存在一定偏差，宏观审慎监管也存在严重缺位，为此我们只有从强化"宏观审慎监管"入手，来改进资产证券化的金融监管。本章认为，从"宏观审慎监管"角度强化针对资产证券化的监管，一方面，明确资产证券化宏观审慎监管的目标，这里不仅要评估单个资产支持证券对系统性风险的作用，也要分析和计量整体资产证券化市场的系统性风险。另一方面，从宏观审慎分析、政策工具以及政策安排等方面来探讨资产证券化的宏观审慎监管框架，尤其是对监管框架的构建，需要同时考虑微观审慎监管和宏观审慎监管。第四，从法律制度角度探讨了资产证券化发展的制度保障，主要从资产证券化基础资产的标准、特设目的机构法律性质的明确、资产证券化业务的信息披露，及参与主体的法律监管等方面进行了阐述。

第十章为研究结论。本书基于"经济下行期"的重要背景，针对已有研究的不足，在借鉴现有文献的基础上，全面探讨了资产证券化对银行风险承担的影响。本章对研究内容和结论进行了总结，主要认为在初始阶段，资产证券化及其风险转移功能并未起到缓解银行风险的作用，但通过长期分析发现，在政策因素推动下，资产证券化能够缓解银行风险，并且通过基于"经济下行压力"的背景构建准自然实验分析框架，发现在经济下行趋势中，资产证券化也能够显著降低银行风险，而且资产证券化也并未对银行稳定带来不利影响，同时也未导致银行杠杆过度增长。此外，本章也探讨了资产证券化创新背景下维护银行稳定性的操作路径，并明确了经济下行期我国资产证券化应遵循的发展策略。

第四节 主要研究方法

根据研究需要，本书综合运用西方经济理论、现代金融理论、银行理论及计量经济学等相关学科知识，将理论分析与实证分析、定性分析与定量分析、历史分析与比较分析有机结合起来，从不同角度对相关问题进行深入探讨。

一 比较分析法

在第三章中，本书结合发达国家的发展经验，对资产证券化的功能，及资产证券化的发展背景进行分析，并从业务经营、盈利渠道和风险管理等方面阐述了资产证券化提升商业银行竞争力的具体路径，在此基础上以我国银行微观特征、经济下行趋势为背景，对比分析了我国银行资产证券化的发展动力，并指出我国银行资产证券化的发展与发达国家的区别。

二 逻辑演绎法

在第四章中，本书从理论角度探讨了资产证券化对银行风险承担的影响机制，具体来看，本章认为，资产证券化对银行风险承担的影响机制遵循一条"由微观向宏观过渡"的三阶段动态演进路径，并通过逻辑演绎的方式对这条演进路径进行分析。再者，在第七章中，本书通过构建一个简化的存贷收益模型，从理论上推导演绎了资产证券化对银行资本比率、资产收益率的正向促进作用，即在理论上识别资产证券化对银行稳定的促进作用。

三 系统分析法

本书系统分析了经济下行压力下，资产证券化对银行风险承担的影响。首先，从短期和长期两个角度，对资产证券化与银行风险的关系进行初步判断；其次，以经济下行压力为背景进行准自然实验，力求识别资产证券化与银行风险之间的因果关系；最后，构建一个简化的存贷款收益模型，并进一步剖析了资产证券化对银行稳定的影响。

四　中介效应法

中介效应法是本书第七章重点使用的一种实证分析方法。在第七章分析资产证券化对银行稳定的影响时，本书认为银行流动性结构、资本充足状况、风险水平和盈利能力等，都可作为资产证券化影响银行稳定的具体机制，在阐述相应理论机制的基础上，本部分采用中介效应法证实了资产证券化可通过银行流动性结构的改善、资本约束的缓解、盈利能力的提高及风险水平的下降，进一步推动银行体系的稳定性。再者，在第七章针对资产证券化与银行杠杆关系的探讨时，依然用到了中介效应方法，认为银行通过发行资产支持证券，实现自身流动性结构的优化、资产负债期限结构错配的缓解及风险资产权重的降低，可知资产证券化可通过流动性效应与风险转移等功能，对银行杠杆的增长形成抑制。

五　双重差分法

双重差分法是进行政策评估时一种常用方法，也是本书在分析资产证券化的风险效应时重点使用的方法。与发达国家资产证券化的发展历程不同，我国金融创新具有浓厚的政府推动色彩，这对资产证券化也不例外，因此本书认为现阶段资产证券化之所以能够迅速发展，政策力量的推动功不可没。鉴于此，本书纳入2014年年底及2015年年初，信贷资产证券化业务由审批制向备案制或注册制的变化，及2016年不良贷款证券化启动的政策因素，将资产支持证券发行银行设定为处理组，非资产支持证券发行银行设定为对照组，从而构建双重差分模型，以识别政策视角下，资产证券化与银行风险之间的因果关系。双重差分法在本书分析资产证券化与银行风险关系的初步判断、经济下行背景下资产证券化对银行风险承担的影响，及资产证券化与银行稳定关系的分析中均有应用。

第五节　创新之处

笔者不敢奢谈创新，只是力求在某些方面取得突破，主要体现在：

第一，在文献综述方面，本书首先梳理了资产证券化影响银行风险承担的具体观点，随后从银行信贷标准的降低、激励监督机制的弱化、风险偏好的变化、高风险资产占比的提升、杠杆率水平的增加，及风险保留机制等方面，梳理总结了资产证券化影响银行风险承担的具体机制。

第二，在理论机制方面，本书构建一条"由微观向宏观过渡"的三阶段动态演进路径，详细剖析了资产证券化对银行风险承担的影响机制，由此从理论上拓展了资产证券化与银行风险承担关系的研究文献。本书通过构建一个简化的存贷收益模型，进一步从理论上推导演绎了资产证券化与银行稳定的关系，由此丰富了资产证券化与银行风险关系的相关文献。

第三，关于实证分析方法的突破。在实证分析法中，本书创新性地提出我国资产证券化的发展主要由政策因素推动，并纳入政策因素作为时间变量，对资产证券化与银行风险的因果关系进行识别。再者，构建"经济下行趋势"的衡量指标，以此为基础进行准自然实验，进一步实证检验经济下行背景下，资产证券化对银行风险承担的影响。

第四，本书提出"资产证券化创新可以充当维护经济下行期银行稳定重要途径"的观点，在此基础上，构建微观、中观、宏观相结合的框架，提出完整的基于资产证券化创新维护银行稳定的可行操作路径。同时，鉴于当前针对资产证券化微观审慎监管的偏差及宏观审慎监管的缺位，本书重构了资产证券化的监管框架。

第二章　资产证券化的理论基础及相关文献综述

第一节　资产证券化的内涵、种类及功能

一　资产证券化的内涵

美国投资银行家 Lewis S. Ranieri 在 1977 年同《华尔街日报》记者讨论抵押贷款转手证券时首次使用了"资产证券化"（Asset Securitization）。随后"资产证券化"就在金融界开始不断流行，但对于资产证券化的概念，学术界却有狭义和广义之分。

美国证券交易委员会给出了资产证券化的狭义定义。他们认为，资产支持证券是由能产生现金流的特定应收账款资产池或其他金融资产池来支持的证券，并通过条款确保资产在一个限定的时间内转换成现金流或其他权利，这些资产的期限既可以是固定的，也可以是循环周转的。根据上述条款，该证券也可以通过一些服务条款或合适的分配程序按期向证券持有人分配收益。Rosenthal 和 Ocampo（1988）也给出了资产证券化的狭义定义，即资产证券化是将应收账款和贷款等资产包装成证券形式，并进行销售的过程。Leon T. Kendall（1996）认为，资产证券化是一个通过对贷款或其他债务工具进行打包，然后将打包的资产转化成多种证券，同时提高这些证券的信用等级并在市场上出售的过程。Fabozz（1996）也将资产证券化定义为一个过程，这个过程将具有共同特征的贷款、应收账款及其他不流动的资产组合成具有投资特征的带息

证券。国际经合组织（OECE，1999）认为，资产证券化就是把具有未来现金流收入和缺乏流动性的资产进行打包和重组，将其转换成可以在金融市场上流通的证券，并把这些证券销售给投资者的过程。Schwarez和Torous（1989）认为，在资产证券化中，公司把流动性差的资产从整体风险中剥离出来，并以该资产的信用为支撑在资本市场上融资，这种融资方式的成本低于公司直接股权或债务融资的成本。Schwarez和Torous（1989）对资产证券化的定义中明确指出了"风险隔离"的特征。Kothari（2002）认为，资产证券化是一种结构性融资安排，它将未来产生的现金流转售给投资者，并对其提供担保支持，从而达到融资的目的。以上关于资产证券化狭义定义的共同点，就是认为证券化的收益均以基础资产的现金流为支撑，该基础资产已被原始权益人从自己的资产负债表中剔除，由此实现了破产隔离，同时也提到了资产证券化的信用增级、风险隔离、破产隔离及现金流重组等特点。还有学者在资产证券化的定义中强调了流动性，比如Benvenise和Berge（1987）、Fabozzi（1996）、国际经合组织（OECE，1999）以及Schwarez和Torous（1989）等。

也有学者给出了资产证券化的广义定义。Gardener（1991）认为，资产证券化包括两个层次的含义：第一，增量资产的证券化，这里的资金需求者在金融市场上直接发行金融工具获取资金，被称为"一级证券化"；第二，将缺乏流动性但可以在未来获得现金流收入的资产集中起来进行打包，然后转换成在金融市场上可以流通的证券，这种证券是在基础资产信用的基础上衍生出来的，是一种存量资产的证券化，被称为"二级证券化"。对于Gardener（1991）的定义，许多学者提出了质疑：第一，该定义似乎认为"两级的证券化"存在高低之分。如果从时间发展顺序来看，"一级证券化"早于"二级证券化"，但两者之间其实没有优劣之分，也没有等级之分。事实上，两种证券化具有不同的优势和条件。第二，Gardener（1991）的定义也容易将"二级证券化"理解为在"一级证券化"的基础上进行的再次证券化。虽然目前也存在对证券化的再次证券化，但是资产证券化所要表达的意思是对已存在的信用关系或者未来的现金流收入进行证券化，它不仅包括对已有证券化的再次证券化，也包括"第一次的证券化"。Rosenthal和Ocampo

（1998）认为，广义的证券化即以证券作为媒介的一般化现象，所有不是通过银行等中介的市场融资行为均可作为资产证券化的范畴。

国内学者对资产证券化的定义也有狭义和广义之分。对于狭义的定义，比如于凤坤（2002）认为，资产证券化即金融机构将可以产生预期稳定现金流的资产按照某种特质汇集成一个组合，并通过一定技术把这个组合转换为可在资本市场上流通的并有固定收入的证券；巴曙松等（2004）认为，资产证券化即金融机构把缺乏流动性但有未来稳定现金流收入的资产汇集起来进行打包，通过结构性重组将其转变为可在金融市场上流通的债券。广义的定义是何小锋等（2002）提出的，他把资产证券化的定义扩展到非常广泛的范围，认为资产证券化就是指将资产采取证券这一价值形态的过程和技术，具体包括实体资产证券化、信贷资产证券化、证券资产证券化和现金资产证券化四种。何小锋关于资产证券化的定义恐怕是国内外最广泛的定义了。

由此可见，广义的定义认为所有通过金融市场的融资均可视为资产证券化，这一界定模糊了创始于20世纪70年代的资产证券化与传统证券化的区别，而狭义的定义对资产证券化的界定是非常明确的，认为资产证券化主要包括抵押贷款证券化（MBS）和资产支持证券化（ABS）。本书所采取的是狭义定义，认为资产证券化就是指资产的原始持有人为了提高流动性或者转移信用风险，将缺乏流动性但具有未来现金流收入的信贷资产经过重组形成基础资产池，同时辅之信用增级等技术，将这些原始资产转变为可在资本市场上流通和销售证券的过程。一般来看，可以进行证券化的基础资产具有如下特征：①基础资产能在未来产生稳定的、可预测的现金流，同时该基础资产形成的资产池具有标准化和高质量的特征；②基础资产本息的偿还存在于该资产的整个存续期，同时具有低违约率和损失率的历史记录；③基础资产的持有者已经持有该资产一段时期，该资产已经达到了较高的信用标准；④基础资产的债务人众多，同时这些债务人有较高的信用等级。

二　资产证券化的种类

（一）资产支持债券

资产支持债券（Asset - Backed Bonds，ABS）是一种债权凭证，其发行以信贷资产为担保，发行人对于债券本息的偿付并不一定使用基础资产产生的现金流，其他资金也可以用来偿还本息。在 ABS 的运作中，一般提供相当于债券面值110%—120%数额的基础资产作为超额担保，这些担保品要交由独立的受托人进行保管，如果发生违约状态，受托人就会将这些抵押品出售以回收现金。ABS 的特点主要有以下几点：

第一，发起人将信贷资产组合通过"真实出售"的方式销售给发行人，由此实现表外融资，这时信贷资产组合就出现在发行人资产负债表中的资产方，然后发行人以表内融资的方式向投资者发行债券（ABS），这些债券则出现在发行人资产负债表中的负债方；第二，基础资产产生的现金流不一定用于支付 ABS 的本息，发行人还可以利用其他资金来源对 ABS 进行本息支付；第三，ABS 的信用增级通常以超额担保的形式实现，也就是说发行人对实际基础资产的利用率是非常低的，基础资产池中有相当数量的贷款组合要被用来进行担保而不能进行证券化，这种信用增级方式限制了 ABS 的发行规模；第四，发行人可以利用其他资金对 ABS 进行本息偿付，所以信贷资产组合的提前还款风险由发行人来承担，投资者只是按期获取本息；第五，ABS 通常按照固定利率来进行利息偿付，同时由于不存在提前还款风险，该债券的现金流状况和到期日都比较容易确定。ABS 的现金流动方向如图 2-1所示。

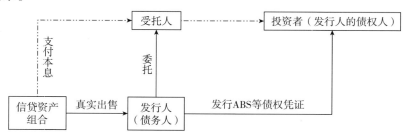

图 2-1 资产支持债券的现金流程

注：虚线代表现金流方向。

（二）信贷资产传递债券

信贷资产传递债券（Asset Pass-through Securities，APT）是目前资产证券化市场中最重要的品种，同时也占有最大的市场份额。APT 是指将住房抵押贷款按照年期进行重新组合，然后"真实出售"至特设目的机构（SPV），SPV 以这些资产组合产生的现金流为支撑将其分割成若干单位的债券，然后转售给投资者。购买 APT 的投资者其实也就购买了住房抵押贷款的权益，同时按月收取 SPV"传递"来的本息。

APT 的特点主要包括以下几点：第一，对发行人来讲，APT 并不出现在资产负债表上，在 APT 的运作流程中，发行人只是管理人身份，其将借款人支付的本息按照一定的比率"传递"给债券投资者，并从中收取一定的服务费；第二，APT 是投资于抵押贷款组合投资者的所有权凭证（这一点不同于 ABS 的债权凭证），也就是说，投资了 APT 其实也就是获得了基础资产的所有权；第三，在 APT 中，基础资产组合中被证券化的比率是很高的，但这要以较高的信用增级为基础；第四，由于投资者获得了基础资产的所有权，所以基础资产的提前偿还风险完全由投资者承担；第五，由于投资者完全承担了提前偿还风险，因此APT 的现金流量，及实际到期日都有一定的不确定性，导致现金流的预测也较为困难；第六，APT 投资者面临的最大风险即提前还款风险。虽然投资者也面临违约风险，但由于担保和信用增级双重保险机制的存在，APT 的信用风险对投资者的影响非常小。

APT 的现金流动方向如图 2 - 2 所示。

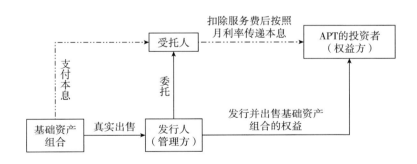

图 2 - 2 资产传递债券的现金流程

注：虚线代表现金流的方向。

（三）资产担保债券

资产担保债券（Collateral Mortgage Obligations，CMO）是传递债券

的一种，该债券以特定的资产组合为基础，同时包含多个到期日。CMO是发行人将特定资产组合产生的现金流在不同期限的债券之间进行分配，目的是将资产组合的提前还款风险在不同债券投资者之间进行分摊和分配，该债券虽然不能消除提前还款风险，但是能将风险在不同投资者之间进行分配，从而降低单个投资者承担的风险。

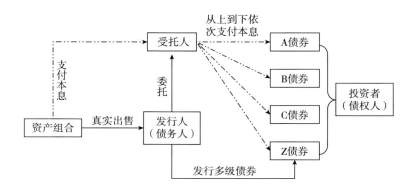

图 2 - 3 资产担保债券的现金流程

CMO同时具有ABS和APT的特点，主要有以下几点：第一，CMO发行人用于进行本息偿还的资金完全来自于基础资产，这一点与APT相同；第二，CMO属于发行人的负债，这一点与ABS相同，且基础资产的所有权并没有转移给投资者；第三，由于与APT类似，因此基础资产组合的提前还款风险将由投资者承担；第四，CMO拥有不同的债券级别，每个债券级别具有不同的到期日和现金流偿付状况，这使CMO的不确定性相对于APT大大降低。同时，CMO的设计和定价比ABS、APT更加复杂，因此CMO要在APT、ABS等债券品种运行极为成熟的基础上进行设计和运行。

CMO的现金流动状况为：在一般的CMO结构中，通常有四类债券，被称为A类、B类、C类和Z类。在这种结构中，A类、B类和C类债券可以从基本的担保品种获得按照固定利率支付的利息，一般按照每半年支付一次利息，到期支付本金的方式进行支付，而第四类债券，也就是Z债券，它的支付方式和前三种不同，是一种进行应计利息累积的债券，该债券的利息每半年按照复利的形式进行累积，在前三种债券的本息全部支付以后，发行人才开始支付 Z 债券的本息。一般而言，当 CMO 的受托人收到基础资产的本息偿还时（包括提前偿还的和按期偿还的），首先支付 A 债券的本息，采取的方式是每半年支付一次利息，到期支付本金。当 A 债券被全部偿清以后，受托人才进行 B 债券的支付。当 B 债券被全部偿清以后，受托人再进行 C 债券的支付。当 A 类、B 类和 C 类债券的本息全被偿清以后，受托人才开始以余下担保品中获得的现金流来支付 Z 债券的本金，以及 Z 债券累积的利息（见图 2 - 3）。

（四）本息拆离债券

本息拆离债券也叫剥离式抵押支持债券（Stripped Mortgage - Backed Securities，SMBSs），是继 CMO 后的另一种资产证券化重要衍生品，主要由以下两种剥离式抵押支持债券组成：一种是只获得利息（Interest Only Securities，IO）的债券，在这种债券中，所有基础资产的利息支付均支付给这种债券，该债券不能获得本金支付；另一种是只获得本金（Principal Only Securities，PO），即所有基础资产的本金支付均支付给这种债券，该债券不能获得利息支付（见图 2 - 4）。

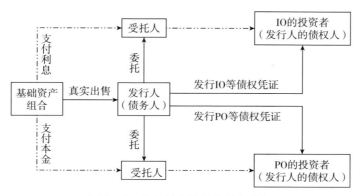

图 2 - 4　本息拆离债券的现金流程

本息拆离债券的特点包括以下几点：第一，该债券是资产证券化中的重要衍生品，其是在 CMO 的基础上衍生而来，投资者可以根据这种债券进行资产组合投资，以对冲风险；第二，用于偿还债券本息的现金流来源于基础资产，同时对基础资产本金进行支付的资金用于支付 PO 债券，对基础资产利息进行支付的资金用于支付 IO；第三，对本息拆离债券的设计应建立在 MBB、MPT 等债券成熟运作的基础上。

三　资产证券化的功能

资产证券化的功能主要包括转移和管理风险、增加流动性、降低融资成本、减少信息不对称、增加资本充足率以及提高盈利能力。但从资产证券化最初诞生的背景来看，其目的是解决住房储蓄机构的风险和流动性问题，因此转移风险和增加流动性被视为资产证券化的基本功能。

（一）资产证券化的基本功能

1. 转移和管理风险

各个发放信贷资产的金融机构虽然得到了保险公司和担保机构提供的担保，但多数信贷资产毕竟风险较高，持有该资产将导致持有者面临利率风险、信用风险及提前还款风险等，其中信用风险是其面临的主要风险。由于这些风险的存在，信贷资产发放机构就会面临资金来源和业务上的限制，这不利于金融机构的发展，更不利于整个国民经济的发展。

资产证券化的诞生解决了这一问题，其"风险隔离机制"将银行等金融机构承担的风险转移给了具有不同风险偏好的投资者，降低了抵押贷款持有者承担的信用风险和其他风险，提高了经营效率。

2. 增加流动性

资产证券化是 20 世纪后半期以来最重要的金融创新之一，其诞生的初衷就是为了解决金融机构的流动性风险，因此增加流动性是资产证券化最重要的功能之一。金融机构可以将一些周转较慢、规模较大、流动性较差的抵押贷款实施证券化，这有利于增加金融机构的流动性资产，同时改善金融机构的资产负债结构。

（二）资产证券化的其他功能

1. 降低融资成本

降低融资成本不仅是资产证券化的一项重要特点，也是其一项重要功能，发放资产证券化的金融机构可以承担相对于传统融资方式更低的融资成本。对发行人来讲，由于通过信用增级方式增加了资产证券化的信用等级，这样发行人就可以承担较低的利息支付。而对于投资者来讲，由于"真实出售"的存在，基础资产已经和原始资产持有人实现了"破产隔离"，同时 SPV 也不存在自愿性和强制性破产，因此投资者也不会承担破产成本。所以，利用资产证券化进行融资会降低融资成本。

2. 减少信息不对称

在资产证券化运作中，发起人将基础资产通过"真实出售"的方式出售给 SPV，基础资产与发起人的其他资产实现了"破产隔离"，因此投资者在对证券价值进行衡量时只需考虑基础资产的信息，而不需要关注发起人过多的信息。同时，在资产证券化运作中，由于信用增级和信用评级机制的存在，信用评级机构会将其对资产证券化基础资产以及发起人、发行人基本情况的调查状况进行信息披露，使投资者掌握更多关于资产证券化的信息，从而减少信息不对称问题。

3. 增加资本充足率

增加资本充足率功能也叫监管资本套利，也就是说金融机构通过证券化方式将其持有的信贷资产进行处理，在风险没有降低的情况下提高资本充足率。根据《巴塞尔协议》的规定，金融机构的核心资产充足率和总资本充足率的计算公式一般为：

$$一级资本比率 = \frac{核心资本}{风险资本} \times 100\%$$

$$= \frac{核心资本}{\sum(资产 \times 风险权重)} \times 100\%$$

$$总风险资本比率 = \frac{总资本}{风险资本} \times 100\%$$

$$= \frac{总资本}{\sum(资产 \times 风险权重)} \times 100\%$$

为了达到《巴塞尔协议》关于资本充足率的要求，金融机构可以分别采取"分子对策"和"分母对策"。如果采取"分子对策"，就要增加分子的数量，从而增加资本充足率；如果采取"分母对策"，就要减少分母的数量，从而增加资本充足率。金融机构可以通过资产证券化将自己持有的风险资产从资产负债表中剥离出来，同时增加自己的流动性资产，从而减少分母的数量，并维持了分子中资本的规模，由此提高了资本充足率。

4. 提高盈利能力

在资产证券化的运作中，通过将缺乏流动性的贷款转化成有价证券不仅提高了资产的流动性，其损益表上的盈利指标也会改善。同时，各种服务机构也可以通过参与资产证券化的运作来实现额外收入。另外，由于资产证券化导致资产占用的资金量减少，使计算资本成本时所用到的权重有所下降，这不仅降低了加权平均成本，还提高了金融机构的盈利能力。表2-1反映了资产证券化运作中的费用收入：

表2-1　　　　　　资产证券化运作中的相关费用收入

发行人向投资者支付的利息率	9%
支付如何将打包贷款进行证券化的咨询费	0.25%
服务机构收取的佣金	0.25%
证券化机构获得的剩余利息收入	0.25%
担保机构或者保险公司获得的佣金	0.25%

资料来源：彼得·罗斯：《商业银行管理》，机械工业出版社2001年版。

（三）学术界关于资产证券化功能的相关研究

从发展历程来看，资产证券化首次创新于美国"金融脱媒"的经济背景（邹晓梅等，2014；郭经延、赵睿，2015），为此最初关于资产证券化的研究主要集中于"流动性效应"（Thomas，2001），并且学者也给出了商业银行基于流动性需求创新资产证券化的证据（Martin - Oliver and Saurina，2007；Bannier and Hansel，2008；Cardone - Riportella et al.，2010；Affinito and Tagliaferri，2010），Farruggio 和 Uhde（2015）甚至认为资产证券化可作为银行除股权融资和债务融资之外的第三种融资方式。可见流动性效应属于资产证券化的重要功能之一。随着资产证券化不断发展，学者关于资产证券化功能的研究也趋于多元化，比如Benveniste 和 Berger（1987）、Greenbaum 和 Thakor（1987）认为，资产证券化可以通过风险转移，促使金融机构实现风险最优配置；Minton 等（2004）认为，银行可以通过资产证券化减少自身所暴露的信用风险。

因此，"风险转移"也被视为资产证券化的功能之一。与此同时，从监管视角来看，银行"监管资本套利"（Regulatory Capital Arbitrage）的实现也是推动资产证券化创新的重要因素（Uzun and Webb，2007；Farruggio and Uhde，2015），可见促进银行名义资本充足率的提升也属于资产证券化的一项重要功能（Calomiris and Mason，2004；Acharya et al.，2013）。

当然，也有学者基于发行者行为（the originator's performance）的角度来探讨资产证券化的功能，比如 Haensel 和 Krahnen（2007）认为银行发行资产支持证券的目的在于提升风险管理能力；Bartov（1993）、Beatty 等（1995）、Karaoglu（2005）等发现资产支持证券有助于银行构建最优化的信贷资产组合，并为银行提供广泛的盈利机会；Greenbaum 和 Thakor（1987）、DeMarzo 和 Duffie（1999）认为银行涉足资产证券化的发行，有利于解决信息不对称；Leland（2006）通过研究发现资产证券化有助于金融机构优化资本结构。此外，也有学者从降低融资成本的角度剖析了资产证券化的功能（Pennacchi，1988；Obay，2000），Tucker（2010）等还认为资产证券化可以独立承担信用中介职能，因此也有学者将资产证券化视为影子银行的范畴（Gorton，2010；周莉萍，2013）。

在此基础上，学者又从多个角度审视资产证券化的功能，比如张超英（2003）、梁志峰（2006）、Cardone - Riportella 等（2010）、姚禄仕等（2012）等。鉴于重要性，王晓和李佳（2010）将风险转移和增加流动性视为资产证券化的基本功能。但是，不管基于何种视角，关于资产证券化功能的研究基本上囊括流动性效应、风险转移、名义资本充足率的提升、降低信息不对称及信用中介等范畴，并且针对功能需求的不断增长是促使资产证券化快速发展的重要因素，这与普通金融创新无异。此外，关于资产证券化功能的理论阐述还存在一个"隐含前提"，即每一项功能的发挥均以风险转移功能为基础，这主要基于资产证券化创新流程的核心环节——"真实出售"（Farruggio and Uhde，2015）。"真实出售"即是将高风险资产剥离而实现，该环节其实就是风险转移过程，并伴随名义资本充足率的提高（风险资产权重的降低）、资产流动性的盘活及资本结构的优化等，并且风险转移功能的发挥，也逐步使银行经营模式由"发起—持有"(originate – to – hold model)向"发起—分销"(originate – to – distribute model)转变(Duffie,2008;Purnanandam,2011),Minton 等(2004)甚至认为风险转移才是银行创新资产证券化的主要目的。因此,通过文献梳理可知,作为一项基本功能,风险转移为资产证券化其余功能的发挥提供了平台,那么关于资产证券化创新对银行风险承担的影响机制,也必定以该功能为基准。

第二节 资产证券化与商业银行风险承担的文献综述

目前,能够发挥风险转移的金融工具不仅有资产支持证券,还包括贷款销售、信用违约互换及信用衍生品等。自 20 世纪 70 年代以来,以风险转移为目的的金融创新逐步成为发达国家金融体系变革的重要组成部分(宋艳伟、王静,2012)。风险转移工具的迅速发展,虽然为银行提供了以较低成本转移贷款风险的渠道,但也埋下了风险隐患(孔丹凤等,2015)。可见,基于风险转移的资产证券化创新必然与银行风险存在紧密联系。

一 关于资产证券化创新影响银行风险承担的观点争论

在后危机时代,资产证券化与银行风险关系的研究引起了学术界广泛关注(Huong et al.,2016),但对于"资产证券化创新影响银行风险承担"的研究,学术界却没有形成统一观点。从创新初衷来看,资产证券化风险转移功能旨在减少银行风险承担。从理论上讲,持有高风险信贷资产比重的商业银行更倾向于创新资产证券化来转移风险,以降低风险暴露(Calomiris and Mason,2004;Minton et al.,2004),也就是说借助资产证券化创新流程,银行可以实现资产转让以降低风险承担水平(Cebenoyan and Strahan,2004;Jiangli and Pritsker,2008),并提高自身资本充足率与降低风险偏好(Panetta and Pozzolo,2010),从而增强自身风险吸收能力(Wagner and Marsh,2006;Duffie,2008),同时,Jiangli 等(2007)从理论角度也论证了"银行通过资产证券化创新可以降低自身破产风险"的观点。通过实证分析也发现:抵押贷款证化有利于降低银行风险承担（Jiangli and Pritsker，2008）；银行通过证券化转移资产的违约风险高于所保留的，因此拥有较低风险承担水平（Agarwal et al.，2012；Jiang et al.，2014；Krainer and Laderman，2014；Elul，2016）；以风险权重资产占总资产比重衡量的风险承担指标与资产证券化之间存在显著负相关（Casu et al.，2013）。与此同时，资产证券化的风险保留机制有利于提升银行贷款监督动机（Cerasi and Rochet，2014；Kiff and Kisser，2014），并且也有证据显示该机制诱使银行实施更加谨慎的风险行为（Carbo – Valverde et al.，2015）。当然还有学者发现在金融危机之前，资产证券化并没有提升银行风险承担水平，在危机过后，随着监管要求细化及银行风险行为的改进，资产证券化也没有恶化银行风险，反而有所改善（Lai et al.，2013）。与此同时，也有学者对我国资产证券化与银行风险承担的关系进行了探讨，比如郭甦和梁斯（2017）以我国商业银行 2000—2015 年数据为研究样本，采用动态面板模型进行分析发现，资产证券化业务的开展有利于银行降低风险承担水平，并且资本充足率较高、流动性较强的商业银行从事资产证券化业务有助于风险承担水平的进一步下降，但对于资产种类较多、规模较大及盈利能力较强的银行，资产证券化反而会导致其风险承担水平上升。李佳（2019）基于 2011—2017 年的银行业面板数据，充分识别了资产证券化对银行信用风险的影响，发现在资产证券化发展初期，其不利于银行信用风险的缓解，甚至导致信用风险上升，但从长期来看，在政策因素的推动下，资产证券化能够实现银行信用风险的缓解，并且随着时间的推移，资产证券化导致银行信用风险上升的效应不断弱化。可以看出，在我国资产证券化的发展初期，其并未导致银行风险的恶化。

也有学者给出了相反观点。Dionne 和 Harchaoui（2003）运用加拿大 1988—1998 年数据，通过实证分析发现资产证券化与银行风险承担存在正向关系；Calem 和 LaCour – Little（2004）分析了银行实施资产证券化创新的不同动机，并发现参与资产证券化业务的商业银行更倾向于持有较高风险的资产组合，这无疑提高了银行风险承担水平。随后，Ambrose 等（2005）、孙安琴（2011）、Dell'Ariccia 等（2012）、Rosch 和 Scheule（2012）、Acharya 等（2013）、Nadauld 和 Sherlund（2013）

等学者也从不同角度给出了资产证券化提高银行风险承担的证据。Kara
等（2016）甚至认为资产证券化的出现，将通过改变银行的行为来促
使其承担新的风险。

当然，还有学者认为资产证券化创新对银行风险承担的影响效应并
不明确（DeMarzo，2005；Hansel and Krahnen，2007；Michalak and
Uhde，2011）。资产证券化的信用风险转移功能虽然有利于银行抵御外
部冲击，但也有可能给银行带来更多风险（Santomero and Trester，
1998）。Cebenoyan 和 Strahan（2001）、Instefjord（2005）、庄毓敏等
（2012）等认为，资产证券化等风险转移工具与银行风险存在双重关
系。Huong 等（2016）发现，资产证券化在危机爆发前增加了银行风险
承担，但在 2009 年之后，并没有显著证据证明证券化增加了银行风险。
与此同时，相应实证结果也反映了资产证券化这种不明确的影响效果
（Martin – Oliver and Saurina，2007）。此外，也有学者认为资产证券化
的信用风险转移效应是有限的，并强烈依赖于已转移风险和已保留违约
风险之间的相关性（Jiangli et al.，2007）。

总体来讲，关于资产证券化对银行风险承担影响的研究，虽然学术
界并未形成统一观点，但这种差异至少体现了"资产证券化创新影响
银行风险承担"这一研究议题的重要性，同时多样化的研究视角，也
为该领域的研究提供了丰富素材。为此，在经济下行压力下，为了实现
资产证券化创新盘活金融资源存量与银行稳定的"双赢"，以控制资产
证券化创新边界，我们必须深入分析资产证券化创新影响银行风险承担
的具体路径。因此，在后续内容中，我们将以上述研究素材为基础，对
学术界关于资产证券化创新影响银行风险承担的具体路径进行梳理与
总结。

二 关于资产证券化创新影响银行风险承担具体路径的研究文献

虽然学术界在相关领域的研究并未形成统一观点，但在后危机时
代，学者似乎更认同"资产证券化创新增加银行风险承担水平"的观
点。不管资产证券化创新是增加，抑或减少银行风险承担水平，每位学
者均是基于某种视角展开研究。通过梳理文献发现，学者主要从如下几
个角度研究资产证券化创新影响银行风险承担的具体途径：

（一）资产证券化创新影响银行风险承担的途径之一：银行信贷标准的降低

资产证券化的快速发展使银行体系放松了信贷标准，由此通过信贷业务扩张引起银行风险承担水平上升（Keys et al.，2011；Dell'Aficcia et al.，2012；Nadauld and Sherlund，2013；Wang and Xia，2014；Elul，2016）。Maddaloni 和 Peydro（2011）使用欧美地区银行相关数据研究发现，较低的短期利率水平使银行放松了房地产和企业的贷款标准，由此引致银行风险承担水平上升，并且该过程在资产证券化的快速发展下得到了强化，并且他们还认为，信贷资产证券化的发展提高了银行自身的放贷能力，这与 Loutskina（2011）的研究结论基本一致。与此同时，Maddaloni 和 Peydro（2011）的研究为 Allen 和 Gale（2007）、Adrian 和 Shin（2010）等学者关于资产证券化与银行信贷标准关系的理论研究提供了经验证据。此外，Carbo - Valverde 等（2011）也发现在资产证券化创新背景下，银行信贷标准与信贷约束都会趋于降低，这变相增加了银行风险承担水平，但在经济衰退或萧条期间，银行倾向于信贷配给。

（二）资产证券化创新影响银行风险承担的途径之二：激励监督机制的弱化

实施资产证券化创新的商业银行，一旦信用风险被转移出资产负债表，将不再有动力持续监督借款者的行为（Pennacchi，1988；Ambrose et al.，2005；Duffie，2008；Bertay et al.，2016）。Gorton 和 Pennacchi（1995）认为，发行资产支持证券的银行具有较高监督借款人行为的动机，这有利于降低道德风险。尽管如此，银行所保留资产将不再按照 FAS140 的会计规则进行披露，因此他们认为即使银行参与资产支持证券创新，其所承担的信用风险仍然保留在资产负债表中，这并没有改善银行风险承担水平。Brunnermeier（2009）认为，银行通过贷款销售、资产证券化等信用风险转移工具降低了自身在监督激励方面的约束，并导致信贷资产的过度扩张与风险承担的增加。同时，Maddaloni 和 Peydro（2011）、Dell'Aficcia 等（2012）的研究也发现，资产证券化的迅速发展不仅与激烈的市场竞争有关，银行对借款人的监控努力也不断弱化。赵征（2012）认为，以资产证券化为主要代表的信用风险转移工具，虽然为金融机构提供了多元化的风险管理手段，但过度的风险转移也诱发了激励扭曲和道德危害。Nadauld 和 Sherlund（2013）通过分析美国次级抵押贷款市场发现，投资银行对商业银行资产证券化业务的介入，降低了商业银行监督借款人信用风险的动机，由此使银行风险承担水平不断上升。

（三）资产证券化创新增加银行风险承担的途径之三：银行风险偏好的变化

对于单个银行而言，适当的风险转移有利于银行降低风险，但资产证券化的风险转移功能改变了银行风险偏好，这意味着证券化不一定能够有效降低银行风险，反而通过提升银行风险偏好增加风险承担（Cebenoyan and Strahan，2004；Instefjord，2005；Haensel and Krahnen，2007；Cardone – Riportella et al.，2010；Brunnermeier and Sannikov，2014）。参与资产证券化等风险转移工具创新的商业银行，即使能够实现风险对冲，并降低风险集中度，但风险偏好也将随着创新的推进而变化（Cebenoyan and Strahan，2001；Instefjord，2005）。Michalak 和 Uhde（2010）发现资产证券化创新提升了商业银行的破产概率，这凸显了银行较高的风险偏好。Mascia 和 Bruno（2012）通过研究发现，贷款销售与资产证券化等信用风险转移工具增加了银行等金融机构的风险偏好，这由危机期间银行表现出来的高违约率所体现。Maddaloni 和 Peydro（2015）等学者认为，资产证券化创新与信贷资产之间存在自我强化的"加速器效应"，这导致银行同时增加了在信贷资产一级市场与二级市场的风险偏好，由此增加风险暴露规模。此外，也有学者认为资产证券化的"监管套利功能"提高了银行风险偏好，由此增加银行风险承担水平（Benmelech and Dlugosz，2009；Acharya et al.，2013）。

（四）资产证券化创新增加银行风险承担的途径之四：高风险资产占比的提升

虽然资产证券化等信用风险转移工具为商业银行提供了广泛的风险管理渠道，但在信用风险转移市场较为活跃的商业银行，往往具有较低的资本充足率，并比其余银行拥有更多风险资产，可见参与资产证券化创新提高了商业银行风险承担水平（Cebenoyan and Strahan，2004）。Calem 和 LaCour – Little（2004）以银行资产证券化创新动机为基准，发现参与资产证券化创新的商业银行更倾向于持有高风险资产组合。Ambrose 等（2005）认为，银行倾向于将低信用风险或违约风险的资产进行证券化，从而保留较高风险的资产，可见这类银行并没有降低自身风险承担，这与 Agarwal 等（2012）的研究结论一致。Wagner（2007）、孙安琴（2011）认为，银行实施资产证券化等信用风险转移工具创新会改变风险资产的持有量，由此影响其自身风险水平。Loutskina（2011）认为，资产证券化创新促进银行信贷规模的增长，主要在于证券化创新降低了银行关于流动性资产的需求量，并弱化了传统货币渠道，这证明了银行通过发行资产支持证券持有了风险较高的资产规模。与此同时，Alunbas 等（2009）通过对欧洲样本银行的分析，以及 Panetta 和 Pozzolo（2010）、Cambacorta 和 Marques（2011）等通过以国际大银行为样本的分析也得出了同样的结论。Nadauld 和 Sherlund（2013）认为，资产证券化创新要求高质量的信贷资产才能被纳入基础资产池，为此银行通过证券化实现了低风险转移，而保留了高风险资产，为此总风险承担变大。还有学者认为，为了有效缓解信息不对称问题，银行往往保留风险较高的资产，目的是为资产支持证券的顺利发行提供信用支撑，这其实并没有有效降低银行风险（Dahiya et al.，2003；DeMarzo，2005；Marsh，2006；Duffie，2008；Jiangli and Pritsker，2008）。

（五）资产证券化创新增加银行风险承担的途径之五：杠杆率水平的增加

通过对美国银行控股公司 2001—2007 年的数据分析发现，抵押贷款表外证券化确实导致银行杠杆率不断攀升（Jiangli et al.，2008；Jiangli and Pritsker，2008）。与此同时，Adrian 和 Shin（2008）、Altunbas 等（2009）、Shin（2009）、Uhde 和 Michalak（2010）等学者认为，资产证券化创新致使商业银行等金融机构杠杆率水平不断增加，由此通过信贷标准的降低引起低质量信贷资产不断扩张，可见资产证券化创新可以通过杠杆率引致银行风险承担水平上升。Adrian 和 Shin（2010）认为，如果考虑到表外化的资产证券化创新，商业银行与投资银行一样，将不再严格遵守目标杠杆率政策，而是导致杠杆率的顺周期性，这无疑提高了自身风险承担水平。Elena 等（2015）审视了资产证券化创新对银行杠杆率的影响，发现 2001—2010 年，参与资产证券化创新的商业银行，比未参与创新的杠杆率体现出了更为明显的顺周期性，这从侧面反映了资产证券化通过杠杆率变化对银行风险承担的影响。

（六）资产证券化创新增加银行风险承担的途径之六：风险保留机制

自2009年开始，学术界逐步关注资产证券化的风险自留机制，目的在于强化资产证券化的监管（Mian and Sufi，2009；Key et al.，2009；Guo and Wu，2014）。从具体操作来看，欧美国家监管机构实施的风险保留机制主要是针对发起人所转移的贷款风险，通过强化银行对被证券化资产所拥有风险一定程度的保留，避免风险过度转移。虽然风险保留机制对于约束银行行为是有利的，但该机制又给银行带来了额外风险或新的影响，无疑不利于风险承担的降低，主要体现在如下几点：第一，风险没有实现真正转移，比如Gorton和Souleles（2007）认为，资产支持证券的价格取决于发行者的风险救助能力；Gorton（2008）指出，银行需要继续提供针对抵押贷款的服务，或将部分评级较低的CDO产品保留。第二，风险保留机制降低了银行监督审查借款人的动机。Fender和Mitchell（2009）认为，只有保留风险较高的"普通级"（Equity Tranche）CDO，银行才有持续审查借款人的动机，但在经济状况较差的时期，银行往往以持有普通级CDO来代替审查动机的持续降低行为，可见银行风险并没有得到改观，同时Kiff和Kisser（2010）也得出了同样结论。Hattori和Ohashi（2011）指出了风险保留机制的潜在负面效应，即降低了银行审查监督借款人的动机。第三，风险保留机制强化了资产支持证券化发行者的逆向选择和道德风险等问题（Page，2013；Guo and Wu，2014）。

通过梳理相关文献发现，关于资产证券化创新影响银行风险承担的研究，学术界的观点并未统一，但在后危机时代，学者似乎更认同"资产证券化创新将增加银行风险承担"的观点，并从信贷标准的降低、激励监督机制的弱化、风险偏好的变化、高风险资产占比的提升、杠杆率水平的增加及风险保留机制等角度剖析了资产证券化创新对银行风险承担影响的具体路径。由此可知，虽然资产证券化创新为银行提供了一系列积极主动管理风险的途径，但银行对待风险的态度会随着资产证券化创新的深入而发生变化，由此影响到风险承担水平。理论上讲，作为以"风险"为经营对象的金融机构，商业银行在保持充足流动性的前提下，承担一定程度的风险有利于自身效率的提升。但我们认为，"控制风险与提升效率"是银行面对的一项基本矛盾，银行通过承担风险而提升效率的同时，必须保持一定的边界约束，否则将不利于金融稳定，这种传导机制在美国金融危机的爆发中发挥得淋漓尽致。从目前研究来看，关于资产证券化与金融稳定关系的研究是学术界关注的焦点，并且通过文献梳理也发现，资产证券化创新、银行风险承担与金融稳定之间也确实存在紧密联系，为此在下一部分内容中，我们将基于资产证券化对金融稳定影响的相关文献，对学者关于银行风险承担的观点进行再讨论。

三 关于银行风险承担变化的再讨论：基于资产证券化对金融稳定影响的相关文献

金融危机的出现，致使学术界关于资产证券化创新对金融稳定影响的研究逐渐增多，研究视角也渐趋多元化。王晓、李佳（2010）基于资产均衡价格波动、市场流动性及风险转移和扩散机制三个视角，梳理了资产证券化影响金融稳定的相关文献。也有学者基于信用风险转移功能，论证了资产证券化与金融稳定的关系（Shin，2009；Keys et al.，2010；Kara et al.，2011）。从金融危机的演进来看，基于信用风险转移的资产证券化创新、银行风险承担与金融稳定之间必然存在密切联系，并且通过梳理信用风险转移功能下的资产证券化影响金融稳定的研究文献发现，学者关于银行风险承担的观点并不统一，主要体现在如下两种情况：一方面，在"资产证券化有利于金融稳定"的文献中，学者认为银行风险承担是降低的，即关于"银行风险承担"持有确定的观点；另一方面，在"资产证券化不利于金融稳定"的文献中，一部分学者认为资产证券化在降低银行自身风险的同时，提高了系统性风险，这不利于金融稳定，而另一部分学者则认为正是银行风险承担的增加，才导致金融稳定的降低，可见此类学者关于"银行风险承担"的观点是不确定的。为此在本部分内容中，我们就基于这两条主线，对学者关于银行风险承担的观点进行再讨论。

（一）关于银行风险承担的确定观点：基于资产证券化有利于金融稳定的文献

在金融危机爆发之前，虽然已有学者意识到资产证券化的信用风险转移功能对金融稳定的不利影响（Allen and Carletti，2006；Barrett and Ewan，2006），但大多数学者均认为基于信用风险转移的资产证券化可被视为维护金融稳定的有效途径。比如，通过信用风险转移功能，资产证券化可以降低商业银行的风险集中度，实现风险分散化（Weiss and Redak，2004；Jiangli et al.，2007；Duffie，2008），并提升银行信用风险管理水平（Cebenoyan and Strahan，2004），及应对流动性困境的能力（Duffie and Garleanu，2001；Cebenoyan and Stranhan，2004），同时，该功能也有利于缓解信贷市场的信息不对称（Duffee and Zhou，2001；Demarzo，2005）、增强商业银行的资本配置能力（Jobst，2007）等，由此认为资产证券化有利于金融稳定。同时，通过梳理这些文献还发现，上述学者关于"资产证券化创新有利于金融稳定"的论证中，不管是风险分散化、风险集中度的降低，还是风险管理水平的上升等，无不体现出银行风险承担的降低。由此可见，在基于"资产证券化有利于金融稳定"的研究文献中，学者关于银行风险承担的观点是确定的，即均认为资产证券化创新在维护金融稳定的过程中，银行风险承担均体现出下降态势。

但是，美国金融危机的爆发，凸显基于信用风险转移的资产证券化创新与金融稳定关系的复杂性，从后危机时代学术界的研究趋势可以看出，学者的结论似乎更倾向于"基于信用风险转移的资产证券化创新不利于金融稳定"。但在资产证券化创新不利于金融稳定的过程中，作为一项重要的中间环节，银行风险承担将发生何种变化？学术界的观点并不统一。下面我们将对这方面的研究文献进行梳理。

（二）关于银行风险承担的不确定观点：基于资产证券化导致金融不稳定的文献

在后危机时代，"基于信用风险转移的资产证券化不利于金融稳定"的观点在学术界占主流地位，但在此影响路径中，一部分学者认为银行风险承担水平并没有随着金融不稳定而出现上升，而另一部分学者则认为正是银行风险承担的增加，才导致金融不稳定的出现。

1. 关于银行风险承担降低的观点

部分学者认为，基于信用风险转移的资产证券化发展，在不增加银行风险承担的前提下，有可能引起整个银行体系系统性风险的增加，并不利于金融稳定。比如，虽然资产证券化降低了银行系统的风险暴露，但大部分银行会同时在金融市场上买入或卖出信用违约互换，由此对资产证券化创新做出反应，这种行为强化了银行之间的同质性及同时发生损失的概率，并对系统性风险与金融不稳定产生助推作用（Instefjord，2005；Acharya and Yorulmazer，2007；Wagner，2008）。与此同时，Nijskens and Wagner（2011）也得出了类似的结论，他们以贷款抵押债券交易市场为研究对象，发现虽然贷款抵押债券能够通过信用风险转移功能帮助银行降低个体风险，但银行之间的相关性得到了强化，并促使系统性风险增加。在此基础上，庄毓敏等（2012）采用美国银行数据，对资产支持证券等信用风险转移工具与金融稳定的关系进行实证分析，由此得出与上述学者相同的结论。Brunnermeier 和 Sannikov（2014）通过分析发现，虽然资产证券化的信用风险转移功能所实现金融机构之间的风险分担有利于推动风险分散，但这将导致系统性层面的风险与金融不稳定。

总之，通过梳理基于信用风险转移的资产证券化创新对金融稳定影响的相关文献得知，学者一般认为资产证券化虽然降低了银行自身风险承担，但却通过强化银行之间的关联性与同质性，导致系统性风险上升，由此不利于金融稳定。

2. 关于银行风险承担提升的观点

通过梳理相关文献发现，在资产证券化导致金融不稳定的过程中，大多数学者从降低信贷标准与监督激励机制，及增加银行风险偏好等视角来对银行风险承担的上升进行论证（Kara et al.，2016）。

一方面，从降低信贷标准与监督激励机制来看，学者认为在危机爆发之前，银行实施的资产证券化创新导致抵押贷款质量（Mian and Sufi，2009；Shleifer and Vishy，2010）与信贷标准（Keys et al.，2011；Dell' Ariccia et al.，2012；Nadauld and Sherlund，2013；Wang and Xia，2014）不断降低，并致使杠杆率和资产负债表不断扩张（Shin，2009），由此引起金融不稳定，而抵押贷款质量与信贷标准的降低无不体现银行风险承担的提升。同时，学者还认为基于信用风险转移的资产证券化会进一步引起逆向选择与道德风险，而逆向选择会引起银行信贷标准的不断下降，道德风险会弱化银行对借款人的持续监督（Gorton and Pennacchi，1995；Rajan，2006），由此对金融稳定带来不利影响。

另一方面，从银行风险偏好来看，学者认为基于信用风险转移的资产证券化创新导致金融不稳定的重要原因即银行风险偏好的提升（Ambrose et al.，2005；Haensel and Krahnen，2007；Brunnermeier and Sannikov，2014；Kara et al.，2016）。比如，Franke 和 Krahnen（2005）通过实证分析发现资产证券化创新导致银行系统性风险的增加，主要在于银行从事更多的高风险项目，由此弱化了资产证券化的风险降低效应，同时，也有学者认为资产证券化虽然为银行提供了丰富的风险管理工具，但银行在转移风险后将体现出更多的进取性（Instefjord，2005），并且涉足担保债务凭证的银行，将更倾向于从事具有更高风险的资产业务（Instefjord，2005；Wagner，2007）。与此同时，实证分析也显示欧洲担保债务凭证的发展使商业银行具有更高的风险偏好（Dennis and Jan – Pieter，2007；Haensel and Krahnen，2007），这凸显基于信用风险转移的资产证券化创新并不利于金融稳定的实现（Michalak and Uhde，2013）。

当然，还有学者从其他视角对上述问题进行论证，比如，Dionne 和 Harchoui（2003）、Uznn 和 Webb（2007）、高蓓等（2016）等学者分别以加拿大和美国商业银行为样本数据进行实证分析发现，资产证券化创新将通过降低银行资本充足率，引起系统性风险和金融不稳定出现，而资本充足率的降低可视为银行风险承担的上升。而 Battaglia 和 Gallo（2013）、Battaglia 等（2014）通过分析意大利商业银行数据发现，资产证券化并没有帮助银行实现风险转移，从而导致银行风险承担上升与金融不稳定同时出现。

由此可见，在后危机时代，虽然"基于信用风险转移的资产证券化创新不利于金融稳定"的观点在学术界占主流地位，但学者关于银行风险承担的观点并不确定，似乎持有"银行风险承担上升"的学者占多数。总体来讲，研究观点的不确定不仅体现出学者在研究背景、视角、方法及工具等方面的不同，更反映了针对该问题研究的复杂性与争议性。通过文献梳理发现，对于银行而言，借助资产证券化创新平台所涵盖的功能体系，能够有效盘活自身的存量资产及提升经营效率，但经营效率的提升将不可避免地导致风险承担的增加，并威胁到金融稳定，由此致使"风险控制与效率提升"这种微观层面的矛盾，向"金融创新与金融稳定"这种宏观层面的矛盾演化。为此，在我国经济增长下行趋势下，为了通过资产证券化创新实现盘活银行资金存量与金融稳定的"双赢"，必须深入研究资产证券化创新、银行风险承担与金融稳定的关系，从而为银行如何通过资产证券化创新缓解风险承担，提升自身稳定性提供经验借鉴。

四 述评及展望

综览现有文献，关于资产证券化创新对银行风险承担的相关研究，学术界已经形成了丰富的研究成果。从研究逻辑来看，在较早时期，学者主要针对资产证券化创新平台的功能体系进行研究，并且从资产证券化创新流程中"真实出售"的核心环节来看，风险转移被视为资产证券化创新的功能基点。在此基础上，结合金融危机的研究背景，学者开始关注资产证券化与银行风险承担的关系，并且关于资产证券化创新影响银行风险承担的观点也存在一系列争议。因此，我们以上述具有争议的研究为基础，对不同视角下资产证券化创新影响银行风险承担具体路径的文献进行综述。通过文献梳理发现，学术界的研究视角与研究观点均存在若干不同，但总体来看，目前的研究主要集中于发达国家，即使是针对我国的研究，也是借助于发达国家的研究理论与方法进行实证验证，但这些理论的适用性需要进一步明确。同时，在资产证券化发展逐步深入的趋势下，关于借助资产证券化相关功能，以实现银行存量资金盘活与维护金融稳定"双赢"的政策框架也未形成。鉴于此，关于基于资产证券化与银行风险承担关系的研究，还有待继续补充与完善，主要体现在如下几点：

第一，在后危机时代，风险转移工具对银行风险承担，乃至金融稳定影响的研究受到了前所未有的重视，并有文献已经构建了风险转移影响银行风险承担的研究框架，但这些研究主要集中于广义信用风险转移工具（包括资产证券化、信用衍生工具等），并且即使是针对资产证券化的研究，也仅是以实证分析为主，而单独基于资产证券化创新对银行风险承担影响的理论机制并未深入探讨。同时在数据受限的情况下，现有研究更多以发达国家为样本，针对我国的研究并不多。为此，不管是理论阐述，还是实证分析，针对基于信用风险转移的资产证券化创新对银行风险承担影响机制的研究均需进一步深入。

第二，关于资产证券化功能的研究，从理论上讲是基于需求角度对资产证券化的创新动因进行剖析，而对于我国经济下行压力背景下资产证券化的创新动力，是否在功能上与发达国家存在不同，需要进一步详细探讨。再者，当前关于资产证券化创新与银行风险承担关系的研究，基本上隐含于发达国家"非下行期"的经济背景，而我国银行资产证券化发展提速正处于经济下行期背景，在此趋势下，银行资产证券化创新需求，及其对自身风险承担的影响机理与"非下行期"相比必将存在显著区别，这种区别亟须深入研判。

第三，学术界关于资产证券化影响银行风险承担的观点并不明确，但作为以"风险"为经营对象的微观机构，一定程度的风险承担有利于经营效率的提升，因此在维持金融稳定的前提下，即使资产证券化的发展导致银行风险承担水平提升，我们也可将其视为有效的风险承担，可见关于资产证券化创新必将存在功能上的边界，并且该边界必将是基于功能创新视角下实现金融稳定的临界点。为此，如何以功能观为视角确定资产证券化的创新边界，并构建基于资产证券化创新维护金融稳定的路径体系是学术界需要深入挖掘的方向。

总之，在后危机时代，随着经济下行压力不断凸显，并在资产证券化发展不断提速的趋势下，我们认为资产证券化发展可以充当维护金融稳定的重要途径，为此我们必须深入挖掘基于资产证券化、银行风险承担与金融稳定之间的关系，并探讨三者之间有效配合的机制，只有这样我们才能充分利用资产证券化创新之功能，为实现盘活金融资源存量与维护金融稳定的"双赢"提供经验借鉴。

第三节　经济增长周期下行与商业银行风险的文献梳理

随着经济下行压力加大，复杂的宏观经济环境将通过多种渠道向微观银行传导。通过文献梳理发现，经济下行压力可通过多种渠道影响至银行风险，主要体现在：

首先，Dell'Ariccia 等（2012）认为，在经济下行周期，企业抵押品价值的缩水会降低还款可能性，从而提升商业银行风险，并且在经济下行期，企业效益也会下降，这不仅会弱化企业偿债能力，更会导致银行信贷资产质量下降，以增大银行坏账或呆账的概率，为此银行会进一步考虑现金清收及贷款展期等方式予以应对（孙光林等，2017）。在此过程中：一方面，抵押品是银行维持资产流动性的重要基础，若抵押品价值下降，意味着银行资产流动性将受到不利影响；另一方面，银行应对信贷资产质量下降所采取的措施，会导致资产负债表期限错配问题不断恶化。可见，银行资产流动性结构的优化，或资产流动性的提升，均有助于缓解经济下行压力对风险的冲击，并且即使宏观经济波动对银行风险产生不利影响，但对于流动性较高银行，这种影响也相对较小（张琳等，2015）。

其次，资本监管是维护银行稳定的重要措施，并且银行资本也具有一定的风险吸收能力。在《巴塞尔协议Ⅲ》中正式引入了"逆周期资本缓存"要求，以此作为传统资本监管的补充，目的是限制银行在经济上行周期的信贷过度增长，并计提更多资本以确保在经济下行周期，银行拥有充足的资本规模吸收贷款损失风险。在经济下行周期，银行信用风险不断上升，而资本冲击最可能来自信贷企业的违约（曾智，2016），与此同时，李文泓和罗猛（2010）对占我国银行业主体的16家商业银行为样本，研究了实际资本充足率与经济周期的关系，发现我国银行业的资本充足率具有顺周期性。由此可见，无论是逆周期的资本缓存要求，还是资本充足率的顺周期性，均体现了在经济下行压力下，银行风险上升需要消耗更多资本，因此若能够对银行资本进行及时补充，则有利于改善经济下行背景下的信用风险管理，并且根据《巴塞尔协议Ⅲ》及我国银行业逆周期杠杆监管框架表明，资本充足率的倒数可近似为杠杆倍数，若银行资本充足率较高，意味着较低的杠杆倍数，并反映潜在风险也较低（曾刚，2017；王倩、赵铮，2018）。

最后，在经济下行周期，以信贷扩张为盈利模式的银行不利于防范风险（霍源源等，2016），并且随着经济增长中低水平趋势不断稳定，资产质量恶化与传统"净息差"经营模式的难以为继将成为不可避免的现实因素，同时净息差缩窄不仅对银行利润空间形成挤压，也导致资产质量不断下降（高士英等，2016）。此外，当经济转入下行趋势时，大多数企业经营状况和盈利能力均会下降，这不仅不利于债务偿还，也会通过降低信用风险影响至银行盈利水平。根据这一逻辑得知，银行盈利能力的提升更有利于应对风险冲击，并且多元化盈利模式的形成也有助于银行降低风险。

鉴于经济下行压力可通过多种渠道对商业银行风险产生不利影响，多数研究从不同角度论证了资产证券化可通过改善银行流动性结构、盈利能力及资本规模等微观经营环境，以应对复杂经济形势的风险冲击，主要体现在：一是资产证券化不仅能够扩大银行流动性来源，其"流动性效应"功能在促进长期资产转换为流动性资产的过程中，也部分地缓解了期限错配带来的危害（郭红玉等，2018），而且资产证券化对银行资产负债结构的改善，也提高了银行风险抵御能力（Obay，2000）。基于该逻辑我们认为，资产证券化对银行资产流动性结构的优化，可通过改善期限错配及资产负债结构，以应对企业抵押物价值缩水或负债率提升引起的负向影响。二是资产证券化具有"监管资本套利"功能，即有利于提高银行资本充足率以满足监管要求，同时也有研究发现资本充足率越低的银行越偏好发行资产支持证券，凸显资产证券化对于改善银行资本充足性的重要作用（Acharya et al.，2013），并且根据前文讨论可知，若资产证券化能够提升银行资本充足率，则有利于缓解复杂经济环境引致的风险冲击，同时资本存量越充足，银行稳定性越高，风险水平也越低（张敬思、曹国华，2016）。三是从理论上讲，盈利水平越高的银行越有利于应对风险冲击，而改善银行经营绩效也是资产证券化一项重要功能，资产证券化可使银行在不扩大经营杠杆的前提下创造更多收入（陈小宪、李杜若，2017），并通过提高资产收益率，以显著改善银行稳定性与降低风险承担（高倍等，2016）。四是资产证券化所拥有的风险转移功能，可直接作用于商业银行风险管理，并且在风险被转移后，基本也不存在"风险回流"等问题（孔丹凤等，2015），风险转移功能不仅可以使流动性较弱的中长期资产转换为流动性较强的短期资产，更可降低资产的风险权重，可见该功能发挥与上述流动性效应是叠加在一起的，甚至有文献认为风险转移是资产证券化最核心的功能，即资产证券化每项功能的发挥均以该功能为基础，即风险的转移或剥离，为提高资本充足率、盘活资产流动性及优化资本结构提供了基础性平台（Farruggio and Uhde，2015）。由此，我们认为，面对复杂宏观经济环境带来的不利影响，资产证券化所拥有的一系列微观功能，可作为银行风险管理的重要平台。

本章小结

本章首先从内涵、种类和功能等维度，对资产证券化的基本理论进行阐述。其次，从正反两方面的观点，综述资产证券化影响银行风险承担的相关文献，并从银行信贷标准的降低、激励监督机制的弱化、银行风险偏好的变化、高风险资产占比的提升、杠杆率水平的增加及风险保留机制等方面，对资产证券化影响银行风险承担的具体机制路径等文献进行梳理，同时从资产证券化对金融稳定影响的研究视角出发，进一步综述资产证券化与银行风险承担关系的研究文献。最后，随着经济下行压力加大，鉴于复杂的宏观经济环境将通过多种渠道向微观银行传导，本书对经济增长周期下行与银行风险关系的相关文献进行述评。

第三章　经济下行期银行资产证券化发展的现实背景及内涵

　　资产证券化于 20 世纪 70 年代诞生于美国，创新初衷即通过各种功能的发挥，以迎合金融机构的需求。在经过近半个世纪的发展后，资产证券化规模在发达国家和发展中国家均实现了迅速增长，并成为这些地区转移风险和补充流动性的重要途径。当前，资产证券化已成为连接商业银行与金融市场的重要桥梁，在经历次贷危机向金融危机演变的洗礼后，资产证券化创新已步入适应世界银行业发展的高级阶段。自 2012 年 5 月重启信贷资产证券化试点后，我国政府部门对资产证券化发展的支持力度不断加大。与此同时，国内经济正逐渐步入"速度换挡、结构优化、动力转变"为主要特征的发展阶段，经济下行压力不断凸显，且这种发展趋势使商业银行传统经营模式面临一种"悖论"，即银行传统粗放式经营模式已无法适应现实需要，但势在必行的经营转型必将带来利润下降，再加上多年传统模式所积累的风险，银行不稳定的概率也会提升。可以预见，作为顺周期行业，商业银行面临的"下行压力"也逐渐增大。理论上讲，资产证券化创新流程可视为盘活金融资源存量、提高金融资源利用效率及管理金融风险的有效途径，通过资产证券化的发展，将有助于商业银行有效适应经济周期的下行趋势，也能为商业银行更好实践"供给侧改革"赋予的金融支持实体经济的新要求提供动能。我们知道，金融创新的发展即是为了满足某种金融功能需求，这对资产证券化也不例外，为此，本章结合经济下行趋势的重要背景，基于功能观视角探讨银行资产证券化创新的主要动因，力求对我国资产证券化创新的需求本质进行明确。

第一节　资产证券化的功能及创新背景概括

一　关于资产证券化功能的简要说明

目前，关于"金融功能"本质的观点已无较大分歧（白剑眉，2005），相应的研究也不断趋于成熟，比如 Merton 和 Bodie（1995）、白钦先和谭庆华（2006）等主要从资源转移、信息披露、风险管理、清算和结算、股份分割及聚集资源等角度对"金融功能"进行阐述。通过对"金融功能"的分析我们还可以得出一个结论：即使金融结构不断变迁、金融制度不断变革，甚至出现一个全新的金融服务模式，但金融功能是一个"恒定"因素，也就是说，虽然金融创新的提速驱动金融模式不断更新换代，但金融服务于实体经济的"载体或功能"是不变的。

作为 20 世纪 70 年代以来全球最为成功的金融创新技术之一，资产证券化的出现不仅引导了一场金融革命，更改变了世界金融面貌（Kendall，1997），但从本质来看，基于金融功能的需求才是资产证券化发展的主要动力。从历史逻辑的考察来看，资产证券化最初诞生于美国 20 世纪 70 年代"金融脱媒"的经济背景（邹晓梅等，2014），这段时期资产证券化的发展即是基于"增加流动性"的考虑，可见最初关于资产证券化功能的研究即流动性管理（Thomas，2001）。伴随金融创新及金融自由化的不断推进，银行实施资产证券化创新已不再仅满足于"流动性"需求，而是通过资产证券化创新全方位提升自身的竞争力及盈利能力，因此，关于资产证券化功能的研究也在不断深化，比如 Benvensite 和 Berger（1987）认为，金融机构的最优风险配置可通过资产证券化的"风险转移"来实现，因此"风险转移"也成为资产证券化一项重要功能；DeMarzo 和 Duffie（1999）认为，资产证券化可以解决资产交易中的信息不对称；Leland（2006）发现，资产证券化有助于优化资本结构；Acharya 等（2013）从提高商业银行资本充足率的角度探讨了资产证券化的发展动因。随着金融结构由"银行主导型"向"市场主导型"转变，资产证券化的发展开始脱离银行主导，并独立承担与传统银行业相类似的信用中介职能，成为促进"储蓄向投资转化"的载体之一，因此也有学者将资产证券化归为与传统融资中介相平行的体系，即影子银行的范畴（Gorton，2010；Tucker，2010；周莉萍，2013）。可见，关于资产证券化微观功能的研究主要集中于增加流动性、风险转移、监管资本套利（提高资本充足率）、解决信息不对称、优化资本结构及信用中介等方面。随着次贷风波的出现，学术界又开始从宏观角度审视资产证券化创新，比如导致资产价格泡沫（Gai et al.，2008）、内生流动性扩张（Bervas，2008；李佳，2014）、资本市场挤兑（陆晓明，2008）及金融体系的"去杠杆化"（辜朝明，2008）。当然关于宏观角度的分析，我们无法称为资产证券化的功能，而是由于基于功能的资产证券化发展超出应有边界，才导致宏观"效应"出现，并对金融稳定带来负面影响。在本部分的分析中，以资产证券化之微观功能为视角，结合"经济下行压力"的背景，探讨我国商业银行资产证券化发展的基本动因。

二 关于资产证券化创新背景的回顾：基于商业银行竞争力提升的视角

（一）资产证券化创新背景的简要回顾

关于资产证券化的创新及发展，需要从诞生之时谈起。第二次世界大战后，美国长期的经济刺激政策导致失业与通货膨胀并存的"滞胀"现象出现，为此，美联储通过提高基准利率以应对通货膨胀，但基准利率的提高必然伴随市场利率的攀升，与此同时，银行监管机构的《Q条例》限制了存款利率的上浮空间，导致商业银行的存款利率无法针对市场利率波动进行调整，存款者的机会成本必将上升，因此存款者纷纷提取存款资金并投入资本市场，以减少机会成本损失，这就是所谓的"金融脱媒"。"金融脱媒"的出现使商业银行经营的生命线——存款业务受到了极大影响，银行业的盈利水平和竞争力也在不断下降，并且"金融脱媒"也强化了资本市场的融资能力，使商业银行在融资结构中的地位岌岌可危。

为应对资本市场的竞争，商业银行决定进行资产支持证券创新，以盘活自身的流动性，并力求恢复在融资结构中的地位。但是，资产证化的创新必须依赖强大的信贷资产"二级市场"。为此，美国三大政府机构——政府国民抵押协会、联邦国民抵押协会与联邦住房抵押贷款公司联合构建了基于信贷资产的二级市场，并以投资者的身份参与该市场，以帮助商业银行盘活资产的流动性，这为资产证券化创新提供了"基础资产"源泉。1968 年，美国发行了第一只资产支持证券——过手证券（Pass – Through Securities），由此拉开了资产证券化创新序幕，这也是世界金融史上第一次大规模发行资产支持证券。

　　以过手证券为例：首先，商业银行将流动性欠佳的信贷资产重组以形成基础资产池。其次，商业银行将重组后的信贷资产"真实出售"给特设目的机构（Special Purpose Vehicle，SPV，一般指信贷资产二级市场的投资者），以实现流动性回收。SPV 购买的信贷资产也是资产证券化的"基础资产"或"原材料"。最后，SPV 以"基础资产"现金流为支撑发行资产支持证券，现金流也是证券投资者的主要收益。因此，商业银行通过资产证券化创新平台实现信贷资产的转让，信贷资产的转让也随着商业银行资产结构的调整，使流动性较差的信贷资产转化为流动性较强的现金资产。商业银行在该过程中不仅实现了流动性增加，同时也降低了风险敞口（图 3 – 1 显示了资产证券化创新平台引导商业银行流动性增加的基本路径）。与此同时，商业银行在优化自身资产流动性的同时，也为进一步的信贷扩张提供了条件，并且以现金资产流动性为基础的信贷扩张并不受中央银行存款准备金率的约束。可见，资产证券化的出现不仅使商业银行实现流动性增加，优化了资产流动性结构，还为商业银行进一步拓展业务奠定了基础。

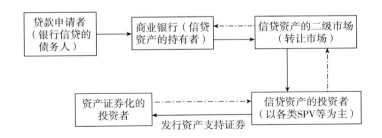

图 3 – 1　资产证券化创新平台引导商业银行流动性增加的路径

注：虚线代表资金流动方向，实线代表资产转移方向。

资产证券化这种新型创新模式的横空出世，为商业银行提供了解决流动性困境的渠道，并为银行进一步拓展业务提供了空间。从创新动力来讲，商业银行并不是基于某种盈利或规避管制的需求实施资产证券化创新（这与理论上的金融创新动因有所差异），而是基于对流动性这种特殊的金融需求进行创新。通过资产证券化创新，商业银行实质以"资产方"的流动性增加弥补了"负债方"的流动性不足，即通过对资产结构的调整来解决融资困境，融资困境的解决也使商业银行重新焕发了生命力。其实资产证券化创新初期正值金融创新及自由化的迅速发展，不仅"金融脱媒"影响到商业银行的业务经营，资本市场也纷纷实施各种创新以提升自身在融资结构中的地位，由此对商业银行的业务空间形成挤压，但资产证券化的出现帮助商业银行恢复了竞争力，同时信贷资产"二级市场"的构建也为商业银行开展市场型业务奠定了基础。

（二）资产证券化提升商业银行竞争力的具体路径

资产证券化为商业银行提升竞争力提供了若干路径，但这些路径的发挥必须基于资产证券化提供的创新流程。对于商业银行而言，传统业务即存贷款业务，在传统业务中，商业银行只有持有贷款到期才能获取利润，因此传统业务模式也被称为"发起—持有"模式，在该模式下，银行在贷款持有期限内很难获取流动性收益，仅有的收益也只是贷款利息，可见传统业务不利于商业银行盈利渠道的拓宽。而资产证券化为商业银行提供了一种新型业务模式，即"发起—分销"模式，该模式构建了贷款的二级市场，通过贷款转让，商业银行不仅获取了流动性收益，还实现了风险转移。可见，基于"发起—分销"模式，商业银行拥有了参与市场型业务的空间，这主要表现在如下三个方面：

首先，从业务经营方面来看，"发起—分销"模式使商业银行获取了基于批发性融资和费用收入的业务模式，并且获取流动性的渠道也得到扩展。在传统业务中，商业银行只能通过负债方获取流动性，但"发起—分销"模式能使商业银行通过资产方获取流动性，商业银行信贷资源的"真实出售"，即实现了非流动性资产向流动性资产的转化，可见该模式为商业银行提供了以"市场化"方式获取流动性的途径，拓宽了商业银行的业务平台。

其次，从盈利渠道来看，商业银行的传统盈利模式即净息差模式，该模式过于依赖信贷资产规模，资产规模的扩张也就随着盈利规模的扩大，导致盈利来源和风险敞口过于集中。而"发起—分销"模式为商业银行的非流动性资产提供了"二级市场"，商业银行不仅能够实现资金配置期限的多元化，还可以实现资产的市场定价模式，即"低买高卖"的价差盈利模式。"发起—分销"模式的存在使商业银行变为信贷资产的"中转站"，商业银行通过不断"制造"贷款，为自身利用价差盈利模式获取收益创造"基础资源"，可见"发起—分销"模式为商业银行提供了多元化的盈利模式。

最后，从风险管理来看，传统风险管理模式是一种跨期风险分担机制，风险分担主体包括资本金、存款人、拨备覆盖率和损失准备金等，可见商业银行是风险的主要承担者，不仅要强化信贷资产的后续监管，还要计提资本金或准备金等，以随时吸收信贷资产的潜在风险。而"发起—分销"模式提供了一种基于市场的横向风险分担机制，商业银行信贷资产的风险最终将由投资者、信用增级和评级机构、保险公司等来分担，同时商业银行并不需要实施贷款管理与计提资本的方式来应对风险，可以说横向风险分担机制已将商业银行"剥离"出风险管理体系。与此同时，商业银行可以通过信贷资产的"二级市场"实现资产期限的多元化，负债与资产的期限错配也能够有效解决。可见，"发起—分销"模式减轻了商业银行风险管理的压力（见图 3 - 2）。

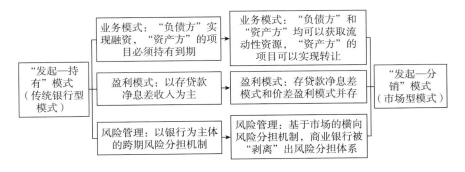

图 3 - 2　资产证券化引导商业银行竞争力提升的途径

注：图中箭头代表具体经营模式的转变方向。

总之，资产证券化提供的新型创新流程为商业银行业务开拓与竞争力提升提供了空间，商业银行不仅获取了市场型业务和盈利模式，还减轻了风险管理压力。为此，在传统业务竞争力逐渐弱化的背景下，商业银行将通过资产证券化实现业务的逐步拓展，这无疑为提升竞争力提供了若干平台。

（三）资产证券化发展对商业银行带来的挑战：从一种新型市场化融资中介谈起

理论上讲，资金融通是商业银行的核心功能，传统业务模式是商业银行发挥核心功能的重要平台。对于资产证券化而言，商业银行是创新主导者，并通过创新实现了自身地位的强化，同时拥有了向市场型业务拓展的空间，但经过近半个多世纪的发展后，资产证券化逐渐成为独立的运作实体，并不断对商业银行的传统业务进行侵占，以压缩商业银行的业务空间，这种行为主要源自资产证券化自身的市场型融资中介特征。

与商业银行类似，资产证券化也具有"资产项"和"负债项"。首先，资产证券化的核心环节即SPV，SPV通过发行资产支持票据进行融资，以形成SPV或资产证券化的"负债项"。从市场情况来看，为资产证券化提供资金的主体以市场型机构为主，比如货币市场基金，这些机构以回购协议的方式将资金投入资产证券化（或SPV）。其次，SPV在获取资金后，"真实购买"银行信贷资产，或直接将资金投入实体部门，以形成资产证券化的"基础资产"，这就是资产证券化的"资产项"。最后，SPV以"资产项"现金流为支撑，设计各种资产支持证券。上述"资产项"和"负债项"共同构成了资产证券化运作的核心环节，"负债项"吸引资金等同于商业银行的"存款"，SPV发行的资产支持票据等同于商业银行的"存款凭证"，而"资产项"所形成的"基础资产"等同于商业银行的"贷款"，可见资产证券化也能发挥类似商业银行的核心功能，即融资中介功能，并促进投资者的"储蓄"向各类"基础资产"等"投资"转化，而且这种融资中介是一种典型的市场型融资中介（见图3-3）。

作为市场型融资中介，资产证券化与商业银行在核心功能趋同的同时，相关业务细节也出现同质化。比如，商业银行融资来源的主体即短期存款，但随着创新不断深入，市场型融资工具也不断短期化（以货币市场基金为主体），并丰富了资产证券化的融资渠道，这无疑成为商业银行短期存款最大的竞争者；再者，从资金用途来看，商业银行以信贷资产对资金进行配置，而资产证券化的 SPV 是以"真实购买"商业银行的信贷资产，或者直接向实体经济投入资金的方式进行资金配置，这两种方式与商业银行信贷业务的本质并无差别。

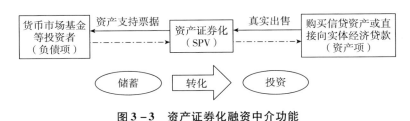

图 3 - 3　资产证券化融资中介功能

注：虚线箭头代表资金的流动方向。

通过分析可知，商业银行通过资产证券化创新，有利于自身实现业务空间的拓展与竞争力的提升，并在金融创新不断深入的背景下，资产证券化从最初商业银行创新的载体，逐步演变成一种独立的市场型融资中介，并不断侵占或压缩商业银行的传统业务空间，由此给商业银行的发展带来挑战。

第二节　经济下行期我国资产证券化
发展的背景及动力探析

经济下行压力的不断凸显，必将对我国"金融服务于实体经济"的方式与质量，以及金融体系的广度与深度提出更高要求，而传统"银行主导型"金融体系在该趋势下已很难发挥出应有的服务效率，为此经营转型将是银行发展的必经之路，但转型将在一定程度上对传统金融经营模式与微观金融行为形成否定，并且这种"否定"也有可能诱使长期积累的风险转化为现实，可见传统金融体系存在的"悖论"已无法适应"经济下行压力"的要求。在此情况下，基于功能观的资产证券化创新，将为银行体系盘活资源存量，提升促进"储蓄向投资转化"的效率提供应有的动能支撑，同时经济下行压力背景下传统金融体系所显露的亟待完善之处，也将是资产证券化发展的需求及动力源泉。

一 银行流动性的缓解——基于资产证券化"增加流动性"功能的需求

（一）关于资产证券化"增加流动性"功能的说明

"增加流动性"作为资产证券化的基本功能（王晓、李佳，2010），是资产证券化创新的初衷所在，目的即帮助储蓄贷款协会摆脱由"金融脱媒"导致的流动性困境。根据分析需要，我们将资产证券化创新流程概括如下：商业银行将其持有的、具有稳定现金流的信贷资产（或其他非流动性资产）组成基础资产池，通过风险隔离机制"真实出售"给特设目的机构（Special Purpose Vehicle，SPV，作为资产证券化创新的核心主体）。随后，SPV 通过划分信用等级将基础资产进行分类，并以资产现金流为支撑发行资产支持证券（见图 3 - 4）。可见，在此创新流程中，商业银行将"资产项"的非流动性资产转换为流动性较强的"现金"资产，该转换流程即资产证券化"增加流动性"功能发挥的平台，该功能改变了商业银行的资产结构，并对商业银行的流动性进行补充。从"资产项"来看，信贷资产的"真实出售"致使"现金资产"所占比重上升，及非流动性资产所占比重下降，这部分流动性与商业银行"负债项"的流动性不同，"资产项"流动性的所有权归商业银行，其不仅不受中央银行法定存款准备金监管条例的限制，同时这部分流动性对于补充拨备、资本金等方面也具有重要作用。

图 3 - 4 资产证券化创新流程

注：实线代表资产所有权的转移，虚线代表流动性，即资金的流动方向。

（二）资产证券化"增加流动性"功能需求的必要性——基于金融机构流动性缓解之视角

虽然我国货币供应量近几年保持持续增长，但金融机构面临的流动性压力并没有缓解。一方面，2018 年年末，广义货币供应量（M2）余额与人民币存款余额分别为 182.67 万亿元和 177.52 万亿元，同比增长分别为 8.1% 和 8.2%，其中 M2 余额增速与上年持平，而人民币存款增速比上年同期低 0.8 个百分点；人民币贷款余额 136.3 万亿元，同比增长 13.5%[①]。从规模来看，M2、存款余额及贷款余额远高于 GDP 规模，并且无论是从国家之间的横向对比，还是基于历史逻辑的纵向对比来看，三者在全球经济体中均处于高位。但有个问题需要注意，虽然存款规模处于高位，但利率市场化与"金融脱媒"的趋势，将导致银行存款方的流动性及成本压力逐步加大，这将从"负债方"对银行流动性产生影响，特别是随着利率市场化改革基本完成，2014 年以来的商业银行资产负债竞争日益激烈，导致金融脱媒程度明显上升（李宏瑾、苏乃芳，2017）。同时，"负债方"流动性压力的增大，商业银行必将提高贷款利率予以应对，这虽然能够缓解净息差压缩带来的影响，但会进一步提高社会融资成本，并导致"宽货币、高利率"悖论的持续。另外，截至 2018 年年底，金融机构各项贷款占资金运用总额比重超过50%，也就是说金融机构持有的"非流动性"资产比重过高。随着"负债方"流动性压力不断增大，再加上规模过高的"非流动性"资产，商业银行"借短贷长"的经营模式必将增加自身面临的流动性风险。

国务院在 2015 年 5 月召开的常务会议中明确指出，"进一步推进信贷资产证券化，以改革创新盘活存量资金"。可见，我国推动的资产证券化创新，首要考虑因素也是基于资产证券化的"增加流动性"功能。从逻辑来看，银行推动资产证券化创新，率先通过"盘活存量"的方式改善自身资产结构，也就是提升流动性资产在资产结构中的比重，并进一步缓解"借短贷长"经营模式导致的流动性风险。随着"资产方"中非流动性资产的"盘活"，商业银行"可贷资金"规模不断增加，并且也不必受制于"负债方"的流动性压力，这对于降低信贷成本，缓解净息差收窄带来的影响是有利的。同时，对于信用等级较高的信贷资产，商业银行可以充分利用资产证券化的"增加流动性"功能，按照

---

① 资料来源：中国人民银行官网。

"贷款—盘活—再贷款—再盘活"的思路，通过优化资产结构拓展业务。此外，资产证券化"增加流动性"功能所带来的"盘活存量"效应，也可以对中小微企业、"三农经济"等当前实体经济亟须发展的薄弱领域进行支持，相关企业也可以基于自身资产推动资产证券化创新，通过资产存量的"盘活"为自身提供流动性支撑。

二 银行风险管理能力的增强——基于资产证券化"风险转移"功能的需求

（一）关于资产证券化"风险转移"功能的讨论

"风险转移"也属于资产证券化的基本功能（王晓、李佳，2010），我们可以对该功能进行如下总结：银行通过资产证券化创新流程的破产隔离机制或风险隔离机制，将信贷资产通过"真实出售"的方式隔离出资产负债表，从而将相应的信用风险转移至 SPV。随后，作为一种风险中介，SPV 基于所获得信贷资产的现金流，根据不同信用等级的划分，向相应风险偏好的投资者发行资产支持证券。这样，商业银行最初面临的信用风险就转移至证券投资者。当然，这仅仅是风险的"初次转移"或"一次转移"。需要说明的是，在风险的"初次转移"中，有一类投资者需要特别注意，即"投资银行"，投资银行可以将初始投资的资产支持证券进行重组，以形成新的"基础资产池"，并以此为支撑发行证券化产品，以形成证券化的平方、立方等，这样又实现初始信用风险的再次转移，并致使风险转移链条不断扩大。这种在"初次转移"基础上实现的再次转移，我们称为"二次转移"或"N 次转移"（见图 3–5）。

（二）从商业银行风险管理能力之提升看资产证券化"风险转移"功能需求的必要性

在经济下行趋势下，银行机构面临的风险逐渐突出。鉴于我国"银行主导型"的金融体系，当前银行业（或金融业）面临的风险如下：第一，债务风险较高。从改革开放以来，中国经济杠杆率和负债率水平一直保持较低水平，但自 2009 年开始发生转变。根据李扬和张晓晶（2015）的测算，若以实体经济总负债水平与 GDP 比值衡量杠杆率，该比值自 2003—2008 年呈逐步回落态势，但自 2009 年开始呈现显著上

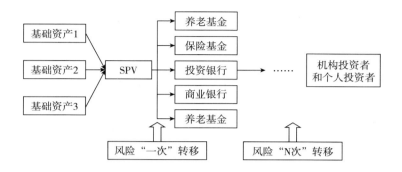

图 3 - 5　资产证券化风险的"一次转移"和"N 次转移"

升趋势，同时伴随债务性融资工具期限不断缩短，不仅负债率①和杠杆率进一步提升，整个实体经济的"借短贷长"状况还不断恶化。第二，实体经济融资成本较高，对实体企业还款能力带来潜在影响。近几年来，虽然实体经济企业贷款加权平均利率呈下降态势，但执行贷款上浮利率企业的占比不断升高，同时整个社会融资规模的增长情况也不乐观，这反映实体经济融资成本不降反升。融资成本的提高将不利于实体企业利润的增长，并对企业的还款能力产生影响。第三，产能过剩压力依然较大。从供给角度来看，中国虽然已成为制造业大国，但由于产业结构调整滞后及创新能力欠缺，大量低水平的产能过剩持续存在，从2007 年以来积累的过剩产能，尤其在制造业领域，包括房地产等一些支柱型产业的调整或转型，是当前经济下行压力的主要原因。2015 年12 月 21 日闭幕的中央经济工作会议将解决产能过剩作为 2016 年五大经济任务之一，但产能过剩的化解不仅可能会带来企业违约破产，还可能会招致通货紧缩出现，同时，随着产能过剩及库存的持续增加，多数企业通过销售将库存转化为现金流的难度不断上升，实体企业的销售收入不断下降，还款能力也将恶化，这不仅增加了实体经济的流动性风险，还会诱使银行不良贷款率的攀升。第四，商业银行自身不良贷款状况也不容忽视。据中国银保监会相关数据显示，银行全行业不良贷款余

---

① 比如在 2013 年，企业债务占比达到121%，不仅高于所有 G7 国家，还远超90% 的国际公认风险阈值。

额从 2011 年第四季度开始由降转升，至 2018 年第四季度持续上升（见图 3-6）。截至 2018 年第三季度，商业银行不良贷款率达到 1.87%，较上季度末增加 0.01 个百分点，创下了 2008 年金融危机后的新高；同时，截至 2018 年年底，商业银行不良贷款率达到 1.89%，又持续上涨 0.02 个百分点，创下 10 年内新高，并且不良贷款总额为 2 万亿元左右。

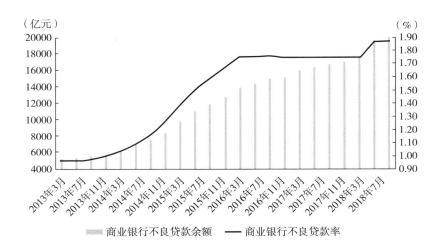

图 3-6　2013—2018 年商业银行不良贷款余额和不良贷款率变化态势

资料来源：原中国银行业监督管理委员会。

目前，我国银行业风险较为复杂，基于"风险转移"功能的资产证券化创新，不仅能够帮助金融机构化解风险，还能够拓宽风险管理渠道，提高风险管理能力。一方面，关于债务风险、高杠杆率、产能过剩恶化等问题，大多数企业的资金来源均是银行贷款，为此在去杠杆化、去产能化过程中，这些企业的还款能力将受到很大影响，并致使银行不良率上升，为此"风险转移"功能可以帮助银行通过"风险隔离"的方式将这些潜在"风险源"进行转移，由此维持资产负债表的稳健。另一方面，当前风险权重较高资产在银行贷款结构占比过大，而"风险转移"功能可以将这些权重较高的资产进行"剥离"，这能够同时缓解银行的期限错配、结构错配和风险错配等问题。此外，银行不良贷款率的攀升，势必提高拨备覆盖率，从而侵蚀资本规模，而"风险转移"功能可以通过转移风险权重较高的资产，以降低银行资产的风险权重，从而变相提高资本充足率，这也是资产证券化"风险转移"功能的衍生功能——"监管资本套利"。

三　银行服务实体经济效率的提升——基于资产证券化"信用中介"功能的需求

（一）资产证券化"信用中介"功能概览

部分学者在研究中已将资产证券化纳入影子银行的范畴，其实这已经隐含了"资产证券化可以充当信用中介"的观点（Gorton，2010；Tucker，2010；European Commission，2012；周莉萍，2013）。从本质来看，资产证券化这种"信用中介"是不同于商业银行的一种"新型信用中介"。我们知道，商业银行是通过负债项的"融资"，再向资产项的"投资"转化，由此形成促进"储蓄向投资转化"的"中介"。对于资产证券化来讲，一方面，以 SPV 为创新核心发行资产支持票据（Asset Backed Notes，ABN）进行融资，这就是资产证券化的"负债项"。另一方面，SPV 利用发行 ABN 获取资金，直接从商业银行"真实购买"信贷资产，或者直接向实体经济提供信贷支撑，以形成资产证券化创新的"基础资产"，这也是 SPV 发行资产支持证券的"支撑"，该资产就是资产证券化的"资产项"。上述流程就是资产证券化"信用中介"功能发挥的全貌（见图 3 - 3）。

作为"新型信用中介"，虽然资产证券化与商业银行的"传统信用中介"存在若干差别，但负债项的资金来源以及资产项的资金配置存在趋同态势。比如两者的资金来源均趋于"短期化"，这从商业银行较为稳定的活期存款及 SPV 基于货币市场的资产支持票据就可以看出；关于资金配置，资产证券化的基础资产本身就以商业银行信贷资产为主，这也体现了一定的趋同性。

（二）从金融效率之提升看资产证券化"信用中介"功能需求的必要性

经济下行压力背景为金融效率提出了更高要求，但当前我国"银行主导型"金融体系的服务效率还较低。我们可以从微观和宏观两个角度对我国金融效率进行衡量：

一方面，从微观角度来看，可以从以银行为主导的融资渠道和金融市场融资渠道两个角度来分析。对于商业银行而言：第一，随着利率市场化的推进及"金融脱媒"的深化，银行利润增速开始放缓。2018 年前四季度，商业银行累计实现净利润 18302 亿元，同比增长 4.72%，增速较去年同期下降 1.26 个百分点。商业银行平均资产利润率为 0.90%，较上季末下降 0.10 个百分点；平均资本利润率 11.73%，较上季末下降 1.42 个百分点[①]。利润增速的放缓必将增加拨备压力，并进一步压缩银行盈利空间，这将对银行体系支持实体经济的效率产生影响。第二，相关研究表明金融机构的高利润侵占了实体经济的利润空间，金融机构与工业企业的利润之比由 56% 上升至 95%（朱鸿鸣、赵昌文，2015），这种畸形的利润结构无疑反映我国"银行主导型"金融体系并没有对实体经济形成有效的资金"润滑"；对于金融市场而言，当前市场交易成本普遍较高（从各类债券的发行成本及清算成本，以及最具活力的中小企业融资成本就可以看出来），同时较少的融资工具也变相地提高了融资成本。

另一方面，我们也可以从两个角度对较低的宏观金融效率进行衡量：第一，目前，中国的货币化程度（广义货币供应量与 GDP 之比）在全球处于高位。2018 年，中国货币化率为 203%，比 2000 年的 134% 高出 69 个百分点，比 2007 年次贷危机爆发之前的 150% 高出 53 个百分点。货币化率越高，说明单位 GDP 所需要衡量的货币规模也越高，这也说明宏观金融效率较低。第二，当前，我国影子银行、P2P、各类担保公司及交易平台等非正规金融的膨胀式增长，从侧面表明正规金融在促进"储蓄向投资转化"的效率较低。

因此，资产证券化所呈现的"信用中介"功能，可成为提升金融效率的重要途径：第一，作为一种债务性融资工具，资产支持证券的创新能够为债券市场形成良性补充，这不仅可以通过提高债券市场融资渠道的竞争性来降低融资成本，还可以促进多层次资本市场的发展，从而缓解股权市场和债权市场的结构性矛盾。第二，资产证券化创新，可使

---

① 资料来源：中国银保监会网站。

银行实现盈利渠道的扩充，比如作为基础资产的托管人可以实现中间业务收入增长。盈利的增加必将减少银行拨备压力，从而提升银行效率。第三，资产证券化这种"信用中介"具有较强的信息披露要求，可促使非正规金融"阳光化"，从而提升金融服务的效率及质量。第四，资产支持证券的发展实现了债券市场的扩容，扩大了货币政策公开市场操作对象，这有利于引导货币流向，增强货币供应量向 GDP 转化效率。

第三节　经济下行期我国银行资产证券化发展动因的实证考察

目前，国内外学术界关于商业银行资产证券化业务的影响因素或动因已做了大量研究，但现有文献主要是针对发达国家进行理论与实证剖析的。对于我国而言，金融工具的创新往往具有浓厚的政府主导色彩，并且由于处在起步阶段，及银行主导型金融体系结构与发达国家的较大区别，同时我国正处于经济下行期的特殊周期阶段，使商业银行资产证券化业务的影响因素必定与发达国家存在显著区别。鉴于此，针对我国现实情况，如何借鉴发达国家银行资产证券化业务的发展经验，深入分析我国银行发展资产证券化业务的影响因素，并剖析政策因素与特殊经济周期环境在资产证券化发展中的作用具有重要的现实意义。

一　研究假说的提出

已有研究系统分析了银行资产证券化的影响因素，并基于资产证券化的正面与负面影响梳理了发达国家的发展经验，同时论述了我国银行资产证券化的发展动因，得出了与发达国家略微不同的结论。但由于我国经济发展阶段、金融体系结构，及商业银行特征与发达国家的显著区别，相关研究结论未必适合我国，因此针对我国的研究需要继续深入，主要体现在：第一，针对经济发展状况、银行体系与发达国家的区别，我国商业银行资产证券化的影响因素必定与发达国家存在不同，虽然已有文献针对我国情况进行研究，但多数仅是从资产证券化对商业银行微观层面之影响的角度展开，很少有文献涉及银行微观特征对资产证券化的影响，鉴于此，需要基于实际对我国银行资产证券化影响因素或动因进行详细分析。第二，目前，关于银行资产证券化的政策力度偏于宽松，但政策因素是否显著推动了资产证券化业务？这是当前文献较少涉及的领域，虽然针对发达国家的研究提到了政府支持情况，但相应的实证分析还较为匮乏。第三，针对发达国家的研究一般并不区分大银行与小银行，而国内部分文献虽然已进行了相关研究，但并没有涵盖资产证券化所有的微观动因，这方面的研究仍需进一步拓展。第四，现有文献关于经济增长因素的讨论仍不够深入，并且发达国家资产证券化迅速发展时期基本与经济增长趋势相吻合，而我国正处在经济下行周期，经济变化趋势可能对资产证券化产生与发达国家不同的影响，因此需要深入探讨我国经济发展趋势与资产证券化的关系。

（一）关于我国银行资产证券化微观影响因素的现实分析

我国银行资产证券化的微观影响因素可能与发达国家略有不同：第一，现有文献认为，"流动性需求是银行涉足资产证券化普遍动因"，欧美国家的发展经验也基本与该观点相符。而流动性过剩是我国金融体系的常态，为此涉足资产证券化业务的银行并不是以增加流动性为目的，国内相关文献已得出类似结论，因此我们认为流动性因素并不是银行发展资产证券化的动因之一。第二，从最初试点来看，只有风险管理水平较高的银行才能进入资产证券化市场，但经济持续下行导致不良贷款和不良率的"双升"①，迫使监管机构于 2016 年 2 月正式试点不良贷款 ABS。可以预见的是，不良资产的变化将使银行更多地考虑资产证券化的风险转移功能，这与发达国家情况类似。第三，我国银行资本充足率水平普遍较高，监管部门针对资本充足率的监管也较为严格，为此资本需求并不是银行当前考虑的问题，同时我国银行体系的创新水平还不足以通过资产证券化实现监管资本套利，这一点与发达国家存在显著区别。第四，作为周期性行业，银行体系与宏观经济趋势同处在下行阶段，并且在利率市场化的影响下，银行传统盈利空间和盈利水平都将受到影响，可见，通过资产证券化改善自身营利性将逐步成为银行的可选手段，这方面的表现与发达国家基本相同。为此，我们提出如下假设：

---

① 截至 2018 年年底，商业银行不良贷款率达到 1.89%，又持续上涨 0.02 个百分点，创下 10 年内新高，并且不良贷款总额为 2 万亿元左右。

假设1：从微观因素来看，流动性和资本充足性因素不是银行资产证券化业务的主要动因，而风险和营利性因素将促使银行发展资产证券化。

（二）关于政策因素对我国银行资产证券化业务影响的现实分析

政策因素在发达国家资产证券化发展历程中存在不同作用。对于美国和日本而言，最初均由政府主导发起资产支持证券，但后来美国的市场力量占据主导。而对于英国，资产证券化一直由市场力量推动。可见，政策因素虽然在多数发达国家占据一定地位，但最终主导力量仍是市场。对于我国而言，一方面，我国金融市场属于典型的"政策市"，大多数金融创新均离不开政策力量的推动，这一点与发达国家存在显著区别。另一方面，目前国家对银行资产证券化的监管力度趋于宽松，标志性事件即2014年年底政策部门陆续将信贷资产证券化业务由审批制改为备案制或注册制①。根据上述阐述提出第二个假设。

假设2：政策环境是推动我国银行发展资产证券化的重要因素。

（三）关于经济增长因素对我国银行资产证券化业务影响的现实分析

学术界主要基于市场或政府立法角度探讨银行资产证券化的宏观影响因素，而关于经济增长与资产证券化关系的研究并不多。作为发源地，美国资产证券化诞生于20世纪70年代的储蓄贷款危机，资产证券化的出现为储贷机构摆脱危机起到了关键作用，并且资产证券化市场的另一次迅速扩张正是在"互联网泡沫"破灭之后，当时美国经济经历了长达近6年的稳定增长，直至次贷危机的爆发。与此同时，英国MBS市场的迅速发展也伴随着当时的经济复苏（比如1996年），而金融危机的冲击也导致MBS市场规模出现萎缩，可见欧美国家资产证券化市场存在一定的顺周期性。对于我国而言，虽然银行资产证券化仍处在起步期，但政策的推动必将使其迅速发展，再者，我国宏观经济正处在下行周期，这与"发达国家资产证券化市场规模扩张与经济上升周期一致"的状况相悖，经济环境的变化也将使商业银行流动性、风险、

---

① 2014年12月银监会与证监会分别下发《关于信贷资产证券化备案登记工作流程的通知》和《证券公司及基金管理公司子公司资产证券化业务管理规定》及配套工作指引，将资产证券化业务由审批制改为备案制。

营利性等问题出现，在此背景下，资产证券化也将逐渐成为银行处理自身问题，推动经营转型的重要手段，为此提出第三个假设：

假设3：经济下行周期将促使银行进一步推动资产证券化业务。

二 样本选择与研究设计

（一）不同层面变量的界定及说明

被解释变量：现有研究关于资产证券化的设定主要从两个方面展开：一是将其设为虚拟变量；二是设定资产证券化参与度，即资产支持证券占总资产之比。我们认为，资产证券化发行次数（或笔数）更能反映银行对该业务的偏好，虽然也有文献考虑到了这一点，但主要是基于数据存在向 0 左归并的特点（因为发行次数最小值为0），运用面板 Tobit 模型进行处理，而我们认为采用面板计数模型更为直接，因此以银行 i 在时期 t 的发行次数为被解释变量。

解释变量：对于解释变量，分为银行、宏观和政策三个层面进行设定和说明。

第一，银行层面控制变量。主要从流动性、风险转移、资本充足性和营利性等方面设定银行层面变量，并将银行资产纳入微观层面的规模变量。相关变量界定如下：

（1）流动性效应变量：资产证券化的流动性效应即通过将非流动性资产转化为流动性资产而实现，为此多数研究选取流动性比率进行衡量，本部分延续这一分析思路，选取流动性比率作为资产证券化流动性效应的衡量变量。

（2）风险转移变量：资产证券化风险转移功能主要是针对信用风险，因此选取不良贷款率为信用风险转移的衡量指标。

（3）资本充足性变量：以 2013 年开始实施的《商业银行资本管理办法（试行)》所计算的资本充足率作为资本充足性变量衡量指标，2013 年前的资本充足率指标根据《商业银行资本充足率管理办法》相关规定计算。

（4）营利性变量：同时选取资产收益率（ROA）和净资产收益率（ROE）来衡量银行的营利性，具体采用平均总资产回报率和平均净资产收益率等指标的计算方式。

（5）银行层面规模变量：选取总资产作为银行层面规模变量，并进行对数化处理。

第二，宏观层面控制变量。本部分仅考虑宏观经济环境的影响，因此以经济增长率（GDP 增长率）作为宏观经济变化的衡量指标。

第三，政策变量。虽然我国资产证券化规模并不大，但政策倾向却趋于宽松。虽然目前针对资产证券化发展的政策角度，但最具典型意义的即 2014 年年底银监会和证监会分别将信贷资产证券化业务由审批制改为备案制，为此关于政策因素的选择即"审批制"向"备案制"或"注册制"的变化，变量的时点确定为 2015 年年初，在 2015 年年初之后的时间取值为 1，其他时间取值为 0（见表 3 - 1）。

表 3 - 1　　　　　　　　　变量的界定与说明

变量层次		变量标识	变量名称	变量描述
被解释变量		num_ abs	资产证券化发行次数	银行 i 在时期 t 的资产支持证券发行次数（或笔数）
银行层面控制变量	流动性效应变量	lr	流动性比率	流动性比率 = 流动资产/流动负债
	风险变量	npl	不良贷款率	不良贷款率 =（次级贷款 + 可疑贷款 + 损失贷款）/（正常贷款 + 关注贷款 + 次级贷款 + 可疑贷款 + 损失贷款）
	资本充足变量	cdr	资本充足率	资本充足率 =（总资本 - 扣减项）/加权风险资产
	营利性变量	roa	平均总资产回报率	平均总资产回报率 = 净利润/平均总资产
		roe	平均净资产收益率	平均净资产收益率 = 净利润/平均净资产
	银行规模变量	Asset	银行总资产规模	对数化处理，即 $\ln(\text{Asset})$
变量层次		变量标识	变量名称	变量描述
宏观层面控制变量		GDP_ R	经济增长率	$\text{GDP}\_\ R = \dfrac{\text{GDP}_t - \text{GDP}_{t-1}}{\text{GDP}_{t-1}}$
政策层面控制变量		Policy	政策变量虚拟变量	变量时点为 2015 年年初，之后 = 1，其余 = 0
是否为上市银行		l_ bank	上市银行虚拟变量	若为上市银行，取值 = 1，其余 = 0

（二）样本选择和数据来源

根据中国资产证券化分析网（https：//www. cn－abs. com）统计显示，截至 2017 年年底，共有 94 家银行至少发行一笔资产支持证券，其中上市银行 37 家、其他股份制银行 3 家（渤海银行、广发银行与恒丰银行）、城市商业银行 36 家、农村商业银行 15 家及政策性银行 3 家，鉴于部分银行年报披露不完善，本部分选择其中 85 家银行为分析样本（不包括 3 家政策性银行）。由于我国于 2012 年重启银行信贷资产证券化，银行也是从 2012 年开始陆续重启该业务（部分银行在 2012 年已经开始发行资产支持证券，比如中国银行和交通银行），但我们特意设定一次没有发行记录的截面数据，以确保问题分析的全面性，为此选取样本区间为 2011—2017 年。此外，对于资产证券化发行次数基于中国资产证券化分析网产品汇总中的"证券列表"进行整理，以统计银行 i 在第 t 年的资产支持证券发行次数（或笔数）；银行层面的微观控制变量数据来自银行（包括上市银行与非上市银行）年度报告与 Wind 咨询，经济增长率数据也是来自 Wind 咨询。

（三）描述性统计分析

表 3－2 为数据的描述性统计结果，通过区分全样本、上市银行样本与非上市银行样本进行汇报。具体来看，全样本 num_ abs 最大值为 60，上市银行与非上市银行的最大值分别为 43 和 60，但非上市银行的平均值仅为 1.342，低于全样本的 2.199 和上市银行样本的 3.29，虽然非上市银行拥有最高的资产支持证券发行次数，但其波动程度不如全样本和上市银行样本，这从三者的标准差即可看出。对于流动性比率（lr），非上市银行的平均值和最大值分别为 52.55% 和 106.62%，均高于上市银行，似乎非上市银行的流动性状况要优于上市银行，但前者的标准差也高于后者，而上市银行的不良贷款率（npl）表现要更好，其平均值和最大值分别为 1.132% 和 2.41%，均低于非上市银行，说明上市银行不良贷款管理能力更强。从营利性情况来看，全样本的 roa 和 roe 平均值分别为 1.104% 和 16.90%，上市银行两者的平均值分别为 1.114% 和 17.61%，均高于非上市银行的 1.096% 和 16.32%，同时上市银行样本的最大值也高于非上市银行，非上市银行 roa 和 roe 的最小值竟然为负，说明上市银行盈利能力较强。对于总资产的对数值

（lnasset），很显然，上市银行的平均值、最大值和最小值均最高。

表 3 - 2　　　　　　　　　　变量的描述性统计结果

	VARIABLE	N	平均值	标准差	最小值	最大值
全样本	num_abs	574	2.199	1.064	0	60
	lr	526	50.11	13.24	26.47	106.6
	npl	554	1.240	0.678	0	9.560
	cdr	555	12.87	1.629	9	26.09
	roa	557	1.104	0.442	-0.430	5.950
	roe	557	16.90	5.241	-5.310	40.69
	lnasset	557	8.040	1.660	3.484	12.47
	policy	574	0.429	0.495	0	1
上市银行样本	num_abs	252	3.29	2.84	0	43
	lr	242	47.24	11.36	27.6	91.02
	npl	251	1.132	0.43	0.24	2.41
	cdr	251	12.78	1.435	9.88	18.79
	roa	250	1.114	0.237	0.58	1.82
	roe	250	17.61	4.14	9.06	29.45
	lnasset	250	9.08	1.708	6.292	12.47
	policy	252	0.429	0.496	0	1
非上市银行样本	num_abs	322	1.342	0.237	0	60
	lr	284	52.55	14.21	26.47	106.62
	npl	303	1.329	0.819	0	9.56
	cdr	304	12.93	1.773	9	26.09
	roa	307	1.096	0.556	-0.43	5.95
	roe	307	16.32	5.934	-5.31	40.69
	lnasset	307	7.188	1.007	3.484	9.939
	policy	322	0.429	0.4950	0	1

（四）实证分析模型设计

1. 基本回归模型

本部分主要考察银行 i 在时期 t 的资产证券化发行次数（或笔数），根据研究思路及上述变量说明，在基本回归中构建面板计数模型进行分析，基本模型如下：

$$num\_abs_{i,t} = \beta_0 + \beta_1 Liquidity_{i,t} + \beta_2 Risk_{i,t} + \beta_3 Earnings_{i,t} + \beta_4 Capital_{i,t}$$
$$+ \beta_5 Size_{i,t} + \beta_6 Policy_{i,t} + Bank_i + time_t + \xi_{i,t}$$

上式中，num_abs 为资产支持证券发行次数，$Liquidity$、$Risk$、$Capital$、$Earnings$、$Size$ 分别为银行层面的流动性、风险、资本需求、营利性与规模等控制变量，$Policy$ 为政策变量。似然比结果显示，本部分数据适合于面板计数模型，具体采用面板泊松模型，同时由于固定效应耗费更多自由度，为此随机效应模型更为合适，Hausman 检验也表明随机效应模型确实更优。

2. 区分上市银行与非上市银行的资产证券化业务影响因素回归模型

为了区分上市银行与非上市银行的资产证券化业务行为，在基本回归的基础上，纳入上市银行虚拟变量，模型设定如下：

$$num\_abs_{i,t} = \beta_0 + \beta_1 Liquidity_{i,t} + \beta_2 Risk_{i,t} + \beta_3 Earnings_{i,t} + \beta_4 Capital_{i,t}$$
$$+ \beta_5 Size_{i,t} + \beta_6 l\_bank_{i,t} + Bank_i + time_t + \xi_{i,t}$$

其中，l_bank 为上市银行虚拟变量，同时，分别设置流动性因素、风险转移因素、资本充足因素、营利性因素、总资产与上市银行虚拟变量的交互项，从而研判上市银行与非上市银行资产证券化影响因素的区别。

3. 政策因素对银行资产证券化业务影响的深入分析

为了进一步突出政策因素的作用，在基本回归模型的基础上，分别设置流动性因素、风险转移因素、资本充足因素、营利性因素、总资产与政策变量的交互项，通过控制政策变量后观察银行微观行为的变化，进一步分析政策因素与银行资产证券化的关系。

4. 经济增长因素对银行资产证券化业务影响的回归模型

鉴于我国正处在经济增长周期下行阶段，相应的资产证券化发展态势与发达国家存在显著不同，为此基于基本回归模型纳入经济增长因素，以深入分析经济增长变化与银行资产证券化的关系，相关模型设定如下：

$$num\_abs_{i,t} = \beta_0 + \beta_1 Liquidity_{i,t} + \beta_2 Risk_{i,t} + \beta_3 Earnings_{i,t} + \beta_4 Capital_{i,t}$$
$$+ \beta_5 Size_{i,t} + \beta_6 gdp_{i,t} + Bank_i + time_t + \xi_{i,t}$$

其中，gdp 为经济增长变量，并设置流动性因素、风险转移因素、资本充足因素、营利性因素、总资产与经济增长率的交互项，以探讨控制经济增长的情况下，银行微观行为的变化。

5. 稳健性检验

在稳健性检验中，我们重点考虑潜在的内生性问题。鉴于银行微观行为的变化对资产证券化的影响，资产支持证券的发行也会影响银行流动性、风险转移、营利性、资本充足率等因素，这种"互为因果关系"很有可能导致模型的内生性，因此对上述所有回归的解释变量进行一阶滞后处理，通过对潜在"内生性"的控制，以判断上述回归结果的稳健性。

三　实证结果分析

（一）商业银行资产证券化业务影响因素的基本回归结果

表3-3汇报了银行资产证券化业务影响因素的基本回归结果，其中，列（1）和列（3）、列（2）和列（4）分别以平均资产回报率（roa）和平均净资产收益率（roe）为营利性变量，并且列（1）和列（2）汇报了解释变量当期值结果，列（3）和列（4）汇报了解释变量滞后一期值结果，后者可视为对前者的稳健性检验。结果显示：第一，政策变量在1%的水平上显著为正，凸显2014年年底审批制向备案制的政策变化，是推动银行资产证券化的重要动力，这与我国金融市场"政策市"的现实高度吻合，同时也验证了假设2。第二，流动性效应结果为正值，并在5%或10%的水平上显著，即流动性比率上升时银行将发行资产支持证券，这与陈小宪、李杜若（2017）的结论，即"我国从事资产证券化业务的银行并不缺乏流动性"一致，可见流动性效应结果与发达国家存在显著区别。第三，npl 结果基本上在1%的水平上显著为正，说明不良贷款率上升时银行将发展资产证券化，即随着不良贷款规模的攀升，银行逐步将资产证券化"风险转移"功能作为应对方式之一。第四，列（2）和列（4）关于 roe 的结果显著为负，

表 3 – 3 商业银行资产证券化业务影响因素的基本结果

VARIABLE	(1)	(2)	(3)	(4)
	解释变量当期值		解释变量滞后一期值	
lr	0.008**	0.008**	0.006*	0.006*
	(0.003)	(0.004)	(0.003)	(0.003)
npl	0.354***	0.216*	0.068***	0.079***
	(0.092)	(0.115)	(0.009)	(0.013)
cdr	– 0.075**	– 0.102***	0.011	0.007
	(0.038)	(0.038)	(0.037)	(0.036)
roa	– 0.567**		0.143	
	(0.247)		(0.233)	
roe		– 0.099***		– 0.033**
		(0.017)		(0.017)
lnasset	0.560***	0.603***	0.554***	0.551***
	(0.060)	(0.064)	(0.059)	(0.058)
policy	1.480***	1.190***	1.592***	1.527***
	(0.122)	(0.132)	(0.107)	(0.112)
_cons	– 4.563***	– 3.150***	– 5.684***	– 4.611***
	(0.755)	(0.821)	(0.753)	(0.801)
N	526	526	460	460
Bank	YES	YES	YES	YES
Year	YES	YES	YES	YES
Wald chi^2	737.91***	739.05***	600.04***	602.56***
Log likelihood	– 1006.412	– 991.564	– 1012.704	– 1010.865

注：括号中为稳健标准误，***、**、*分别表示在1%、5%和10%的水平下显著。

列（1）关于 roa 的结果显著为负，而列（3）的结果不显著，可见 roe 的结果更体现了"营利性下降是银行发展资产证券化业务影响因素"的结论。第五，cdr 当期值在 1% 的水平上显著为负，系数符号也与发达国家"监管资本套利"假说相符，但滞后一期值的系数不符合预期，并且也不显著，说明回归结果是不稳健的，可见资本充足率并不是影响银行资产证券化的主要因素。第六，lnasset 结果在 1% 的水平上显著为

正，反映资产规模显著促进了银行资产证券化业务，说明资产规模的扩
张为银行发展资产证券化提供了必要平台。总体来看，关于银行微观因
素的回归结果，基本验证了假设 1 和假设 2。

（二）区分上市银行与非上市银行的资产证券化业务影响因素分析

1. 区分上市银行与非上市银行资产证券化业务影响因素的基本回
归结果

表 3 - 4 即区分上市银行与非上市银行资产证券化业务影响因素的
基本回归结果，由于 roa 结果不理想，为此在后续分析中，营利性指标
全部采用 roe。表 3 - 4 中、l_lr、l_npl、l_cdr、l_roe、l_a 分别为流动性
比率、不良贷款率、资本充足率、平均净资产收益率、总资产与上市银
行虚拟变量的交互项，结果显示：第一，lr、npl、roe、lnasset 等结果
与表 3 - 3 一致，显著性水平也基本接近，同时 cdr 结果不显著，可见
表 3 - 3 结果的稳健性。第二，l_bank 结果在 1% 的水平上显著为负，
即非上市银行相比上市银行更愿意发行资产证券化，说明由于业务空间
相对较窄，为了拓展业务或推动经营转型，非上市银行更偏好于利用资
产证券化这项创新平台。第三，流动性效应、营利性因素、总资产对数
值与上市银行虚拟变量的交叉项显著为负，反映上市银行更看重资产证
券化的微观功能，也就是说相对于非上市银行，上市银行利用资产证券
化的首要目标并不是拓展业务或推动转型，而是为了应对流动性和营利
性等基本问题，这也凸显出上市银行对经营稳健性的重视。与此同时，
不良贷款率与上市银行虚拟变量的交互项并不显著，结合表 3 - 3 的回
归结果，我们认为不良贷款率的上升是整个银行业面临的共同问题，不
同类型银行在对待不良贷款率的态度相同。

表 3 - 4　　　　区分上市银行与非上市银行的资产证券化业务
影响因素回归结果

VARIABLE	（1）	（2）	（3）	（4）	（5）	（6）
lr	0.010 ***	0.019 ***	0.011 ***	0.010 ***	0.011 ***	0.010 ***
	(0.004)	(0.004)	(0.004)	(0.004)	(0.004)	(0.004)
npl	0.442 ***	0.460 ***	0.484 ***	0.460 ***	0.448 ***	0.450 ***
	(0.093)	(0.093)	(0.100)	(0.093)	(0.093)	(0.093)

续表

VARIABLE	(1)	(2)	(3)	(4)	(5)	(6)
cdr	−0.042	−0.062	−0.048	−0.033	−0.056	−0.040
	(0.038)	(0.038)	(0.038)	(0.041)	(0.038)	(0.038)
roe	−0.174***	−0.178***	−0.184***	−0.181***	−0.168***	−0.175***
	(0.015)	(0.015)	(0.015)	(0.015)	(0.018)	(0.015)
lnasset	1.062***	1.100***	0.935***	0.965***	0.949***	1.125***
	(0.105)	(0.101)	(0.101)	(0.101)	(0.091)	(0.123)
l_bank	−0.931***					
	(0.339)					
l_lr		−0.022***				
		(0.005)				
l_npl			−0.077			
			(0.154)			
l_cdr				−0.027		
				(0.025)		
l_roe					−0.021***	
					(0.006)	
l_a						−0.112***
						(0.043)
_cons	−5.529***	−5.947***	−4.753***	−5.069***	−4.836***	−6.027***
	(1.050)	(1.045)	(1.066)	(1.090)	(0.992)	(1.144)
VARIABLE	(1)	(2)	(3)	(4)	(5)	(6)
N	526	526	526	526	526	526
Bank	YES	YES	YES	YES	YES	YES
Year	YES	YES	YES	YES	YES	YES
Wald chi²	667.19***	653.00***	664.95***	666.61***	673.76***	667.09***
Log likelihood	−1030.735	−1024.187	−1034.525	−1034.059	−1033.775	−1031.034

注：括号中为稳健标准误，***、**、*分别表示在1%、5%和10%的水平下显著。

2. 针对上市银行与非上市银行基本回归结果的稳健性检验

表3-5汇报了所有解释变量的滞后一期结果，即对表3-4结果的稳健性检验。结果显示：滞后一期 lr、npl、cdr、roe、lnasset 与表3-3和表3-4结果基本一致，滞后一期 l_bank 与表3-4结果也基本一致。

此外，滞后一期流动性比率、平均净资产收益率、总资产对数值与上市银行虚拟变量交互项的结果也保持一致，并且滞后一期不良贷款率与上市银行虚拟变量交互项的结果也不显著，这些结果均显示表3－4结果的稳健性。

表3－5　　　区分上市银行与非上市银行资产证券化业务影响因素结果的稳健性检验

VARIABLE	（1）	（2）	（3）	（4）	（5）	（6）
L. lr	0. 008 **	0. 012 ***	0. 009 ***	0. 006 *	0. 009 ***	0. 007 **
	(0. 003)	(0. 003)	(0. 003)	(0. 003)	(0. 003)	(0. 003)
L. npl	0. 240 ***	0. 273 ***	0. 249 ***	0. 231 **	0. 222 **	0. 254 ***
	(0. 090)	(0. 087)	(0. 095)	(0. 093)	(0. 090)	(0. 089)
L. cdr	0. 039	0. 029	0. 015	0. 098	0. 013	0. 042
	(0. 034)	(0. 034)	(0. 035)	(0. 136)	(0. 034)	(0. 035)
L. roe	− 0. 095 ***	− 0. 099 ***	− 0. 102 ***	− 0. 096 ***	− 0. 080 ***	− 0. 094 ***
	(0. 014)	(0. 013)	(0. 013)	(0. 014)	(0. 015)	(0. 014)
L. lnasset	1. 056 ***	0. 985 ***	0. 836 ***	1. 165 ***	0. 959 ***	1. 133 ***
	(0. 102)	(0. 091)	(0. 094)	(0. 109)	(0. 085)	(0. 121)
l_bank	− 1. 139 ***					
	(0. 317)					
L. l_lr		− 0. 015 ***				
		(0. 004)				
L. l_npl			0. 107			
			(0. 132)			
L. l_cdr				− 0. 038		
				(0. 026)		
L. l_roe					− 0. 043 ***	
					(0. 013)	
L. l_a						− 0. 138 ***
						(0. 041)
_cons	− 6. 850 ***	− 6. 554 ***	− 5. 313 ***	− 8. 038 ***	− 6. 251 ***	− 7. 471 ***
	(1. 010)	(0. 975)	(1. 010)	(1. 077)	(0. 931)	(1. 112)

续表

VARIABLE	(1)	(2)	(3)	(4)	(5)	(6)
N	460	460	460	460	460	460
Bank	YES	YES	YES	YES	YES	YES
Year	YES	YES	YES	YES	YES	YES
Wald chi^2	509. 09 ***	508. 56 ***	506. 50 ***	505. 79 ***	521. 01 ***	508. 18 ***
Log likelihood	− 1105. 851	− 1106. 672	− 1112. 489	− 1095. 889	− 1107. 459	− 1106. 567

注：括号中为稳健标准误，***、**、*分别表示在1%、5%和10%的水平下显著。

（三）关于政策因素对商业银行资产证券化业务影响的再讨论

1. 政策因素对商业银行资产证券化业务影响的基本结果

表3－6在表3－3的基础上，深入分析了政策因素的影响。结果显示：lr、npl、cdr、roe、lnasset 等结果与前述结果基本一致，反映了结果的稳健性。同时，表3－6也汇报了流动性比率、不良贷款率、资本充足率、平均净资产收益率、总资产对数值与政策变量的交互项结果，分别记为p_lr、p_npl、p_cdr、p_roe、p_a，相关结果显示：p_lr 结果显著为正，这强化了"流动性并不是银行发行资产支持证券重要因素"的结论，即在政策允许的情况下，银行发行资产证券化的目的也不是为了流动性，这进一步说明了我国银行体系并不缺乏流动性；p_npl、p_roe 分别在1%水平上显著为正和负，反映了在政策推动下，银行更愿意发行资产支持证券以应对不良贷款和营利性等问题，这也说明银行对不良贷款和营利性这两项微观问题的重视。同时，p_a 结果也在1%水平上显著为正，意味着伴随政策因素推动，资产规模越高的银行越偏好于发行资产支持证券，这强化了表3－3中关于资产规模的回归结果。

表3－6　　　政策因素对资产证券化业务影响的基本回归结果

VARIABLE	(1)	(2)	(3)	(4)	(5)
lr	0. 015 ***	0. 009 ***	0. 009 **	0. 007 *	0. 009 **
	(0. 005)	(0. 004)	(0. 004)	(0. 004)	(0. 004)
npl	0. 249 **	0. 178 ***	0. 238 **	0. 166 ***	0. 229 **
	(0. 111)	(0. 033)	(0. 109)	(0. 024)	(0. 107)

续表

VARIABLE	（1）	（2）	（3）	（4）	（5）
cdr	－0.098	－0.075	－0.172	－0.119	－0.116
	（0.138）	（0.138）	（0.141）	（0.138）	（0.138）
roe	－0.101***	－0.118***	－0.102***	－0.145***	－0.108***
	（0.017）	（0.018）	（0.017）	（0.016）	（0.017）
lnasset	0.608***	0.693***	0.606***	0.591***	0.548***
	（0.064）	（0.071）	（0.064）	（0.063）	（0.070）
p_lr	0.025***				
	（0.003）				
p_npl		0.554***			
		（0.091）			
p_cdr			0.093		
			（0.110）		
p_roe				－0.071***	
				（0.007）	
p_a					0.112***
					（0.014）
_cons	－2.217***	－3.672***	－2.303***	－1.871**	－2.224***
	（0.838）	（0.864）	（0.837）	（0.839）	（0.851）
N	526	526	526	526	526
Bank	YES	YES	YES	YES	YES
Year	YES	YES	YES	YES	YES
Wald chi^2	735.01***	730.63***	734.39***	715.41***	743.21***
Log likelihood	－989.111	－1013.912	－992.457	－985.187	－999.327

注：括号中为稳健标准误，***、**、*分别表示在1%、5%和10%的水平下显著。

2. 政策因素对商业银行资产证券化业务影响结果的稳健性检验

表3－7汇报了表3－6所有解释变量的滞后一期结果，即对表3－6结果的稳健性检验。结果显示：滞后一期lr、npl、cdr、roe、lnasset与上述所有结果一致，说明上述结果的稳健性。同时，滞后一期流动性比率、不良贷款率、平均净资产收益率、总资产对数值与政策变量交互项结果也与表3－6结果一致，反映表3－6结果的稳健性。

表3－7　对政策因素影响资产证券化业务回归结果的稳健性检验

VARIABLE	（1）	（2）	（3）	（4）	（5）
L. lr	0. 009 **	0. 007 **	0. 009 ***	0. 008 ***	0. 007 **
	（0. 004）	（0. 003）	（0. 003）	（0. 003）	（0. 003）
L. npl	0. 274 ***	0. 246 **	0. 222 **	0. 239 **	0. 251 **
	（0. 089）	（0. 120）	（0. 093）	（0. 093）	（0. 131）
L. cdr	0. 020	0. 157	－ 0. 001	0. 011	0. 172
	（0. 035）	（0. 137）	（0. 036）	（0. 035）	（0. 138）
L. roe	－ 0. 102 ***	－ 0. 090 ***	－ 0. 089 ***	－ 0. 098 ***	－ 0. 080 ***
	（0. 015）	（0. 019）	（0. 015）	（0. 014）	（0. 019）
L. lnasset	0. 862 ***	2. 767 ***	0. 786 ***	0. 814 ***	2. 725 ***
	（0. 095）	（0. 214）	（0. 084）	（0. 090）	（0. 217）
L. p_lr	0. 015 ***				
	（0. 004）				
L. p_npl		0. 478 ***			
		（0. 079）			
L. p_cdr			0. 008		
			（0. 006）		
L. p_roe				－ 0. 017 **	
				（0. 008）	
L. p_a					0. 063 ***
					（0. 012）
_cons	－ 5. 550 ***	－ 3. 672 ***	－ 4. 972 ***	－ 5. 144 ***	－ 1. 871 **
	（1. 008）	（0. 864）	（0. 926）	（0. 973）	（0. 839）
N	460	452	460	460	452
Bank	YES	YES	YES	YES	YES
Year	YES	YES	YES	YES	YES
Wald chi^2	505. 80 ***	540. 76 ***	534. 93 ***	521. 58 ***	545. 42 ***
Log likelihood	－ 1112. 803	－ 776. 265	－ 1110. 852	－ 1112. 099	－ 780. 458

注：括号中为稳健标准误，***、**、*分别表示在1%、5%和10%的水平下显著。

（四）纳入经济增长变量的商业银行资产证券化业务影响因素分析

1. 经济增长因素对商业银行资产证券化业务影响的基本结果

表 3 - 8 汇报了经济增长对银行资产证券化影响的基本结果，其中，g_lr、g_npl、g_cdr、g_roe、g_a 等分别为流动性比率、不良贷款率、资本充足率、平均净资产收益率、总资产对数值与经济增长率变量的交互项。结果显示：一方面，gdp 在 1% 的水平上显著为负，说明经济增长率的下降推动了银行资产证券化业务。另一方面，g_lr、g_cdr、g_roe 、g_a 等交互项结果均在 1% 的水平上显著为负，g_npl 结果在 1% 的水平上显著为正，意味着在既定经济增长趋势下，流动性比率、资本充足率和平均净资产收益率的下降，及不良贷款率的上升显著推动了银行资产证券化业务。结合这两点回归结果发现，从目前情况来看，我国正处在经济下行阶段，由于银行属于典型的顺周期行业，随着经济增长率下降，银行流动性、风险、营利性等问题均将逐步浮出水面，上述回归结果说明随着经济增长率下降带来的银行经营压力上升，银行将更加看重资产证券化在增加流动性、转移风险、提高营利性和补偿资本（或监管资本套利）等方面的功能，也就是说在我国经济下行压力下，银行涉足资产证券化的目的即提升自身经营效率和管理风险的能力，这也说明政府在当前大力推动银行资产证券化创新，不仅是为了实现"盘活存量资产"，更是为了助力银行有效面对经济下行趋势带来的经营压力，从而更好地实现业务转型。表 3 - 8 结果有效验证了假设 3。

表 3 - 8　　经济增长因素对资产证券化业务影响的基本回归结果

VARIABLE	（1）	（2）	（3）	（4）	（5）	（6）
lr	0.010 ***	0.302 ***	0.012 ***	0.010 ***	0.008 **	0.010 ***
	(0.004)	(0.024)	(0.004)	(0.004)	(0.004)	(0.004)
npl	0.189 **	0.167 **	7.888 ***	0.189 **	0.275 ***	0.164 **
	(0.079)	(0.075)	(0.777)	(0.075)	(0.082)	(0.069)
cdr	-0.039	-0.022	-0.025	1.015 ***	-0.070	-0.068
	(0.038)	(0.039)	(0.038)	(0.099)	(0.038)	(0.038)
roe	-0.075 ***	-0.077 ***	-0.091 ***	-0.076 ***	-0.755 ***	-0.085 ***
	(0.019)	(0.019)	(0.018)	(0.019)	(0.074)	(0.018)

续表

VARIABLE	(1)	(2)	(3)	(4)	(5)	(6)
lnasset	0.511***	0.518***	0.601***	0.517***	0.500***	1.793***
	(0.058)	(0.058)	(0.062)	(0.059)	(0.058)	(0.114)
gdp	-1.978***					
	(0.167)					
g_lr		-0.042***				
		(0.003)				
g_npl			1.073***			
			(0.119)			
g_cdr				-0.150***		
				(0.013)		
g_roe					-0.118***	
					(0.010)	
g_a						-0.179***
						(0.016)
_cons	11.692***	-2.386***	-3.828***	-2.357***	-1.488*	-2.044**
	(1.554)	(0.844)	(0.832)	(0.846)	(0.856)	(0.846)
N	526	526	526	526	526	526
Bank	YES	YES	YES	YES	YES	YES
Year	YES	YES	YES	YES	YES	YES
Wald chi^2	637.48***	652.87***	729.56***	633.68***	586.04***	662.85***
Log likelihood	-927.270	-925.563	-973.633	-932.746	-920.407	-945.350

注：括号中为稳健标准误，***、**、*分别表示在1%、5%和10%的水平下显著。

2. 针对经济增长因素影响的稳健性检验

表3-9汇报了表3-8所有解释变量的滞后一期结果，即对表3-8的稳健性检验。从表中可以看出，滞后一期流动性比率、不良贷款率、资本充足率、平均净资产收益率、总资产的对数值、经济增长率与上述所有结果一致，说明上述结果的稳健性。同时，g_lr、g_npl、g_cdr、g_roe、g_a等交互项的结果也与表3-8一致，这不仅进一步说明银行在经济下行压力下，亟待通过资产证券化业务以应对经营压力，同时也

证明了表 3 - 8 结果的稳健性。

表 3 - 9　　　经济增长率影响资产证券化业务结果的稳健性检验

VARIABLE	（1）	（2）	（3）	（4）	（5）	（6）
L. lr	0. 008 **	0. 189 ***	0. 010 ***	0. 009 ***	0. 006 *	0. 009 ***
	（0. 003）	（0. 017）	（0. 003）	（0. 003）	（0. 003）	（0. 003）
L. npl	0. 325 **	0. 333 **	4. 649 ***	0. 311 **	0. 429 ***	0. 272 *
	（0. 149）	（0. 144）	（0. 600）	（0. 148）	（0. 154）	（0. 144）
L. cdr	0. 010	0. 020	0. 004	0. 769 ***	- 0. 001	- 0. 027
	（0. 035）	（0. 035）	（0. 034）	（0. 076）	（0. 035）	（0. 035）
L. roe	- 0. 115 ***	- 0. 113 ***	- 0. 030 *	- 0. 110 ***	- 0. 567 ***	- 0. 125 ***
	（0. 017）	（0. 017）	（0. 017）	（0. 018）	（0. 060）	（0. 017）
L. lnasset	0. 484 ***	0. 489 ***	0. 594 ***	0. 473 ***	0. 456 ***	1. 369 ***
	（0. 057）	（0. 056）	（0. 061）	（0. 057）	（0. 057）	（0. 086）
L. gdp	- 1. 270 ***					
	（0. 119）					
L. g_lr		- 0. 026 ***				
		（0. 002）				
L. g_npl			0. 627 ***			
			（0. 090）			
L. g_cdr				- 0. 106 ***		
				（0. 010）		
L. g_roe					- 0. 080 ***	
					（0. 007）	
L. g_a						- 0. 120 ***
						（0. 012）
_cons	6. 095 ***	- 3. 207 ***	- 4. 449 ***	- 3. 112 ***	- 2. 483 ***	- 2. 717 ***
	（1. 270）	（0. 787）	（0. 782）	（0. 795）	（0. 809）	（0. 791）
N	460	460	460	460	460	460
Bank	YES	YES	YES	YES	YES	YES

VARIABLE	（1）	（2）	（3）	（4）	（5）	（6）
Year	YES	YES	YES	YES	YES	YES
Wald chi^2	568.89 ***	577.15 ***	611.04 ***	568.97 ***	525.68 ***	592.39 ***
Log likelihood	−1027.184	−1032.663	−1079.831	−1019.134	−1007.583	−1038.601

注：括号中为稳健标准误，＊＊＊、＊＊、＊分别表示在1%、5%和10%的水平下显著。

本章小结

　　本部分基于我国银行业 2011—2017 年的面板数据，通过控制微观层面变量、宏观经济变量和政策变量，并设置上市银行虚拟变量、政策变量、经济增长变量与反映银行微观特征变量之间的交互项，综合考察银行发展资产证券化的影响因素，研究结论如下：①由于我国银行较少面临流动性和资本需求压力，因此两者并不是银行发行资产支持证券的重要动因。但随着不良贷款与经营压力的攀升，银行将以改善风险和营利性为目标而发展资产证券化，同时政策因素与经济增长因素的表现，也显示银行对风险与营利性等微观因素的重视。②上市银行与非上市银行的资产证券化发展存在显著区别，非上市银行更愿意以此为平台拓展业务或推动经营转型，而上市银行更看重资产证券化的微观功能。但不良贷款率与上市银行虚拟变量交互项不显著的结果，体现两者在看待不良贷款方面不存在显著区别。③政策因素显著推动了资产证券化发展，这与发达国家市场主导型的业务推动模式存在显著不同，同时通过分析发现，在政策允许的情况下，银行发行资产支持证券更多的是应对不良贷款和营利性等问题，并且伴随政策推动，资产越高的银行也更愿意发行资产支持证券。④经济下行态势是银行发展资产证券化的重要动力，并且随着银行经营压力的提升，资产证券化增加流动性、转移风险、提供营利性和补充资本等功能将逐渐被银行重视，这也凸显经济下行压力给银行带来的经营困境，是政府部门大力推动资产证券化的目的之一。从本部分实证结果可以看出，随着经济下行压力不断增大，"经济增速下行"本身就是促进商业银行发展资产支持证券的重要动因，再者从银行微观特征来看，风险因素和营利性也是银行发展资产证券化的因素之一，而流动性因素对银行发展资产证券化的影响并不显著，此外，政策因素也是推动银行发展资产证券化的动因之一，这是我国银行体系资产证券化发展与发达国家的重要区别之一。

第四章 资产证券化对银行风险承担影响机制的进一步讨论

结合前文的分析得知，无论资产证券化的发展是提升，抑或降低银行风险承担，相应的影响机制必将遵循一条"由微观向宏观过渡"的三阶段路径：第一阶段，借助功能效应，资产证券化的发展通过风险转移、流动性效应及监管资本套利等功能影响银行个体行为，这是微观阶段的影响。第二阶段，上述功能效应对银行个体行为的影响，将通过银行资产负债结构、流动性结构、期限结构及风险偏好等变化来体现，并反映在风险承担水平的变化上，这是中观阶段的影响。第三阶段，资产证券化对银行风险承担的影响，将产生一定的溢出效应，并且该溢出效应最终将体现于金融稳定的变化，这是宏观阶段的影响（见图4-1）。本部分以该三阶段路径为基础，进一步剖析资产证券化的发展对银行风险承担的影响机制。

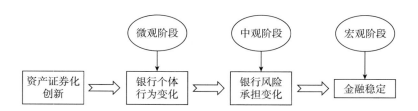

图4-1 资产证券化创新对银行风险承担的影响路径

第一节　功能视角下资产证券化创新对银行
个体行为的影响：微观阶段分析

与普通金融创新无异，银行一般是基于功能需求来推动资产支持证券的发展，而这种针对功能需求的创新又会反过来影响银行自身的个体行为。目前，学术界关于资产证券化创新功能的研究不胜枚举，我们在此也不必过多赘述，同时根据"三性"要求，银行个体行为的变化无非就是表现在其对待流动性、风险及监管的态度上。因此，我们基于王晓和李佳（2010）的研究思路，将增加流动性和风险转移界定为资产证券化的基本功能，并借助于 Acharya 等（2013）关于资产证券化创新"监管资本套利"功能的阐述，从流动性效应、风险转移和监管资本套利三项功能出发，研判资产证券化发展对银行个体行为的影响路径。

一　流动性效应功能下银行个体行为的变化：流动性来源的多元化

资产证券化首次创新于美国"金融脱媒"的经济背景（邹晓梅等，2014；郭经延、赵睿，2015），因此最初关于资产证券化功能的研究主要集中于"流动性效应"（Thomas，2001），这也是银行最初创新资产支持证券的重要功能性需求，基于该功能的资产证券化创新也是旨在解决商业银行面临的流动性困境。从"流动性效应"功能的发挥机制来看，该功能为商业银行提供了多元化的流动性来源，由此影响到银行自身的个体行为，主要体现在如下两个方面：

一方面，通过创新资产支持证券，商业银行将其持有的非流动性信贷资产"真实出售"至特设目的机构（SPV），从而实现非流动性资产向流动性资产的转化，这一过程就如同银行的"融资"行为（Farruggio and Uhde，2015），但不同的是，银行通过创新资产支持证券获得的流动性资源并不是资产负债表中的"负债"，而是"资产"，即银行在这一过程中，本质上实现了流动性较弱的信贷资产向流动性较强的现金资产转化。由此我们认为，在资产证券化创新流程中，基础资产债权债务关系的变化使商业银行（或传统信用中介）有了更多渠道控制流动性（李佳，2014），商业银行同时可从"负债项"和"资产项"获取流动性资源，这体现了流动性来源的多元化。

另一方面，在资产证券化创新流程中，非流动性资产通过 SPV 转换为可在市场上交易的、流动性较强的证券资产，银行可以根据自身需求调整资产结构中流动性资产的均衡配置，以有效实现"安全性、流动性、营利性"的"三性"要求。这样伴随资产证券化发展规模的扩大，银行可以根据经济周期波动的态势，灵活调控自身的风险资产结构，当然在这一过程中，银行也是通过主动控制市场中可得的流动性资源而实现。

总结来看，资产证券化的流动性效应对银行个体行为的影响主要是通过提供多元化的流动性来源而实现，并且银行不仅可以通过"负债项"的被动变化来调控自身的流动性资源，也可以通过"资产项"的主动变化来达到目的，同时通过"资产项"平台获取的流动性资源并不受央行法定存款准备金的监管约束，因此在这种业务和制度变化下，银行的信贷扩张偏好，及其所引导的机构流动性与市场流动性互动等行为也会产生一定程度的变化，这不可避免地会影响到自身风险承担水平。

二　风险转移功能下银行个体行为的变化：银行经营模式的转变

（一）银行"发起—持有"模式向"发起—分销"模式的变化：基于风险转移功能的讨论

对于风险转移，已有学者将其视为资产证券化创新的基本功能（王晓、李佳，2010）。但从具体创新流程或影响而言，该功能不仅丰富了银行风险管理手段，并推动银行经营模式由传统的"发起—持有"模式向"发起—分销"模式转变。我们首先阐述资产证券化风险转移功能的运作流程：

商业银行将自身持有的、能够在未来产生稳定现金流的信贷资产，通过一定的风险和破产隔离等措施，将其从自身资产负债表中隔离，并"真实出售"至特设目的机构（SPV）。由于 SPV 仅是一个风险中介，本身并不具有承担风险的意愿或能力，因此会将其"真实购买"的信贷资产进行划分（一般按照基础资产的风险等级进行划分，比如划分为优先级、中间级、次级和权益级等），并在投资银行的协助下，向市场中的投资者发行资产支持证券，这样被"真实出售"的信贷资产所蕴含的风险就由商业银行转移至资产证券化的投资者。这即是资产证券化"风险转移"功能运作流程的全貌（见图4-2）。

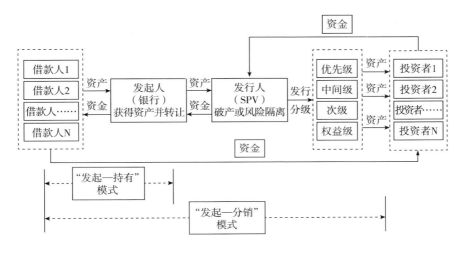

图4-2 风险转移功能流程及银行经营模式变化

由此可知，风险转移功能的核心环节在于"真实出售"，通过将资产隔离出银行资产负债表并转移至SPV，蕴含信用风险的信贷资产就被剥离出银行体系，以实现风险转移。那么对于银行经营模式而言，银行是信贷资产的发起人，在资产支持证券创新尚未介入时，整个债权债务关系极其稳定，即持续保持在"银行—借款人"的范畴之间，在信贷资产的存续期内，银行无法实现大规模的资金回流，更无法实现资产转让与风险转移，只能持有风险资产至到期，这就是银行的传统经营模式——"发起—持有"模式（见图4-2的左半部分）。

而在资产证券化创新介入后，银行可以借助破产隔离流程实现信贷资产转让。而资产转让流程实际上提供了银行信贷资产的二级市场，也就是说为银行的非流动性资产提供了交易空间，这样银行在"发起"环节所创造的大量信贷资产，可视为该二级市场的"基础资源"，银行可以在这个平台中不断转让或盘活自身所持有的非流动性资产（主要为信贷资产），该过程即"资产分销"。可见，资产证券化的风险转移功能逐步使银行由传统的"发起—持有"经营模式向"发起—分销"模式转变（见图 4 - 2 从左至右的流程）。值得注意的是，经营模式的变化，使银行逐渐成为信贷资产的"中转站"，银行可以通过不断地发起或"制造"贷款，为信贷资产的二级市场创造大量"基础资源"，因此银行将逐渐摒弃自身的传统业务，从而向市场型业务拓展。可见，银行经营模式的变化，也会带来业务模式和盈利模式的变化：一方面，从业务模式来看，银行可以借助经营模式的变化拓展市场型业务，不仅可以借助市场平台实现自身非流动资产和流动性资产的最优配置，同时对于资产定价也更依赖于市场化的手段；另一方面，从盈利模式来看，在"发起—分销"模式的推动下，银行可以不必过分依赖传统的净息差盈利模式，而是可以通过"低买高卖"的价差盈利方式，构建多元化的盈利渠道。可见，银行经营模式的转变，将会带来业务模式和盈利模式的变化，这种个体行为的改变必将影响风险承担水平。

（二）监管资本套利：基于"风险转移"衍生功能的再讨论

从本质来看，既然是对监管资本进行"套利"，那么必定是在不违背监管资本规定的前提下，通过相关交易，在不降低业务规模和整体风险的同时降低监管资本要求。从监管角度来讲，监管资本对于银行而言是一种成本或负担，所以银行具有监管资本套利的需求或动机。

Acharya 等（2013）对资产证券化创新的"监管资本套利"功能进行了阐述。对于资产证券化创新流程而言，风险转移功能的发挥，银行将风险权重较高、流动性较差的信贷资产剥离出资产负债表，同时实现流动性较强资产的回收，该过程其实是在保持监管资本规模不变的前提下，实现整个资产风险权重的降低，也即是典型地提高资本充足率的"分母策略"，该流程也属于银行实现监管资本"套利"的范畴。因此，我们认为资产证券化的监管资本套利功能是以风险转移功能为基础的，所以将其视为风险转移功能之衍生功能。总体来看，对监管资本进行"套利"，本质上属于规避监管的行为，这也属于金融创新动力的范畴之一，那么通过资产证券化创新来降低风险资产权重，由此实现资本监管规定的达标，这种没有改变资本规模而降低风险资产权重的规避监管方式，很有可能改变银行的风险偏好、业务偏好和经营偏好，由此带来风险承担水平的变化。

总之，资产证券化创新对银行个体行为的影响，是影响银行风险承担的初步环节。通过具体分析发现，资产证券化创新的流动性效应、风险转移和监管资本套利等功能会通过不同角度影响银行个体行为，由此对银行风险承担产生影响。在下一部分内容中，我们将以银行个体行为的变化为基础，着重分析资产证券创新对银行风险承担的影响。

第二节　资产证券化创新对银行风险承担的影响：中观阶段分析

通过分析可知，借助功能效应，资产证券化的发展将通过风险转移、流动性效应及监管资本套利等方面对银行个体行为产生影响，而银行个体行为的变化将会使其自身主动调整资产负债结构、流动性结构、期限结构及风险偏好等环节，并最终促使风险承担水平出现变化。本部分内容即是以银行个体行为调整为基点，深入剖析资产证券化创新对银行风险承担的影响路径。从逻辑上来看，相对于"第一阶段"微观层面的分析，本部分的阐述属于"第二阶段"，即中观阶段的分析。

一　银行流动性来源对风险承担的影响：基于流动性效应功能的分析

资产证券化"流动性效应"功能对银行个体行为的直接影响，即带来了多样化的流动性来源，这也必将引致以银行为核心的流动性扩张，并且这种扩张很有可能是"虚拟化"的，属于内生流动性扩张（Bervas，2008），这即是"流动性效应"功能下银行风险承担变化的主要形式，主要体现在如下环节：

环节1：多样化的流动性来源强化了商业银行流动性扩张的能力。"流动性效应"功能通过对商业银行非流动性资产的"盘活"，缩短了相关资产池的久期，实现了现金流的快速回笼。银行通过"资产项"获得的流动性与"负债项"最大的区别在于：其可以不受央行存款准备金的监管约束，也就是说，如果银行以"资产项"获取的流动性用于信贷资源，将会比"负债项"层面所引导的传统货币乘数效应带来倍数更大"乘数效应"，可见银行将拥有更强的流动性扩张能力，而这种扩张能力也蕴含着银行更高的风险承担水准。

　　环节 2：银行流动性扩张的增强将伴随市场流动性扩张的出现。以银行为核心的流动性扩张，必然辅助循环式的资产"盘活"，这将从供给与需求两个角度推动市场型的"内生流动性扩张"出现：一方面，从供给角度来看，资产的循环"盘活"伴随的是源源不断的、流动性较强的资产支持证券；另一方面，以银行为核心的流动性扩张增加了市场资金规模，这不可避免地将提升投资者针对资产支持证券的需求。与此同时，市场流动性扩张将增加市场容量及提升资产支持证券的流动性，投资者在资产配置时也会更多考虑资产支持证券（在美国次贷危机爆发之前，资产支持证券确实被大量机构投资者和个人投资者视为流动性仅次于国债的投资标的），这又会要求银行扩大资产支持证券的发行规模，并进一步引起以银行为核心的流动性扩张。可见，市场流动性扩张与以银行为核心的流动性扩张将出现一种"循环反复"的态势，同时，随着以银行为核心的流动性扩张与市场流动性扩张的融合，银行也将可能步入更为复杂的风险范畴，相应的风险承担水平也会进一步提升。

　　总之，资产证券化"流动性效应"功能首先强化了以银行为核心的流动性扩张能力，这是在该功能背景下银行风险承担水平提升的"初步环节"；银行流动性扩张能力的提升又会带来"市场型"的内生流动性扩张，这是银行风险承担水平提升的"第二环节"；随后，市场流动性扩张反过来又会带动以银行为核心的流动性扩张，两者的"循环叠加"又会进一步使银行步入更为复杂的风险范畴，这是银行风险承担水平提升的"第三环节"。可见，在"流动性效应"功能的诱使下，银行风险承担水平的变化呈现一种层层递进的态势（见图 4 - 3）。

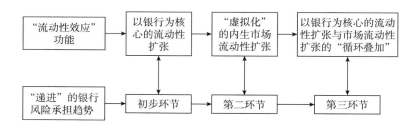

图 4 - 3　"流动性效应"功能引致银行风险承担变化的"递进"态势

二　银行经营模式的变化对风险承担的影响：基于风险转移功能的讨论

银行经营模式由"发起—持有"向"发起—分销"的转变，及其所伴随的业务模式与盈利模式的变化，是"风险转移"功能对银行个体行为影响的直接体现，而这一过程将引起银行风险偏好、期限结构、流动性结构及资产负债结构等环节的调整，这些调整最终将体现于银行风险承担水平的变化上。从具体逻辑来看，"风险转移"功能所引导的银行经营模式的变化，首先影响到银行的风险偏好行为，随后再作用于具体的风险承担环节。

第一，从逻辑上讲，在风险承担的变化路径中，银行经营模式的改变，首先影响到自身的风险偏好，而"风险偏好"的变化主要从两个方面来体现：一方面，"发起—分销"经营模式所伴随的信贷资产二级市场，为银行不断"真实出售"信贷资产提供了广阔空间，即使信用质量较低的资产，银行也可以进行剥离，因此这将降低银行持续监督借款人行为的动机，并弱化自身的激励约束机制，进一步扩大信贷资产的发放力度（比如金融危机爆发前的"掠夺性贷款"）；另一方面，信贷资产二级市场使银行可以随意剥离所持有的、任何信用等级的信贷资产，为此银行可能将主动追求信用质量低、收益较高的信贷资产，也就是说向信用评级较低的借款人发放贷款（比如金融危机爆发前的次贷抵押贷款）。总之，不管是"掠夺性贷款"，还是次级抵押贷款，无不体现银行激励约束机制的扭曲与道德风险的出现，由此体现了较高的风险偏好。此外，随着市场型金融机构（比如投资银行）介入银行资产证券化创新流程，并成为潜在风险的分担者或接受者，这又会进一步推动银行扭曲的激励机制及道德风险。可见，"风险转移"功能所引导"发起—分销"经营模式，扭曲了银行的激励约束机制与道德风险，使银行具有较高的风险偏好，这为后续反映风险承担水平的期限结构、流动性结构及资产负债结构等环节的调整创造了条件。

第二，银行经营模式的调整，弱化了激励约束机制，提升了风险偏好，上述所提到"掠夺性贷款"与次级抵押贷款规模的上升，其实就是银行风险承担提升的重要证据，同时低质量信贷资产占比的上升，也将弱化银行资本金吸收损失的能力，这不利于银行风险控制。因此，"发起—分销"经营模式将激励银行进入信贷资产"风险转移"的恶性循环，即"信贷资产发放—风险转移—信贷资产再发放—风险再转移……"的循环，从表面上看，"循环转移"使银行发放的每一笔风险资产均实现了隔离，并释放了资本金吸收损失的压力，但银行信贷资产规模的扩张，必将辅助负债规模的扩大来实现资源补充，这将导致银行资产负债率和杠杆倍数的同向提升，资产负债结构也将恶化。

第三，与"流动性效应"功能类似，由"风险转移"功能引导的银行经营模式调整，也能通过资产剥离实现流动性资产的回笼。但前面已经讨论，银行"发起—分销"经营模式提升了风险偏好，在流动性资产回笼的同时，银行又增加了信贷扩张的倾向，并且多数资产是以质量较低的长期资产形式出现。理论上讲，经营模式调整的初衷虽然是增加银行高流动性资产占比，实现期限结构与流动性结构的改善，但由于银行风险偏好的提升，这种针对期限结构与流动性结构的改善是有限的，反而可能导致流动性错配和期限错配再次出现，这无疑提升了银行风险承担水平。

第四，前面已经提到，作为"风险转移"功能的衍生功能，"监管资本套利"也将影响银行个体行为。作为银行规避资本监管的一种方式，"监管资本套利"在没有改变资本规模的情况下，降低了银行资产结构的整体风险权重，这种在银行未补充任何资源即满足监管要求的方式，必将提升银行之风险偏好，主要体现在如下两个方面：一方面，"监管资本套利"功能作为降低银行风险权重的重要方式，将与"风险转移"功能一起，进一步强化银行针对"信贷资产发放—风险转移……"的恶性循环，因为只有剥离高风险资产，才能实现风险权重的降低，但前面已经讨论，这种方式对于是否能够真正降低银行风险，是值得商榷的；另一方面，"监管资本套利"功能帮助银行节省了更多资源，降低了监管成本，那么银行必将采取更具冲动型的业务行为，在战略安排上也更加激进。

相比"多样化的流动性资源"，银行经营模式的变化首先使银行调整风险偏好，随后对资产负债结构、期限结构和流动性结构等环节产生影响，可见，由银行经营模式调整所带来的个体行为变化，对风险承担的影响将呈现出比"流动性效应"功能更为复杂的结构模式。同时，作为"风险转移"功能的衍生功能，"监管资本套利"功能将进一步强化银行经营模式调整对风险承担的影响路径（见图4－4）。总体来讲，从路径来看，资产证券化创新之功能，首先影响至银行个体行为，当然这是偏微观的讨论，那么由于银行个体行为调整再到风险承担的变化，属于中观层面的分析环节。理论上讲，作为市场化的机构主体，一定程度的风险承担有利于银行获得更广阔的盈利空间，以有效平衡"三性"原则，但资产证券化基本功能的发挥很有可能超出应有边界，其对银行风险承担的影响也有可能产生溢出效应。因此，为了还原资产证券化创新影响银行风险承担的全貌，我们还必须基于微观层面和中观层面的分析，剖析银行风险承担超出相应边界后的溢出效应，而这种溢出效应将最终体现在金融稳定的变化上，我们将此称为银行风险承担变化的宏观效应。

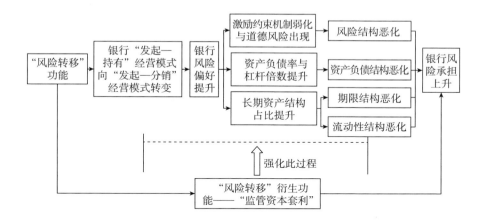

图4－4　"风险转移"功能引致银行风险承担变化的具体态势

第三节　资产证券化创新对金融稳定的影响：
银行风险承担变化的宏观效应

银行参与资产支持证券创新的初衷，即是为了利用相关功能，有效践行"金融支持实体经济"的要求，资产证券化功能发挥所导致银行个体行为的变化，也凸显了银行推动自身经营转型与丰富风险管理手段的需要，即便是中观层面银行风险承担水平的变化，也为银行创造了更为多元化的盈利空间。但从具体实践来看，在监管体系并不完备的情况下，资产证券化创新的功能超出应有边界属于常态，银行风险承担也时常处于"不稳定"状态，也就是说以功能为基点的资产证券化创新将会通过银行风险承担的变化，对金融稳定产生影响，即风险承担的变化将会产生"溢出效应"，且这种"溢出效应"最终将体现在金融稳定的变化上。从本质上讲，银行风险承担变化对金融稳定的"溢出效应"是以资产证券化创新的各项功能为基点，并属于宏观层面的影响。

一 "流动性效应"功能视角下银行风险承担对金融稳定的"溢出效应"

"流动性效应"功能对银行风险承担的影响呈现一种层层递进的态势，由于这种"递进"暗藏在金融体系内部（比如内生性流动性扩张），在此之中必定存在一系列不稳定因素，如果无法对该"递进"态势进行有效约束，必将导致系统性风险与金融不稳定出现。"流动性效应"功能视角下银行风险承担对金融稳定的宏观"溢出效应"可以解释如下：

一方面，"流动性效益"视角下银行风险承担的变化趋势，体现在"递进"式的流动性扩张态势上，即"以银行为核心的机构流动性扩张—虚拟化的市场内生流动性扩张—机构流动性扩张与市场流动性扩张的循环叠加……"，需要注意的是，不管是机构流动性扩张，还是市场流动性扩张，甚至两者的循环叠加，都离不开一个重要基点，即银行具有持续供给或创新资产支持证券的能力。而从发展历史来看，资产证券化的基础资产池主要以信贷资产为主，并且信贷资产又主要针对房地产行业的信贷占主要比重，这就体现了一个清晰的逻辑：机构流动性扩张和市场流动性扩张所实现的资金扩张，主要是为了补充以房地产行业为核心的信贷资金，也就是说大量资金流入房地产市场，导致了针对房地产市场的"超额需求"，且这种"超额需求"远超出实体经济的真实需求，其必将引起房地产市场的资产价格泡沫，该泡沫的性质，属于以房地产为核心的"同质性"资产价格泡沫。

另一方面，"递进"式流动性扩张所导致的资产价格泡沫，属于一种"合成谬误"式的资产价格泡沫（万志宏，2012）。当机构流动性扩张和市场流动性扩张出现"循环叠加"时，资产价格将形成"同质性"上涨，而投资者也会形成资产价格进一步上涨的预期，从而增加针对资产支持证券的需求，并致使商业银行进一步供给资产支持证券，在这个过程中，商业银行和投资者的资产负债表及杠杆倍数都会扩张，由此引起资产价格的进一步上涨，为此金融市场将出现"资产价格上涨—资产支持证券供需扩张—资产价格进一步上涨……"的恶性循环，这种"循环"颠覆了传统资产价格需求曲线的表达方式，即资产价格与资产需求之间将呈现一种"正向"变动趋势，而资产价格"正向"变动需求曲线的出现，说明整个经济的风险将集中于金融领域，金融脆弱性因素也会不断膨胀，金融不稳定发生的概率也将提高。

可见，"流动性效应"视角下银行风险承担对金融稳定影响的"溢出效应"，主要是通过资产价格泡沫导致系统性风险积累，在此之中，流动性扩张与资产价格上涨呈现出一种相辅相成的循环，由此提升金融不稳定的发生概率。

二　"风险转移"功能视角下银行风险承担对金融稳定的"溢出效应"

资产证券化"风险转移"功能对银行风险承担的影响，是以银行经营模式由"发起—持有"模式向"发起—分销"模式的转变路径为基础。但该路径也存在相应的不稳定因素，我们将该功能视角下银行风险承担对金融稳定的宏观"溢出效应"解释如下：

第一，从宏观层面来看，"风险转移"功能所引导的银行经营模式变化，将引起整个金融结构由"银行主导型"向"市场主导型"转变（李佳，2015）。金融结构的变迁不仅促使融资渠道的多元化，并提升了金融服务效率，这从表面上来看是有利于金融稳定的，但银行在"风险转移或分担"，或在经营模式转变的过程中，却摒弃了自身所擅长的信用风险管理环节，反而承担自身并不擅长市场风险管理。同时，银行与市场型业务的融合将带来新的投机机会，并放大市场波动，因此这种金融结构体系必将蕴含大量"脆弱性"因素，金融稳定的状态也难以持续，甚至可以说，资产证券化创新通过基本功能所引导的金融结构变迁，虽然提升了"金融服务实体经济"的效率，但并没有对金融结构形成良好优化，所以这种变迁是否是一种稳定的结构变迁是值得商榷的。

第二，"风险转移"功能所引导的银行经营模式变化，将使银行不断融入市场体系开展业务，并且随着基础资产信用风险的不断转移及银行风险承担模式的不断深化，越来越多的微观主体将进入这种市场型的横向风险分担系统，而市场主体的增多将伴随信用风险转移链条的扩张。从理论上讲，市场型的横向风险分担机制压缩每一位风险承担主体所承担的风险，风险呈现一种被分散的态势，但正如前面所讨论的，由于资产证券化的创新源头——基础资产具有一定程度的"同质性"，因此从资产配置的基本理论来看，这其实弱化了风险承担或分担过程中的风险分散功效，或者说是不利于风险分散。那么，随着信用风险转移的链条不断扩张，若基础资产池出现信用或流动性问题，整个信用风险转移链条将出现断裂，系统性风险将真正出现，金融不稳定也将不可避免。

第三，鉴于"风险转移"功能的衍生功能——"监管资本套利"功能，对于能否真正降低银行风险存在争议，并且"监管资本套利"功能也有可能通过降低银行风险资产的权重，来诱使银行采取更为激进的战略安排。在前文我们已经讨论过，"监管资本套利"功能主要是强化"风险转移"功能对银行风险承担的影响路径，那么若上升至对金融稳定影响的宏观高度，该功能也会伴随"风险转移"功能，推动不稳定的金融结构变迁及信用风险转移转移链条扩张，促进系统性风险的积累，由此导致金融不稳定。

总之，"风险转移"功能及其衍生功能对银行风险承担的影响也会产生一定的"溢出效应"，由此不利于金融稳定。从形式上来看，"风险转移"功能将与"流动性效应"功能叠加在一起，促进内生流动性扩张、资产价格泡沫、"同质性"系统性风险积累及信用风险转移链条扩大等问题，同时由"风险转移"功能所带来银行经营模式变化，及其所引导的金融结构变迁，也没有体现出必要的稳定态势，可见在监管缺位的情况下，资产证券化的基本功能将会超出应有的创新边界，并导致资产证券化对银行风险承担的影响以更加宏观的层面来凸显，而金融不稳定的出现也意味着银行承担的个体风险向宏观层面的系统性风险演化。

本章小结

至此，我们论述了资产证券化的发展通过银行个体行为，影响至银行风险承担水平，乃至金融稳定的基本路径，这是一个由"微观向宏观过渡"的三阶段动态路径。因此，我们不能仅从静态视角审视资产证券化发展对银行风险承担的影响，同时资产证券化发展对银行风险承担的影响也不是一蹴而就的，并且还会带来一定的"溢出效应"，导致宏观层面的金融不稳定出现。在后续的内容中，我们将以中国银行业为样本，并基于经济下行压力的背景，采用不同的实证分析方法，全面考察资产证券化与银行风险的关系，同时探讨资产证券化对银行稳定的影响，为进一步规范资产证券化的发展提供理论与实证支撑。

第五章　资产证券化对银行风险承担影响的初步实证考察

上一章论证了资产证券化发展与商业银行风险之间的关系，并构建了资产证券化对银行风险承担影响的具体路径。本章和下一章将采用相应实证分析方法，针对资产证券化与商业银行风险的关系进行更为严谨的论证，从而深入分析我国经济下行背景下，资产证券化对商业银行风险的影响及其机制。

第一节　影响机制及假设提出

一　资产证券化对商业银行风险的影响机制：基于风险转移功能的分析

资产证券化对商业银行风险施加的影响，主要依赖于风险转移功能的发挥，而该功能的有效运作，需要借助于"真实出售"或"破产隔离"这一核心环节（见图 5 - 1，图中左边为银行资产负债表，右边为 SPV 资产负债表）。图中左上方为银行初始状态的资产负债表（银行初始状态的资产、负债等规模如图中所示），在构建资产证券化基础资产池之前，资产负债表中现金、证券和贷款规模分别为 C、S 和 L（假定银行仅进行信贷资产证券化）。若该银行将规模为 L1 的信贷资产进行打包以形成基础资产池，在随后操作中，银行将 L1 规模的信贷资产"真实出售"至特设目的机构（SPV，见图中上方横向箭头所示），而"真实出售"也意味着银行将此信贷资产完全剥离出资产负债表，由此实现资产的"破产隔离",该过程也预示着信贷资产所涵盖的风险被剥离出资产负债表,并转移至 SPV(图 5 - 1 中的斜线箭头即表示银行信贷资产向 SPV 的剥离)。银行将资产进行打包出售后,基本也不存在"风险回流"等问题(孔丹凤等,2015),可见该过程实现了信贷资产风险的完全转移。与此同时,SPV 为了"真实购买"该资产,一般将支付同等规模的现金(L1),这样银行资产负债表中现金和信贷资产的规模分别变为(C + L1)与(L - L1)(见图 5 - 1 左下方即银行贷款出售后资产负债表的变化情况)。

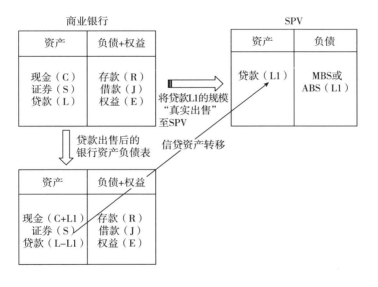

图 5 - 1 资产证券化风险转移功能的发挥路径(以资产负债表的变动为例)

再者,SPV 是一种风险中介机构,本身不具备承担风险的能力或意愿,在"真实购买"银行信贷资产后,SPV 将根据风险暴露水平,将信贷资产组合划分为不同层次的风险等级,并在投资银行的协助下,基于信贷资产的现金流向投资者发行资产支持证券(MBS 或 ABS)。随后,投资者将根据自身的风险偏好投资相应风险等级的证券(SPV 的资产负债表如图 5 - 1 右上方所示),这样银行承担的风险就最终转移至资产支持证券的投资者。

上述风险转移流程仅是银行风险的"一次"转移,在此过程中,商业银行风险由各类资产支持证券投资者共同分担，但作为风险分担者，投资者也有将风险进行转移的需求，即寻求风险保护。理论上讲，风险保护包括两个环节：一是信用增级与信用评级。前者主要依靠专业的信用增级机构，或由商业银行"风险自留"的方式实现增级，但若以银行"风险自留"模式进行信用增级，意味着风险并未实现彻底转移；后者即聘请信用评级机构给予资产支持证券相应的信用评级，由信用评级机构为投资者提供"风险担保"；二是金融市场中的"风险保护"，即在投资资产支持证券后，投资者可以同时投资信用衍生工具，比如信用违约互换（CDS），这样投资者承担的风险就转移至信用违约互换的发行人（上述两个环节的风险保护如图 5 - 2 所示）。

图 5 - 1 和图 5 - 2 已清晰勾勒出资产证券化如何通过风险转移功能作用于商业银行风险，但该流程能否缓解风险，还要取决于银行微观行为的变化。结合上文文献梳理，可知在风险转移功能发挥作用时，银行微观行为可能出现如下变化：其一，虽然银行通过资产证券化可将风险资产进行转移，但风险的变化还得取决于被证券化资产与保留表内资产之间的风险对比，若银行将风险较高资产进行证券化，则该流程无疑将降低银行风险水平，反之则提高风险；其二，在资产证券化运作流程中，为了确保资产支持证券较高的信用等级及顺利发行，银行可能会采取"风险自留"的方式给予信用增级（见图 5 - 2），但"风险自留"一般是促使银行投资部分低信用等级的资产支持证券，这意味着虽然银行实现了信贷资产"真实出售"，但风险又变相回流至银行资产负债表，导致风险转移效果大打折扣，银行风险也未明显降低；其三，资产证券化虽然丰富了银行风险管理渠道，但可能会强化银行之道德风险倾向，比如银行在证券化后放松信贷标准，及高风险资产持有比重上升等行为即是道德风险的典型特征，这均不利于银行风险的缓解。总之，上述分析意味着，作为一项金融创新流程，资产证券化仅仅为银行提供了一种管理风险的平台，或一项优化风险配置的渠道，其对银行风险转移的影响效果，不仅取决于风险转移功能的发挥，更要视银行微观行为的变化态势而定，而银行微观行为的变化，与资产证券化的创新与发展也紧密相关。

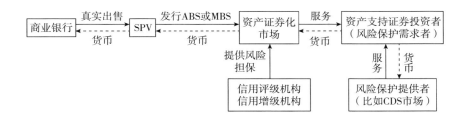

图 5 - 2　资产证券化风险转移功能中的"风险保护"环节

二　研究假说的提出：基于中国现实的思考

随着 2012 年信贷资产证券化的重启，及在 2014 年年底与 2015 年年初，监管机构与央行分别将资产证券化业务由审批制改为备案制或注册制的政策刺激下，我国资产证券化的发展开始进入"快车道"。资产证券化的迅速发展，必将为银行风险管理平台提供有效补充。在经济下行周期导致银行不良贷款状况恶化的背景下，监管部门开始注意到银行缓解风险压力的迫切需求，2016 年不良贷款 ABS 业务的开启，也体现了监管当局对资产证券化风险转移功能破解银行风险"谜团"的期待。本章基于上述影响机制的论述，结合我国银行体系的发展现实，提出如下几点可能的设想，并在此基础上凝练出研究假设。

（一）关于发展初期资产证券化与银行风险关系的基本探索

众所周知，我国资产证券化仍处在发展初期，此时资产证券化的发展是否秉承了发达国家的特征？资产证券化能否有助于缓解银行风险？这不仅是监管层关心的问题，也是经济下行压力及结构转型背景下银行体系的迫切需求。整体来看，在初期阶段，我国资产证券化发展与银行风险的关系必将存在特殊性，主要体现在如下两点：

一方面，多数研究认为，转移风险是银行资产证券化的动因之一（Minton et al. , 2004；Affinito and Tagliaferri, 2010；Keys et al. , 2011），此逻辑也表明资产证券化有利于银行管理风险。但从现实来看，银行风险能否缓解，取决于被转移资产与表内保留资产之间的风险对比。目前，虽然监管当局对资产证券化的支持力度较大，但由于处在发展初期，基础资产池的质量备受关注，在此约束下，银行普遍将信用等级较高资产纳入基础资产池，而非问题资产或不良贷款。再者，由于信贷资产证券化重新启动不久，多数银行仅初次进入该市场，相应发展策略也偏于谨慎，为此在构建基础资产池时更偏重于优质资产（陈小宪、李杜若，2017）。同时，出于对信用增级的考虑，银行也会采取一定的"风险自留"措施，这均不利于风险彻底转移。因此，本章认为，在资产证券化发展初期，基础资产的信用等级普遍高于银行表内保留资产，这就导致风险转移功能对银行风险的缓解是有限的，甚至可能引起风险上升。

另一方面，目前监管层针对银行资产证券化的发展策略趋于宽松，虽然银行在发展初期仅将信用等级较高资产纳入基础资产池，但在"风险转移功能"的诱使下，银行难免不会出现道德风险倾向。现有文献认为，在资产被风险转移后，降低信贷标准、放松信贷审查力度，及推动低质量信贷扩张等道德风险问题不断涌现（Mian and Sufi，2008；Nadauld and Sherlund，2011；宋清华、胡世超，2018）。对于我国而言，经济增速放缓增加了传统银行业务的经营压力，为了有效地应对外部冲击，银行可能会从如下两方面入手：一是增加中间业务收入。在资产证券化创新流程中，信贷资产的转让与托管都会带来可观的中间业务收入。但通过资产证券化实现中间业务收入的增加，需要创造更多"基础资源"，为此银行必将进一步扩张信贷规模，而信贷资产的扩张又将引起风险不确定。二是在经营转型的迫切需求下，银行具有从事高风险业务的倾向。而风险转移所带来资产负债表流动性结构的改善，为银行从事高风险业务提供了空间，这属于典型的道德风险行为。基于上述讨论，我们进一步强化了"资产证券化发展初期未必能够缓解银行风险"的结论。

基于上述分析，本章提出有待验证的基准研究假说如下：

假说1：在发展初期，资产证券化不利于银行风险缓解，甚至引起风险上升。

（二）政策背景下资产证券化与银行风险之间长期关系的思考

作为顺周期行业，在经济下行阶段，银行风险问题开始"显性化"。前文分析认为，资产证券化在发展初期可能不利于缓解银行风险，但自重启之后，在国务院"盘活存量、用好增量"的基调下，政

策当局不断为资产证券化发展搭建有利平台，最具典型意义的即 2014
年年底及 2015 年年初，监管机构分别将资产证券化由审批制改为备案
制或注册制①，由此助力资产证券化发展进入快车道。总体来看，"盘
活存量"的政策基调，及其引致的一系列资产证券化发展有利措施，
蕴含了监管部门对银行风险与不良贷款状况的忧虑。进一步观察来看，
2016 年 2 月，央行等部委联合发布《关于金融支持工业稳增长调结构
增效益的若干意见》，同年 4 月，银行间交易协会颁布了《不良贷款资
产支持证券信息披露指引（试行）》，意味着不良贷款证券化正式开启，
并成为银行处置不良贷款的方式之一。同时，李克强总理在 2017 年
3 月 5 日的政府工作报告中也提出"促进盘活存量资产，推进资产证券
化"等"去杠杆"措施，资产证券化的功能定位也正式从基础设施融
资转为"去杠杆"。上述境况不仅凸显了银行不良贷款处置压力，也表
达了监管机构对利用资产证券化"风险转移"功能，以缓解银行风险
的期待。综合以上分析我们认为，随着市场规模不断扩张，政府部门逐
渐意识到资产证券化风险转移功能对于改善银行风险的重要作用，但我
国信贷资产证券化毕竟重启不久，风险转移机制运作流程（图 5 - 1、
图 5 - 2）也显示其对风险的改善必定存在"时滞"，即短期内很难达
到立竿见影的效果，为此我们推论：长期来看，随着银行不良贷款压
力不断增大，在政策力量推动下，若资产证券化导致银行风险上升的
态势逐步弱化，或真正实现风险缓解，说明政府部门对资产证券化的
推动措施初步达到了应有目标，并反映了政策的"有效性"。如果被
伪证，说明即使政策力量推动，资产证券化仍不利于缓解风险，体现
政策并未实现应有目标。针对上述讨论，本章提出第二个有待验证的
研究假说：

　　假说 2：长期来看，在政策力量推动下，资产证券化导致银行风险

---

　　①　2014 年 11 月 20 日，银监会下发了《关于信贷资产证券化备案登记工作流程的通
知》，将信贷资产证券化业务由审批制改为业务备案制；同年 11 月 21 日，证监会正式颁布
《证券公司及基金公司子公司资产证券化业务管理规定》，将资产证券化产品从之前的行政审
批转向备案制。2015 年 4 月 2 日，央行下发公告（2015，第 7 号）称，已经取得监管部门相
关业务资格，发行过信贷资产支持证券且能够按规定披露信息和受托机构和发起机构，可以
向中国人民银行申请注册。

上升的作用将逐步弱化，并实现风险的缓解。

第二节　变量说明及研究思路

一　样本选择与数据来源

根据中国资产证券化分析网（http：//www. cn‑abs. com）数据显示，截至 2017 年年底，共有 94 家银行至少有一笔资产证券化发行业务，其中上市银行 37 家、其他股份制银行 3 家（渤海银行、广发银行与恒丰银行）、城市商业银行 36 家、农村商业银行 15 家及政策性银行 3 家，鉴于部分银行年报披露不完善，本章选取其中 85 家银行为研究样本（当然也不包括 3 家政策性银行）。选择上述样本的原因有：一是该样本基本涵盖了我国不同性质的银行个体，既包括国有大型商业银行（比如工商银行、建设银行等），也包括股份制商业银行（比如招商银行、中信银行、光大银行等），同时也包括城市商业银行（比如北京银行、南京银行）及农村商业银行等，能够较为全面地反映我国银行资产证券化的发展特征，具有广泛的代表性。二是截至 2017 年年底，我国银行规模已接近 4000 家[①]，虽然本章所选取银行数量远不及当前银行总数量，但根据中国银保监会相关数据整理，截至 2017 年年底，样本银行总资产占银行业总资产规模之比为 86.1%，可见本章样本银行能够有效代表整个中国银行业[②]，并且样本银行在 2012 年信贷资产证券化重新启动后均有发行业务，不包括没有任何发行记录的银行，因此样本容量也更为适中，更具有针对性、代表性。

从发展历程来看，虽然我国资产证券化实践在 2005 年即拉开序幕，但在 2008 年暂停试点之前仅有几家银行涉足该业务，并且 2008—2011 年为停止阶段，为此将这段时间作为样本区间的一部分并不具有代表性。在 2012 年信贷资产证券化重新启动之后，银行开始大规模发展资

---

① 资料来源：中国银保监会网站（http：//www. cbrc. gov. cn）。
② 根据中国银保监会数据整理，2011—2017 年，本章样本银行资产规模占银行业总资产规模之比依次为 89.6%、89.7%、94.7%、91.3%、90%、88.2% 及 86.1%，即样本银行资产规模占整个银行业资产规模基本为 90% 左右，可见所选样本能够代表整个中国银行业。

产证券化，因此基于数据的可得性和代表性进行考虑，以 2012 年之后的时间区间进行分析才具有真正的研究意义，但为了确保分析的全面性，我们特意设定一次没有任何资产证券化发行记录的截面数据，为此与郭甦和梁斯（2017）、宋清华和胡世超（2018）等文献不同的是，本章选取 2011—2017 年作为样本区间，具体数据为年度数据，因为年度数据更能体现行业发展的趋势性。

在此基础上，对于资产证券化发行记录及相关规模，本章基于"中国资产证券化分析网"产品汇总中的"证券列表"进行整理，以统计银行 i 在第 t 年是否拥有资产证券化发行记录，及资产支持证券具体的发行规模。对于反映银行风险及其他微观层面特征的数据，本章选取银行（包括上市银行与非上市银行）年度报告与 Wind 咨询相关数据进行整理。此外，本章的宏观经济层面数据主要来自 Wind 咨询与国家统计局官方网站。

二　变量选取与定义

（一）被解释变量

多数文献同时选取不良贷款率、贷款减值准备/贷款总额等指标作为银行风险的代理变量（Cardone – Riportella et al.，2010；Casu et al.，2011；Huong et al.，2016；宋清华和胡世超，2018）。我们仅选取不良贷款率作为银行风险的代理变量，主要原因如下：一方面，银行不良贷款率数据较为容易获得（部分银行并不披露贷款减值准备/贷款总额等指标），所汇报的实证结果也更加直观，并能够减弱周期性效应（陈忠阳、李丽君，2016），同时不良贷款率也是监管机构重点关注的银行风险指标，对于后续的政策制定也更具有针对性和实际操作性。另一方面，被证券化资产的不良贷款，并不作为银行表内不良贷款统计的一部分，因此该指标更能反映资产证券化对银行风险的影响效果。基于上述考虑，本章仅选取不良贷款率作为银行风险的代理变量。

（二）核心解释变量

资产证券化的量化处理即本章核心解释变量。为了保证结果的稳健性，本章从三个方面界定资产证券化变量：一是设置资产证券化虚拟变量，即银行 i 在时期 t 至少有一次资产支持证券发行记录则取值为 1，否则为 0。资产证券化虚拟变量可被用来区分证券化组和非证券化组，其中证券化组为 1，非证券化组为 0（高蓓等，2016），多数文献也进行了类似处理（邹晓梅等，2015；郭甦、梁斯，2017；宋清华、胡世超，2018）。二是设置资产证券化参与度。由于我国银行资产证券化基础资产基本为信贷资产，因此设置资产证券化发行规模占总贷款之比作为资产证券化参与度的衡量，这与现有文献以资产证券化发行规模占总资产之比的衡量方式略微不同（刘琪林、李富有，2013；Farruggio & Uhde，2015；高蓓等，2016）。三是设置资产支持证券发行程度，若银行 i 在 t 期没有发行资产支持证券，则取值为 0；发行 1 次资产支持证券，则取值为 1；发行 1—5 次资产支持证券，则取值为 2；发行 5 次以上资产支持证券，则取值为 3。

（三）控制变量

为了有效判别资产证券化对银行风险的影响，有必要对相关特征变量的影响进行控制。根据 Battaglia 等（2014）、邹晓梅等（2015）、高蓓等（2016）、郭甦和梁斯（2017）、郭红玉等（2018）、宋清华和胡世超（2018）等文献研究思路，本章从两个方面设置控制变量：一是银行层面特征变量。在反映银行特征的变量中，银行规模、风险、成本等方面是学术界重点考虑的因素，因此本章从流动性比率、资本充足率、权益资产比、净资产收益率及贷款占总资产之比等指标来控制银行特征的变化。其中，流动性比率为流动性资产占总资产比重、资本充足率为银行资本金规模与加权风险资产之比，这两项指标可以在一定程度上反映银行风险缓冲能力；权益资产比为银行权益项与总资产之比，该指标显示了银行负债特征或融资来源；净资产收益率为净利润与平均净资产之比，用来反映银行盈利或成本状况；贷款占总资产之比则用来体现银行规模。二是宏观环境层面的控制变量。多数文献表明，银行贷款质量的变化与宏观经济波动息息相关，甚至有文献认为宏观经济变动是影响银行信贷质量最为重要的系统性因素，因此将不良贷款率作为银行风险代理变量进行分析时，我们不应回避针对宏观经济因素的讨论（陈忠阳、李丽君，2016）。鉴于学术界主要从经济增长、通货膨胀与货币政策等方面予以考虑，本章将选取 GDP 增长率、广义货币供应量增长率和消费者物价指数（通货膨胀衡量指标）等宏观经济指标，并借鉴郭甦和梁斯（2017）的做法，将一年期贷款基准利率也纳入分析，这些指标不仅反映了宏观经济变化趋势，也综合反映了货币政策的影响，包括数量型货币政策工具（广义货币供应量增长率）及价格型货币政策工具的影响（一年期贷款基准利率）。

表 5 - 1　　　　　　　　　　变量选取与界定

变量层次		变量标识	变量名称	变量描述与度量	数据来源
被解释变量 （因变量）		npl	不良贷款率	不良贷款率 = 不良贷款总额/贷款总额	Wind 咨询或银行年报
核心解释变量	资产证券化相关变量	dum_sec	资产证券化虚拟变量	若发行，则 = 1，否则 = 0	中国资产证券化分析网
		sec_loan	资产证券化参与度	资产证券化参与度 = 资产证券化规模/银行总贷款	中国资产证券化分析网与银行年报
		sec_level	资产支持证券发行程度	根据资产证券化发行次数进行界定	—
银行层面控制变量	流动性比率	lr	流动性比率	流动性比率 = 流动性资产/总资产	Wind 咨询或银行年报
	资本充足率	cdr	资本充足率	资本充足率 = 资本规模/加权平均风险资产	Wind 咨询或银行年报
	权益资产比	ear	权益资产比	权益资产比 = 总权益/总资产	Wind 咨询或银行年报
	净资产收益率	roe	净资产收益率	净资产收益率 = 净利润/平均净资产	Wind 咨询或银行年报
	贷款占总资产之比	loan_ a	贷款占总资产之比	贷款占总资产之比 = 贷款总额/总资产	Wind 咨询或银行年报
宏观层面控制变量	经济增长率	gdp		$gdp = (GDP_t - GDP_{t-1})/GDP_{t-1}$	Wind 咨询或国家统计局网站
	广义货币供应量增长率	m2		$m_2 = (M2_t - M2_{t-1})/M2_{t-1}$	Wind 咨询或国家统计局网站
	通货膨胀率	cpi		cpi =（商品当期价格值/商品基期价格值）×100%	Wind 咨询或国家统计局网站
	一年期贷款基准利率	rate	—		中国人民银行网站

（四）变量的描述性统计结果

表 5 - 2 汇报了变量的描述性统计结果，并分别给出了全样本、证券化组和非证券化组变量的均值、标准差、中位数及最大值等结果。可以看出，在证券化组中，资产证券化相关指标的均值均高于全样本组；在全样本组中，资产证券化虚拟变量（dum_sec）均值为 0.279，说明约有 27.9% 的银行存在资产证券化发行记录；在证券化组中，不良贷款率（npl）的均值和中位数均为 1.5%，而非证券化组中的均值和中位数分别为 1.2% 和 1%，可知前者的不良贷款率相对略高；对于其余指标，证券化组的流动性比率，权益资产比、净资产收益率、贷款占比等指标均值均比非证券化组略低，仅有资本充足率的均值略高，可见证券化组在风险缓冲和盈利能力等方面均不及非证券化组，结合不良贷款率的统计结果，初步说明证券化组比非证券化组拥有较高风险。

三 研究设计及思路

（一）关于发展初期资产证券化与银行风险关系的研究设计及思路

1. 资产证券化与银行风险之间关系的基本回归模型

为了分析资产证券化与银行风险之间的基本关系，我们参照邹晓梅等（2015）、高蓓等（2016）、宋清华和胡世超（2018）等研究，设定如下基本模型：

$$Credit_{i,t} = \alpha_0 + \beta sec_{i,t} + controls_{i,t}\gamma' + \nu_i + \mu_{i,t} \qquad (5-1)$$

式中，$Credit$ 表示因变量，即银行风险之代理变量；i 表示银行个体，t 表示时间，两者分别代表个体维度和时间维度；sec 表示核心解释变量，即资产证券化相关变量，包括资产证券化虚拟变量、资产证券化参与度及资产支持证券发行程度等；$controls$ 表示一系列控制变量，包括银行层面和宏观环境层面的控制变量；ν_i 表示未观测到的商业银行个体效应，$u_{i,t}$ 表示残差项。在基本回归中，本章基于 Hausman 结果在固定效应和随机效应之间进行选择。此外，由于资产证券化与银行风险之间的"互为因果"关系可能导致潜在的内生性问题，本章还对核心解释变量和控制变量进行滞后一期及二期处理，该方式不仅能够克服内生性问题，还能够初步判断资产证券化对银行风险之长期影响。

表 5 - 2

变量的描述性统计结果

变量 (VARIABLES)	全样本				证券化组				非证券化组			
	均值	标准差	中位数	最大值	均值	标准差	中位数	最大值	均值	标准差	中位数	最大值
资产证券化虚拟变量 (dum_sec)	0.279	0.449	0	1	1	0	1	1	—	—	—	—
资产证券化参与度 (sec_loan)	0.005	0.017	0	0.317	0.019	0.029	0.012	0.317	—	—	—	—
资产支持证券发行程度 (sec_level)	0.663	1.100	0	3	2.377	0.511	2	3	—	—	—	—
不良贷款率 (npl)	0.01	0.007	0.012	0.096	0.015	0.004	0.015	0.029	0.012	0.007	0.01	0.096
流动性比 (lr)	0.501	0.137	0.478	1.066	0.212	0.774	0.216	0.390	0.574	7.512	0.688	1.351
资本充足率 (cdr)	0.129	0.016	0.126	0.261	0.502	0.126	0.471	1.066	0.501	0.141	0.480	1.061
权益资产比 (ear)	0.069	0.03	0.066	0.554	0.127	0.013	0.125	0.163	0.129	0.017	0.127	0.261
净资产收益率 (roe)	0.169	0.053	0.167	0.407	0.067	0.011	0.065	0.099	0.070	0.035	0.067	0.554
贷款占比 (loan_a)	0.445	0.194	0.440	3.430	0.152	0.040	0.153	0.278	0.175	0.055	0.174	0.407
经济增长率 (gdp)	0.075	0.008	0.073	0.093	0.075	0.008	0.073	0.093	0.075	0.008	0.073	0.093
广义货币供应量增长率 (m2)	0.123	0.019	0.133	0.138	0.069	0.002	0.069	0.078	0.077	0.009	0.077	0.093
通货膨胀率 (cpi)	0.025	0.013	0.020	0.054	0.018	0.003	0.016	0.026	0.028	0.014	0.026	0.054

2. 动态视角下资产证券化与银行风险关系的探讨

在基本回归的基础上，考虑到风险的惯性特征，本章基于动态面板模型来分析资产证券化与银行风险的关系，这也是多数研究采用的方式（邹晓梅等，2015；高蓓等，2016；郭甦、梁斯，2017），并且该模型也能够消除潜在的内生性。模型如下：

$$Credit_{i,t} = c + \alpha_1 Credit_{i,t-1} + \cdots + \alpha_k Credit_{i,t-k} + \beta sec_{i,t} + controls_{i,t}\gamma' + \nu_i + \mu_{i,t} \tag{5-2}$$

式（5-2）的变量标识与式（5-1）一致。在具体分析中，率先采用差分 GMM 进行处理，但考虑到差分 GMM 的局限性，我们依然汇报了系统 GMM 结果，该模型将差分 GMM 和水平 GMM 结合在一起，能够有效地降低内生性。在估计之后，分别采用 Sargan 检验和 Arellano - Bond 检验对工具变量有效性及模型设定进行判定。其中，若 Sargan 检验的 P 值大于 0.1，则表明工具变量有效；Arellano - Bond 检验中的 AR（1）和 AR（2）结果，用于判断扰动项的一阶和二阶序列相关，若拒绝一阶序列自相关，并接受二阶序列自相关，说明估计是有效的。

3. 资产证券化对银行风险的影响机制分析

通过上文分析可知，资产证券化能否缓解银行风险，还要取决于银行微观特征之变化。在验证假说 1 的基础上，本章进一步分析了资产证券化对银行风险的影响机制，即辨别该影响是否取决于微观特征，模型设定如下：

$$Credit_{i,t} = c + \alpha_1 Credit_{i,t-1} + \cdots + \alpha_k Credit_{i,t-k} + \beta sec_{i,t} + \beta' sec_{i,t} \times controls_{i,t} + controls_{i,t}\gamma' + \nu_i + \mu_{i,t} \tag{5-3}$$

本部分仍采用动态面板模型，式（5-3）中，$sec \times controls$ 为核心解释变量与控制变量的交互项，目的是通过判断 β' 的系数符号，分析资产证券化对银行风险的影响是否依赖于微观特征，即考察资产证券化对银行风险的影响机制。

4. 稳健性检验

为了更严谨地导出资产证券化与银行风险之间的因果关系（或因果效应），本章基于倾向值匹配法进行处理，该方法相对于以往的研究范式，能够较好地解决遗漏变量和内生性等问题。在具体处理中，我们采取"准自然实验"的思想，将证券化组视为处理组（T），非证券化组视为对照组（C），并建立二元虚拟变量 $D_k = \{0, 1\}$，取值为 1 表示该银行 k 为处理组银行，取值为 0 即为对照组银行，定义结果变量 y_i，其中 y_{1i} 和 y_{0i} 分别代表处理组与对照组的银行风险情况。采用倾向值匹配的方式能够有效判别资产证券化与银行风险之间的因果关系，以对假说 1 进行稳健性检验。

（二）政策背景下资产证券化与银行风险之间长期关系的研究设计

随着时间推移，不断出台的政策必将作用于资产证券化对银行风险的影响，为了判断政策背景下资产证券化与银行风险的长期关系，本章建立如下面板数据模型：

$$Credit_{i,t} = \alpha_0 + \alpha_1 sec_{i,t} + \theta policy_t \times sec_{i,t} + \beta policy_t + controls_{i,t}\gamma' + \nu_i + \mu_{i,t}$$

$$(5-4)$$

式中，sec 为资产证券化虚拟变量，即证券化组（处理组）取值为 1，非证券化组（对照组）取值为 0，与 PSM 设置方式一致。$policy$ 为政策虚拟变量，本章设置两个政策变量：一是 2014 年年底及 2015 年年初业务审批制向备案制或注册制的转变，即如果 t 在 2015 年之后取值为 1，否则为 0；二是不良贷款证券化的启动。我国于 2016 年启动不良贷款证券化，若 t 在 2016 年之后取值为 1，否则为 0。政策变量的设定也能够体现样本中的长期影响，若式（5-4）中政策变量与核心解释变量交互项系数 θ 小于 0，说明长期来看在政策力量推动下，资产证券化有利于缓解银行风险。在具体处理中，本章借鉴余靖雯等（2018）研究，针对政策因素进行准自然实验，并采用面板双重差分估计方法，通过组内差分消除个体异质性，以获得 θ 的一致估计量，估计策略即固定效应（FE）和一阶差分（FD）等方法。

第三节　资产证券化与银行风险承担
关系的基本实证结果及分析

基于上述研究思路，本部分从多角度分析资产证券化与银行风险之间的关系。首先，利用普通面板回归对式（5-1）进行估计，从而初步验证假说 1 和假说 2；其次，考虑到风险变化的动态性，采用差分 GMM 和系统 GMM 方法对式（5-2）进行估计，并判断模型设定的有效性，以分析工具变量的设定是否合理及干扰项的相关性是否符合条件。最后，采用倾向值匹配方式等方法对上述结果进行稳健性检验。

一　资产证券化对银行风险影响的基本分析

表 5 - 3 汇报了基本回归估计结果，其中，结果列（1）—列（3）、列（4）—列（6）、列（7）—列（9）分别对应解释变量水平值、滞后一期值及滞后二期值结果。根据 Hausman 检验，表 5 - 3 中所有结果均应采取固定效应模型。首先，水平值估计结果显示，资产证券化显著地提升了银行不良贷款率（仅有资产证券化参与度结果不显著，但并不影响回归结论），可见在发展初期，资产证券化并未起到缓解银行风险的作用，主要原因在于目前监管机构对基础资产的规定较为严格，再加上银行基于声誉的考虑，使低质量资产很难被纳入基础资产池，并且为了实现信用增级，银行也可能会采取一定的"风险自留"措施，这导致风险并未彻底转移。同时在经营转型的压力下，银行也具有从事高风险业务的偏好，因而出现资产证券化反而导致银行风险上升的现象，该结论与宋清华和胡世超（2018）的研究基本一致，并验证了假说 1。其次，滞后一期核心解释变量均显著为正，说明银行在资产证券化创新背景下具有一定的道德风险偏好，因为显著为正的滞后一期结果正好说明银行风险的上升发生在"真实出售"资产之后，即在资产证券化发行之后，银行出现了高风险倾向。最后，核心解释变量的滞后二期值虽然均为正值，但不显著，可见随着时间推移，资产证券化导致银行风险上升的作用逐步减弱。综合来看，针对核心解释变量滞后一期和二期的处理，不仅能够避免内生性问题，还能够进一步判断资产证券化对银行风险之长期影响。

银行层面控制变量结果显示，流动性比率（lr）仅水平值系数显著为正，说明流动性比率的增加将推动银行不良贷款率上升，估计是流动性比率较高的银行，由于拥有更多流动性缓冲，因而具有从事高风险业务的倾向，这也属于道德风险的范畴；资本充足率系数（cdr）均为负值，但基本不显著，主要在于该指标属于监管要求指标，与银行风险之间不存在敏感关系；权益资产比（ear）虽然为正值，但基本不显著；水平值和滞后一期的净资产收益率（roe）系数基本显著为负，可见盈

表5-3 资产证券化与银行风险关系的基本分析结果（全样本结果）

被解释变量：不良贷款率（npl）

变量（VARIABLES）	解释变量水平值			解释变量滞后一期值			解释变量滞后二期值		
	(1)	(2)	(3)	(4)	(5)	(6)	(7)	(8)	(9)
资产证券化虚拟变量（dum_sec）	0.001*** (0.000)			0.002*** (0.000)			0.001 (0.001)		
资产证券化参与度（sec_loan）		0.018** (0.008)			0.025** (0.011)			0.026 (0.018)	
资产支持证券发行程度（sec_level）			0.001*** (0.000)			0.001*** (0.000)			0.000* (0.000)
流动性比率（lr）	0.004* (0.002)	0.004* (0.002)	0.004** (0.002)	0.002 (0.001)	0.002 (0.001)	0.002 (0.001)	-0.002 (0.002)	-0.002 (0.002)	-0.002 (0.002)
资本充足率（cdr）	-0.036 (0.032)	-0.031 (0.031)	-0.036 (0.032)	-0.038* (0.022)	-0.032 (0.023)	-0.041* (0.023)	-0.029* (0.016)	-0.026 (0.019)	-0.030 (0.016)
权益资产比（ear）	0.034 (0.027)	0.036 (0.027)	0.034 (0.027)	0.051 (0.030)	0.055* (0.030)	0.050 (0.031)	0.038 (0.026)	0.039 (0.033)	0.038 (0.026)
净资产收益率（roe）	-0.025*** (0.009)	-0.025*** (0.009)	-0.025*** (0.009)	-0.016* (0.009)	-0.015** (0.006)	-0.016* (0.009)	-0.007 (0.007)	-0.007 (0.011)	-0.007 (0.004)

续表

变量（VARIABLES）	被解释变量：不良贷款率（npl）								
	解释变量水平值			解释变量滞后一期值			解释变量滞后二期值		
	(1)	(2)	(3)	(4)	(5)	(6)	(7)	(8)	(9)
贷款占比（loan_a）	0.024***	0.024***	0.023***	0.010*	0.010*	0.009*	0.001	-0.002	0.001
	(0.007)	(0.007)	(0.007)	(0.004)	(0.005)	(0.005)	(0.005)	(0.005)	(0.005)
经济增长率（gdp）	-0.470***	-0.456*	-0.460***	-0.165***	-0.180***	-0.162***	-0.241***	-0.243***	-0.241***
	(0.115)	(0.186)	(0.116)	(0.027)	(0.027)	(0.027)	(0.033)	(0.031)	(0.033)
通货膨胀率（cpi）	0.062**	0.067***	0.061**						
	(0.026)	(0.025)	(0.026)						
一年期贷款基准利率（rate）	-0.175***	-0.185***	-0.171***	-0.001	-0.121	-0.108	0.082	0.082	0.091
	(0.055)	(0.056)	(0.054)	(0.032)	(0.314)	(0.031)	(0.057)	(0.062)	(0.057)
广义货币供应量增长率（m2）				-0.051***	-0.060***	-0.049**	-0.071**	-0.073**	-0.070**
				(0.014)	(0.014)	(0.014)	(0.032)	(0.030)	(0.032)
常数项（_cons）	0.024***	0.026***	0.024***	0.031***	0.033***	0.030***	0.036***	0.038***	0.036***
	(0.005)	(0.004)	(0.005)	(0.004)	(0.005)	(0.005)	(0.006)	(0.007)	(0.006)
N	532	532	532	454	454	454	376	376	376
R^2	0.273	0.277	0.297	0.338	0.338	0.336	0.232	0.223	0.2305
F	25.275	23.978	23.428	20.416	20.206	23.323	21.162	16.331	21.328

注：括号中为稳健标准误，***、**、*分别表示在1%、5%和10%的水平下显著。

利能力的下降将带来银行风险上升，因为盈利能力恶化不利于银行拨备计提，从而不利于风险缓解，这与理论基本相符；水平值和滞后一期的贷款占比（loan_a）结果显著为正，说明银行规模与风险存在显著的正相关关系，考虑到目前经济下行阶段，资产规模越大银行，所暴露不良贷款规模也越高，这与郭甦和梁斯（2017）所得出的"银行资产规模越大，风险抵御能力越强"的结论相反。

宏观层面控制变量结果显示，经济增长率与广义货币供应量增长率系数均显著为负，说明经济增速放缓与货币紧缩均是银行不良贷款率上升的原因，基本符合"宏观经济环境不景气不利于银行风险缓解"的结论；消费者物价指数系数在1%的水平上显著为正，即通货膨胀率越高，银行不良贷款率越高，主要由于较高的通货膨胀率会对实体经济增长形成压力，由此传导至银行系统，并引起不良贷款率上升；非滞后期一年期贷款基准利率系数显著为负，即贷款利率下降导致银行不良率上升，显示银行在利率下降时偏好于从事高风险业务，体现出一定的道德风险行为。

为了确保分析的全面性和稳健性，并考虑到上市银行是我国银行资产证券化发行主体，本章依然汇报了上市银行样本回归结果（见表5－4）。表5－4结果基本与表5－3一致，即水平值和滞后一期的核心解释变量结果均显著为正，并且滞后一期结果的显著程度高于水平值，同时滞后二期核心解释变量的结果均不显著，结果列（8）的系数还为负值，说明资产证券化对银行风险影响力度逐步弱化，表5－4结果也验证了假说1。与此同时，银行层面和宏观层面控制变量结果与表5－3基本一致，在此不再赘述。

二　动态视角下资产证券化对银行风险的影响分析

为了详细判断资产证券化对银行风险的影响，并消除潜在内生性问题，再考虑到风险常有的动态性或滞后性特征，本章采用动态面板回归模型，进一步剖析资产证券化对银行风险的影响。表5－5汇报了差分GMM估计结果，为了确保稳健性，本章依然给出了系统GMM结果（见表5－6）。参照郭甦和梁斯（2017）的做法，为了保证结果可信，采取逐步添加回归项的方式，综合观察控制变量变化情况下，资产证

表 5 - 4　资产证券化与银行信用之间的基本分析结果（上市银行样本结果）

被解释变量：不良贷款率（npl）

变量 （VARIABLES）	解释变量水平值			解释变量滞后一期值			解释变量滞后二期值		
	（1）	（2）	（3）	（4）	（5）	（6）	（7）	（8）	（9）
资产证券化虚拟变量 （dum_sec）	0.001** (0.000)			0.001*** (0.000)			0.000 (0.001)		
资产证券化参与度（sec_loan）		0.015 (0.025)			0.001*** (0.000)			-0.014 (0.026)	
资产支持证券发行程度（sec_level）			0.001** (0.000)			0.001*** (0.000)			0.000 (0.000)
流动性比率（lr）	0.002 (0.002)	0.002 (0.002)	0.002 (0.002)	0.004** (0.002)	-0.004* (0.002)	0.004** (0.001)	-0.002 (0.002)	-0.003 (0.002)	-0.003 (0.002)
资本充足率（cdr）	-0.007 (0.018)	-0.003 (0.016)	-0.007 (0.018)	-0.015 (0.018)	-0.012 (0.018)	-0.017 (0.017)	-0.017 (0.020)	-0.015 (0.020)	-0.016 (0.020)
权益资产比（ear）	0.025 (0.027)	0.023 (0.027)	0.025 (0.027)	-0.003 (0.022)	-0.003 (0.022)	-0.003 (0.022)	0.029 (0.024)	0.028 (0.024)	0.031 (0.024)
净资产收益率（roe）	-0.024** (0.009)	-0.024** (0.009)	-0.024** (0.009)	-0.024*** (0.007)	-0.024*** (0.007)	-0.025*** (0.006)	-0.016** (0.008)	-0.015* (0.008)	-0.022*** (0.008)

变量 (VARIABLES)	被解释变量：不良贷款率 (npl)								
	解释变量水平值			解释变量滞后一期值			解释变量滞后二期值		
	(1)	(2)	(3)	(4)	(5)	(6)	(7)	(8)	(9)
贷款占比 (loan_a)	-0.002	0.003	-0.002	0.009***	0.012***	0.008**	-0.003	-0.003	-0.006
	(0.005)	(0.005)	(0.005)	(0.003)	(0.004)	(0.004)	(0.005)	(0.006)	(0.006)
经济增长率 (gdp)	-0.054*	-0.069**	-0.053*	-0.156***	-0.174***	-0.122***	-0.209***	-0.208***	-0.230***
	(0.032)	(0.030)	(0.031)	(0.030)	(0.030)	(0.029)	(0.030)	(0.030)	(0.030)
广义货币供应量增长率 (m2)	-0.026***	-0.034***	-0.024**	-0.042*	-0.051*	-0.032	-0.104***	-0.115***	-0.137***
	(0.010)	(0.010)	(0.010)	(0.023)	(0.024)	(0.023)	(0.037)	(0.035)	(0.035)
一年期贷款基准利率 (rate)	-0.211***	-0.220***	-0.205***	-0.043	-0.057	-0.031	0.016	0.002	0.093
	(0.039)	(0.041)	(0.041)	(0.038)	(0.039)	(0.038)	(0.056)	(0.054)	(0.050)
常数项 (_cons)	0.027***	0.029***	0.028***	0.031***	0.034***	0.030***	0.049***	0.050***	0.051***
	(0.003)	(0.003)	(0.003)	(0.003)	(0.003)	(0.003)	(0.005)	(0.005)	(0.005)
N	242	242	242	207	207	207	172	172	172
R^2	0.605	0.594	0.602	0.570	0.551	0.575	0.649	0.650	0.649
F	44.029	33.83	45.108	41.809	38.819	44.780	29.810	26.390	27.432

注：括号中为稳健标准误，***、**、*分别表示在1%、5%和10%的水平下显著。

表 5-5　资产证券化与银行风险之间的动态面板回归结果（差分 GMM 结果）

被解释变量：不良贷款率（npl）

变量（VARIABLES）	(1)	(2)	(3)	(4)	(5)	(6)	(7)	(8)	(9)	(10)
不良贷款率 npl（-1）	0.512*** (0.051)	0.531*** (0.042)	0.534*** (0.043)	0.578*** (0.044)	0.239*** (0.046)	0.257*** (0.046)	0.442*** (0.063)	0.622*** (0.073)	0.622*** (0.079)	0.845*** (0.073)
不良贷款率 npl（-2）	-0.069*** (0.019)	-0.079*** (0.017)	-0.079*** (0.018)	-0.087*** (0.016)	-0.078*** (0.008)	-0.081*** (0.009)	-0.067*** (0.017)	-0.045*** (0.016)	-0.034** (0.014)	-0.033*** (0.012)
资产证券化虚拟变量 (dum_sec)	0.001*** (0.000)	0.001*** (0.000)	0.001*** (0.000)	0.001*** (0.000)	0.001*** (0.000)	0.001*** (0.000)	0.000 (0.000)	0.001* (0.000)	0.001** (0.000)	0.001* (0.000)
流动性比率 (lr)		0.005*** (0.001)	0.005*** (0.001)	0.004*** (0.001)	0.002* (0.001)	0.002** (0.001)	0.003** (0.001)	0.003** (0.001)	0.002 (0.002)	0.001 (0.001)
资本充足率 (cdr)			0.019* (0.010)	-0.013 (0.014)	-0.003 (0.013)	-0.008 (0.013)	-0.009 (0.015)	-0.005 (0.017)	-0.015 (0.017)	-0.020 (0.017)
权益资产比 (ear)				0.084*** (0.019)	0.042** (0.016)	0.044** (0.018)	0.055*** (0.021)	0.067*** (0.023)	0.057** (0.023)	0.061*** (0.022)
净资产收益率 (roe)					-0.045*** (0.005)	-0.043*** (0.006)	-0.010* (0.005)	-0.015** (0.007)	-0.009 (0.006)	-0.016** (0.007)
贷款占比 (loan_n)						0.002 (0.004)	0.012*** (0.004)	0.011** (0.004)	0.010** (0.004)	0.004 (0.004)

续表

变量（VARIABLES）	(1)	(2)	(3)	(4)	(5)	(6)	(7)	(8)	(9)	(10)
						被解释变量：不良贷款率（npl）				
经济增长率（gdp）							-0.336***	-0.239***	-0.196***	-0.332***
							(0.062)	(0.072)	(0.063)	(0.064)
广义货币增长率（m2）								-0.027***	-0.024***	-0.027***
								(0.008)	(0.007)	(0.008)
通货膨胀率（cpi）									0.104***	0.086***
									(0.027)	(0.028)
一年期贷款基准利率（rate）										-0.174***
										(0.040)
常数项（_cons）	0.007***	0.004***	0.002	0.001	0.014***	0.013***	0.024***	0.012**	0.013***	0.015***
	(0.001)	(0.001)	(0.002)	(0.002)	(0.002)	(0.003)	(0.005)	(0.006)	(0.005)	(0.004)
N	316	300	300	300	298	298	298	298	298	298
Wald Chi²	144.31***	219.08***	218.47***	230.05***	352.58***	370.11***	465.08***	598.75***	558.44***	687.44***
AR (1)	0.0281	0.0326	0.0299	0.0150	0.0150	0.0162	0.0153	0.0020	0.0066	0.0180
AR (2)	0.1122	0.1452	0.1255	0.1868	0.1868	0.1934	0.1678	0.1828	0.1579	0.1863
Sargan 值	0.2317	0.2432	0.2219	0.2230	0.2248	0.2579	0.2418	0.2532	0.2614	0.2352

注：括号中为稳健标准误，***、**、*分别表示在1%、5%和10%的水平下显著。

表 5－6　资产证券化与银行风险之间的动态面板回归结果（系统 GMM 结果）

被解释变量：不良贷款率（npl）

变量（VARIABLES）	(1)	(2)	(3)	(4)	(5)	(6)	(7)	(8)	(9)	(10)
不良贷款率 npl（－1）	0.734*** (0.038)	0.667*** (0.035)	0.662*** (0.035)	0.714*** (0.037)	0.417*** (0.046)	0.420*** (0.045)	0.497*** (0.057)	0.618*** (0.053)	0.657*** (0.051)	0.765*** (0.046)
不良贷款率 npl（－2）	-0.077*** (0.016)	-0.070*** (0.014)	-0.072*** (0.015)	-0.079*** (0.012)	-0.087*** (0.010)	-0.090*** (0.011)	-0.077*** (0.014)	-0.060*** (0.013)	-0.047*** (0.011)	-0.037*** (0.010)
资产证券化虚拟变量（dum_sec）	0.001*** (0.000)	0.001*** (0.000)	0.001*** (0.000)	0.001*** (0.000)	0.001*** (0.000)	0.001*** (0.000)	0.001** (0.000)	0.001** (0.000)	0.001*** (0.000)	0.001** (0.000)
流动性比率（lr）		0.006*** (0.001)	0.006*** (0.001)	0.005*** (0.001)	0.004*** (0.001)	0.004*** (0.001)	0.003*** (0.001)	0.004*** (0.001)	0.003* (0.002)	0.002 (0.001)
资本充足率（cdr）			0.005 (0.009)	-0.040*** (0.014)	-0.039*** (0.014)	-0.035** (0.014)	-0.031** (0.013)	-0.018 (0.014)	-0.031** (0.014)	-0.023 (0.014)
权益资产比（ear）				0.118*** (0.019)	0.091*** (0.017)	0.082*** (0.020)	0.075*** (0.020)	0.069*** (0.022)	0.056*** (0.021)	0.045** (0.020)
净资产收益率（roe）					-0.034*** (0.005)	-0.035*** (0.006)	-0.008 (0.005)	-0.013** (0.006)	-0.004 (0.006)	-0.014*** (0.005)
贷款占比（loan_a）						0.002 (0.004)	0.013*** (0.004)	0.011*** (0.004)	0.010*** (0.004)	0.008*** (0.003)

续表

被解释变量：不良贷款率（npl）

变量（VARIABLES）	(1)	(2)	(3)	(4)	(5)	(6)	(7)	(8)	(9)	(10)
经济增长率（gdp）							-0.328*** (0.061)	-0.253*** (0.062)	-0.202*** (0.051)	-0.324*** (0.059)
广义货币增长率（m2）								-0.024*** (0.007)	-0.020*** (0.007)	0.022*** (0.007)
通货膨胀率（cpi）									0.112*** (0.027)	0.108*** (0.027)
一年期贷款基准利率（rate）										-0.116*** (0.034)
常数项（_cons）	0.005*** (0.001)	0.002*** (0.001)	0.002 (0.001)	-0.000 (0.001)	0.011*** (0.002)	0.010*** (0.003)	0.024*** (0.005)	0.015*** (0.005)	0.015*** (0.004)	0.018*** (0.004)
N	399	381	381	381	378	378	378	378	378	378
Wald Chi²	461.28***	488.40***	491.04***	513.21***	582.45***	623.65***	604.25***	756.73***	716.60***	653.65***
AR (1)	0.0045	0.0064	0.0068	0.0042	0.0340	0.0305	0.0055	0.0013	0.0039	0.0036
AR (2)	0.1378	0.1618	0.1657	0.1463	0.1244	0.1270	0.2580	0.1078	0.1794	0.1642
Sargan 值	0.2433	0.2564	0.2487	0.2196	0.2225	0.2314	0.2414	0.2373	0.2362	0.2864

注：括号中为稳健标准误，***、**、*分别表示在1%、5%和10%的水平下显著。

化对银行风险的影响是否稳健。在具体处理中，我们纳入了被解释变量的滞后一期和二期值，从而有利于判断长期变化趋势。结果显示：Sargan 检验的 P 值均大于 0.1，意味着工具变量均有效；Arellano – Bond 检验的 AR（1）统计量结果表示扰动项一阶序列不存在自相关，AR（2）统计量则反映需接受扰动项二阶序列无自相关的原假设，说明差分 GMM 和系统 GMM 结果是有效的。

　　具体来看，无论是差分 GMM 结果，还是系统 GMM 结果，资产证券化虚拟变量（dum_sec）基本在 1% 或 5% 的水平上显著为正，说明资产证券化显著提高了银行不良贷款率，即资产证券化不利于银行风险的改善，这与表 5 – 3 和表 5 – 4 中水平值和滞后一期值的结果一致，再次证明了假说 1。同时，虽然不良贷款率滞后一期值均显著为正，但滞后二期值却显著为负，显示不良贷款率不具备持续增长的动能。此外，银行层面与宏观层面控制变量结果基本与表 5 – 3、表 5 – 4 一致，体现回归结果的稳健性。

三　资产证券化对银行风险的影响机制分析

　　前文分析可知，资产证券化对银行风险的影响也取决于银行微观行为的变化，鉴于此，本章纳入资产证券化与控制变量的交互项，以判断资产证券化对银行风险的影响机制（见表 5 – 7，以资产证券化参与度作为核心解释变量）。结果显示：sec1、sec2 及 sec4 系数显著为负，即资产证券化发行银行将通过流动性比率、资本充足率及净资产收益率的降低导致不良率上升，其中，流动性比率与资本充足率的降低分别体现了银行长期资产占比及杠杆水平的提升，说明这类银行会降低流动性比率与资本充足率，以持有更高比例风险资产使不良率上升，体现了一定的道德风险倾向；sec5 系数显著为正，意味着资产证券化发行银行将通过扩张贷款规模使不良率上升，这较为符合上文影响机制中讨论的"经济下行压力下，银行需要创造更多基础资源发展资产证券化，以提高中间业务收入"的现实，且信贷规模的扩张也导致了风险不确定；sec7 与 sec8 系数显著为正，即在经济增长率或广义货币供应量增长率上升时，资产支持证券发行银行反而拥有更高不良率，反映其更有可能在经济增长阶段从事高风险业务；sec6 系数亦显著为正，即在贷款利率

表 5 - 7　资产证券化对银行风险的影响机制估计结果（系统 GMM）

被解释变量：不良贷款率（npl）

变量 (VARIABLES)	(1)	(2)	(3)	(4)	(5)	(6)	(7)	(8)
不良贷款率 npl (-1)	0.409*** (0.053)	0.454*** (0.059)	0.466*** (0.055)	0.394*** (0.042)	0.439*** (0.057)	0.485*** (0.056)	0.692*** (0.055)	0.733*** (0.052)
不良贷款率 npl (-2)	-0.091*** (0.011)	-0.085*** (0.011)	-0.081*** (0.011)	-0.095*** (0.012)	-0.088*** (0.011)	-0.083*** (0.012)	-0.063*** (0.014)	-0.107*** (0.017)
资产证券化参与度 (sec_loan)	0.061** (0.032)	0.005** (0.002)	0.002* (0.001)		0.072*** (0.027)	0.223*** (0.042)	0.486** (0.198)	0.098* (0.057)
资产证券化参与度 × 流动性比率 (sec1)	-0.087** (0.034)							
资产证券化参与度 × 资本充足率 (sec2)		-0.030** (0.015)						
资产证券化参与度 × 权益资产比 (sec3)			-0.017 (0.017)					
资产证券化参与度 × 净资产收益率 (sec4)				-0.407** (0.195)				

变量（VARIABLES）	被解释变量：不良贷款率（npl）							
	(1)	(2)	(3)	(4)	(5)	(6)	(7)	(8)
资产证券化参与度×贷款占比（sec5）					0.248*** (0.083)			
资产证券化参与度×一年期贷款利率（sec6）						5.111*** (0.988)		
资产证券化参与度×经济增长率（sec7）							7.256** (2.971)	
资产证券化参与度×广义货币供应量增长率（sec8）								0.898* (0.491)
流动性比率（lr）	0.054*** (0.001)	0.004*** (0.001)	0.004*** (0.001)	0.004*** (0.001)	0.004*** (0.001)	0.004*** (0.001)	0.003** (0.001)	0.004*** (0.001)
资本充足率（cdr）	-0.033** (0.014)	-0.028* (0.015)	-0.043*** (0.014)	-0.027* (0.014)	-0.038** (0.013)	-0.032** (0.014)	-0.017 (0.012)	-0.013 (0.016)
权益资产比（ear）	0.082*** (0.020)	0.092*** (0.021)	0.101*** (0.022)	0.068*** (0.019)	0.084*** (0.021)	0.079*** (0.020)	0.055*** (0.018)	0.063*** (0.024)
净资产收益率（roe）	-0.028*** (0.006)	-0.026*** (0.006)	-0.024*** (0.006)	-0.043*** (0.006)	-0.027*** (0.006)	-0.023*** (0.006)	-0.007 (0.006)	-0.026*** (0.007)

续表

变量 （VARIABLES）	被解释变量：不良贷款率（npl）							
	(1)	(2)	(3)	(4)	(5)	(6)	(7)	(8)
贷款占比（loan_a）	0.007* (0.004)	0.004 (0.004)	0.003 (0.004)	0.003 (0.004)	0.004 (0.004)	0.008* (0.004)	0.010*** (0.003)	0.012*** (0.004)
一年期贷款基准利率（rate）	0.079*** (0.030)	-0.053* (0.032)	-0.049 (0.030)	-0.069** (0.030)	-0.067** (0.030)	-0.097*** (0.029)	-0.134*** (0.034)	-0.022 (0.028)
经济增长率（gdp）							-0.471*** (0.057)	
广义货币供应量增长率（m2）								-0.017** (0.008)
常数项（_cons）	0.011*** (0.003)	0.008*** (0.003)	0.009*** (0.002)	0.012*** (0.003)	0.011*** (0.003)	0.010*** (0.002)	0.026*** (0.004)	0.001 (0.003)
N	378	378	378	378	378	378	378	378
Wald Chi^2	669.20***	656.01***	674.38***	624.36***	655.21***	661.40***	742.91***	823.37***
AR（1）	0.0238	0.0316	0.0325	0.0296	0.0371	0.0060	0.0020	0.0013
AR（2）	0.1429	0.1733	0.1545	0.2197	0.1634	0.1321	0.1362	0.1531
Sargan	0.3671	0.4152	0.3351	0.3247	0.3246	0.3372	0.3218	0.4017

注：括号中为稳健标准误，***、**、*分别表示在1%、5%和10%的水平下显著。

上升时，资产证券化发行银行的不良率也上升，由于利率上升意味着贷款违约概率的增加，可见此时银行并未将信用等级较低资产纳入基础资产池，或采取了一定"风险自留"措施，这也贴合上文提到的我国银行资产证券化发展初期的特征。可见，在发展初期，资产证券化发行银行将通过道德风险倾向或从事高风险业务，及持有更高比例风险资产与更多"基础资源"导致不良贷款率上升，并且估计结果也支持银行在初期更注重基础资产池的信用质量，或采取"风险自留"等微观行为，这不仅不利于风险转移，也不利于缓解风险。表 5-7 结果有效印证了上文影响机制的论述。

四 稳健性检验

为了更严谨地导出资产证券化与银行风险之间的因果关系，本章基于倾向值匹配估计方法进行处理。根据研究需要，首先将样本进行简化的"准自然实验"处理：将参与资产证券化的样本视为处理组（T），未参与资产证券化的样本视为对照组（C），在此基础上构建二元虚拟变量 $D_k = \{0, 1\}$，取值为 1 表示该银行 k 为处理组银行，取值为 0 表示为对照组银行，定义结果变量 y_i，其中 y_{1i} 和 y_{0i} 分别代表处理组和对照组银行的不良贷款率情况，那么资产证券化对银行不良贷款率影响的因果效应为：

$$ATT = E(Y_{1i} - Y_{10} \mid D_i = 1) = E(Y_{1i} \mid D_i = 1) - E(Y_{0i} \mid D_i = 1)$$

其中，$E(Y_{0i} \mid D_i = 1)$ 的含义是未参与资产证券化业务的样本银行，在发行资产支持证券的情况下对银行不良贷款率的影响，这是一种不可能被观测到的"反事实"结果。通常的做法是将对照组银行的结果变量 $E(Y_{0i} \mid D_i = 0)$ 作为 $E(Y_{0i} \mid D_i = 1)$ 的近似替代，但这种替代有一种假设前提，即若不存在资产证券化发行记录，处理组银行与对照组银行不良贷款率的时间变化路径是平行的。为了保证结果的稳健性，本章分别给出近邻匹配、卡尺匹配、核匹配、局部线性匹配和马氏匹配等结果。首先给出匹配变量的平衡性检验结果（见表 5-8），本章仅以银行层面的控制变量作为匹配协变量。表 5-8 结果显示，匹配后（Matched）所有变量的标准化偏差均小于 10%，说明匹配效果较好，同时 t 检验结果也未拒绝处理组与控制组无系统性差异的原假设。

表 5 - 8　　　　　　　　　　匹配变量的平衡性检验

VARIABLE		Mean		% bias（标准化偏差）	t - test	
		Treated	Control		t	P 值
流动性比率（lr）	Unmatched	0.5002	0.5024	-1.7%	-0.18	0.858
	Matched	0.5002	04972	2.3%	0.20	0.842
资本充足率（cdr）	Unmatched	0.1270	0.1286	-10.8%	-1.09	0.278
	Matched	0.1270	0.1265	3.3%	0.29	0.770
权益资产比（ear）	Unmatched	0.0672	0.0673	-1%	-0.1	0.919
	Matched	0.0672	00667	4.1%	0.38	0.701
净资产收益率（roe）	Unmatched	0.1527	0.1780	-53.5%	-5.24	0.000
	Matched	0.1527	0.1534	-1.5%	-0.15	0.879
贷款占比（loan_a）	Unmatched	0.4382	0.4382	0.1%	0.01	0.994
	Matched	0.4382	0.4339	4.6%	0.43	0.664

　　表 5 - 9 汇报了全样本的资产证券化对银行风险影响的 ATT 回归结果，为了保证结果稳健，本章同时给出不同匹配方法的结果，并区分 logit 和 probit 两种倾向得分方法进行汇报，结果可知：无论是 logit 倾向得分结果，还是 probit 倾向得分结果，在不同匹配方法的估计下，ATT 估计值基本较为显著（仅有 logit 倾向得分估计方法下的 4 阶近邻匹配、卡尺内最近邻匹配及两种估计方法下的局部线性匹配不显著，但并不影响回归结论）。可见，参与资产证券化业务的银行对不良贷款率确实存在平均处理效应（因果关系），并在经济和统计上都具有正向的显著性，可见资产证券化显著推动了银行不良贷款率的上升，此结果不仅说明本章结论的稳健性，也再次验证了假说 1。

　　为了与基本回归结果相对应，本章仍然给出了以上市银行为样本，资产证券化对银行风险影响的 ATT 回归结果（见表 5 - 10）。相对于表 5 - 9，在 logit 和 probit 两种倾向得分估计方法下，ATT 估计值均非常显著，并且显著程度均高于上表结果，可见上述结论的稳健性。

表5-9　资产证券化对银行风险有影响的 ATT 回归结果（全样本）

匹配方法	证券化组（处理组）	非证券化组（控制组）	两组均值之差	标准误	t 值	倾向得分估计方法
k 近邻匹配（k＝1）	0.0145	0.0130	0.0015	0.0007	2.01	
k 近邻匹配（k＝4）	0.0145	0.0132	0.0012	0.0007	1.70	
卡尺内最近邻匹配	0.0144	0.0132	0.0013	0.0007	1.76	
卡尺匹配	0.0144	0.0131	0.0013	0.0005	2.19	logit
核匹配	0.0144	0.0130	0.0014	0.0006	2.60	
局部线性回归匹配	0.0144	0.0130	0.0014	0.0007	1.91	
马氏匹配	0.0144	0.0132	0.0013	0.0005	2.74	
k 近邻匹配（k＝1）	0.0145	0.0124	0.0021	0.0007	2.86	
k 近邻匹配（k＝4）	0.0145	0.0130	0.0015	0.0006	2.61	
卡尺内最近邻匹配	0.0145	0.0128	0.0016	0.0006	2.79	
卡尺匹配	0.0145	0.0131	0.0013	0.0006	2.22	probit
核匹配	0.0145	0.0130	0.0014	0.0006	2.58	
局部线性回归匹配	0.0145	0.0130	0.0014	0.0007	1.93	

表5-10　　　资产证券化对银行风险有影响的 ATT 回归结果（上市银行样本）

匹配方法	证券化组（处理组）	非证券化组（控制组）	两组均值之差	标准误	t 值	倾向得分估计方法
k 近邻匹配（k＝1）	0.0138	0.0106	0.0032	0.0007	4.43	
k 近邻匹配（k＝4）	0.0138	0.0104	0.0033	0.0006	5.54	
卡尺内最近邻匹配	0.0137	0.0102	0.0036	0.0006	5.95	
卡尺匹配	0.0137	0.0102	0.0035	0.0006	6.02	logit
核匹配	0.0138	0.0107	0.0031	0.0006	5.50	
局部线性回归匹配	0.0138	0.0109	0.0028	0.0007	3.95	
马氏匹配	0.0138	0.0107	0.0031	0.0005	6.02	

续表

匹配方法	证券化组（处理组）	非证券化组（控制组）	两组均值之差	标准误	t 值	倾向得分估计方法
k 近邻匹配（k = 1）	0.0138	0.0101	0.0037	0.0007	5.17	
k 近邻匹配（k = 4）	0.0138	0.0105	0.0032	0.0006	5.38	
卡尺内最近邻匹配	0.0137	0.0103	0.0034	0.0006	5.75	probit
卡尺匹配	0.0137	0.0104	0.0033	0.0006	5.77	
核匹配	0.0138	0.0107	0.0031	0.0006	5.54	
局部线性回归匹配	0.0138	0.0109	0.0028	0.0007	3.98	

与此同时，本章继续汇报了使用偏差矫正估计量估计的资产证券化对银行风险影响的平均处理结果（见表5－11），包括不做偏差矫正和进行偏差矫正，及进行偏差矫正后的马氏距离匹配结果。结果表明：无论进行偏差矫正，还是不进行偏差矫正，参与资产证券化业务的银行，仍然存在针对不良贷款率的正向平均处理效应（因果关系），估计结果也非常显著，并且上市样本的显著性亦高于非上市银行样本，可见上述倾向值匹配估计结果的稳健性。

表5－11　使用偏差矫正估计量估计资产证券化对不良贷款率的影响

样本	干预效应	系数	标准误	Z 值	P 值	95% CI
全样本	不作偏差矫正	0.0014	0.0005	2.90	0.004	[0.0005, 0.0024]
	进行偏差矫正	0.0011	0.0005	2.27	0.023	[0.0002, 0.0021]
	偏差矫正后的马氏距离匹配	0.0010	0.0005	1.91	0.056	[−0.0001, 0.0021]
上市银行样本	不作偏差矫正	0.0033	0.0005	6.84	0.000	[0.0023, 0.0042]
	进行偏差矫正	0.0030	0.0005	6.30	0.000	[0.0021, 0.0040]
	偏差矫正后的马氏距离匹配	0.0028	0.0005	5.76	0.056	[0.0018, 0.0037]

第四节 政策背景下资产证券化对
银行风险的长期影响

与发达国家不同，我国金融创新包含浓厚的政策色彩，这对资产证券化也不例外。在考虑资产证券化对银行风险的影响时，我们须纳入政策因素，并评估政策因素对于促进资产证券化缓解银行风险的作用。具体研究中，本章重点考虑两项政策因素：一是 2014 年年底及 2015 年年初资产证券化业务由审批制向备案制或注册制的转变；二是 2016 年不良贷款证券化的启动。需要说明的是，针对政策因素的考虑，均在信贷资产证券化重启之后，政策时间点的设置也能够基本反映样本区间内资产证券化对银行风险的长期影响。

借鉴余靖雯等（2018）研究，我们对式（5-4）进行面板双重差分估计，具体策略为固定效应（FE）和一阶差分（FD）两种方法，前者要求干扰项与每一期解释变量和个体效应均不相关，后者要求干扰项与 t 之前的解释变量和个体效应不相关，可见固定效应假说更为严格，也更有效。但为了保证稳健性，本章同时给出两种方法的结果。表 5-12 即考虑 2014 年年底业务审批制转变为注册制或备案制的双重差分结果，列（1）—列（3）为 FE 结果，列（4）—列（6）为 FD 结果。结果显示：资产证券化变量与政策变量交互项系数均显著为负，这说明在政策推动下，资产证券化能够缓解银行风险，基本验证了假说 2，并且控制变量结果也与前文基本一致，表明结论的稳健性。为了进一步评估政策作用，我们引入第二个政策因素，即 2016 年不良贷款证券化的启动，面板双重差分结果见表 5-13。

结果显示：资产证券化变量与不良贷款证券化启动政策变量的交互项亦显著为负，可见政府针对不良贷款证券化的启动，也显著地促进了资产证券化对银行风险的缓解。同时，表 5-13 交互项系数绝对值均高于表 5-12 的交互项系数，并且由于表 5-13 政策因素在表 5-12 之后，因此我们推断：长期来看，在政策因素推动下，资产证券化不仅有利于缓解银行风险，并且缓解力度逐步增强，可见假说 2 的合理性。在此基础上，需要对双重差分模型进行"平行趋势假设"检验，该假设

表 5-12　　　　考虑 2014 年年底"业务审批制转变为备案制或
注册制"政策因素双重差分回归结果

变量 （VARIABLES）	被解释变量（不良贷款率：npl）					
	固定效应（FE）结果			一阶差分（FD）结果		
	（1）	（2）	（3）	（4）	（5）	（6）
资产证券化虚拟 变量（dum_sec）	0.033 ** (0.017)			0.019 * (0.010)		
资产证券化虚拟 变量×政策变量 （dum_p）	-0.052 *** (0.020)			-0.017 * (0.001)		
资产证券化参与 度（sec_loan）		1.475 * (0.862)			1.083 *** (0.373)	
资产证券化参与 度×政策变量 （sec1_p）		-1.505 * (0.894)			-1.020 *** (0.335)	
资产证券化发行 程度（sec_level）			0.014 * (0.007)			0.009 * (0.004)
资产证券化发行 程度×政策变量 （sec2_p）			-0.026 *** (0.008)			-0.008 ** (0.004)
政策变量（poli- cy）	0.043 *** (0.014)	0.038 *** (0.011)	0.048 *** (0.014)	0.032 ** (0.013)	0.030 ** (0.012)	0.033 ** (0.013)
流动性比率（lr）	-0.037 (0.040)	-0.036 (0.040)	-0.036 (0.040)	-0.028 (0.030)	-0.027 *** (0.030)	-0.029 (0.030)
资本充足率 （cdr）	-2.765 *** (0.377)	-2.920 *** (0.373)	-2.729 *** (0.375)	-2.104 *** (0.466)	-2.037 *** (0.442)	-2.099 *** (0.463)
权益资产比 （ear）	2.952 *** (0.583)	3.056 *** (0.588)	2.953 *** (0.580)	3.187 *** (0.943)	3.200 *** (0.948)	3.174 *** (0.941)
净资产收益率 （roe）	-0.695 *** (0.140)	-0.756 *** (0.138)	-0.697 *** (0.140)	-0.282 (0.215)	-0.288 (0.215)	-0.283 (0.215)
贷款占比（loan_ a）	0.409 *** (0.086)	0.368 *** (0.085)	0.420 *** (0.086)	0.569 *** (0.116)	0.568 *** (0.116)	0.570 *** (0.115)

变量 （VARIABLES）	被解释变量（不良贷款率：npl）					
	固定效应（FE）结果			一阶差分（FD）结果		
	（1）	（2）	（3）	（4）	（5）	（6）
经济增长率 （gdp）	−0.940 （0.716）	−0.938 （0.711）	−0.994 （0.714）	−0.673* （0.380）	−0.719* （0.369）	−0.678* （0.379）
常数项（_cons）	0.776*** （0.074）	0.746*** （0.064）	0.770*** （0.074）			
N	483	483	483	406	406	406
R^2	0.377	0.366	0.383	0.267	0.269	0.268
F	26.773	28.744	27.411	24.370	25.304	24.202

注：括号中为稳健标准误，***、**、*分别表示在1%、5%和10%的水平下显著。

表 5 – 13　　考虑"2016 年不良贷款证券化启动"政策因素的双重差分回归结果

变量 （VARIABLES）	被解释变量（不良贷款率：npl）					
	固定效应（FE）结果			一阶差分（FD）结果		
	（1）	（2）	（3）	（4）	（5）	（6）
资产证券化虚拟 变量（dum_sec）	0.036*** （0.012）			0.027** （0.012）		
资产证券化虚拟 变量×政策变量 （dum_p）	−0.084*** （0.018）			−0.048*** （0.020）		
资产证券化参与 度（sec_loan）		1.776*** （0.446）			1.195** （0.499）	
资产证券化参与 度 × 政策变量 （sec1_p）		−2.186*** （0.520）			−1.381*** （0.547）	
资产证券化发行 程度（sec_level）			0.014*** （0.005）			0.011** （0.004）
资产证券化发行 程度×政策变量 （sec2_p）			−0.036*** （0.007）			−0.020** （0.008）

续表

变量 （VARIABLES）	被解释变量（不良贷款率：npl）					
	固定效应（FE）结果			一阶差分（FD）结果		
	（1）	（2）	（3）	（4）	（5）	（6）
政策变量（poli-cy）	0.054***	0.035***	0.056***	0.033	0.022	0.033
	(0.013)	(0.010)	(0.013)	(0.021)	(0.014)	(0.020)
流动性比率（lr）	−0.017	−0.023	−0.015	−0.006	−0.006	−0.006
	(0.039)	(0.040)	(0.039)	(0.027)	(0.026)	(0.027)
资本充足率（cdr）	−2.781***	−3.021***	−2.784***	−2.083***	−2.194***	−2.105***
	(0.369)	(0.365)	(0.368)	(0.455)	(0.473)	(0.455)
权益资产比（ear）	3.053***	3.134***	3.075***	3.311***	3.364***	3.298***
	(0.575)	(0.579)	(0.572)	(0.933)	(0.962)	(0.929)
净资产收益率（roe）	−0.743***	−0.833***	−0.751***	−0.361	−0.355	−0.364
	(0.136)	(0.128)	(0.135)	(0.234)	(0.230)	(0.237)
贷款占比（loan_a）	0.410***	0.343***	0.421***	0.545***	0.545***	0.551***
	(0.084)	(0.082)	(0.084)	(0.1117)	(0.117)	(0.117)
经济增长率（gdp）	−1.048	−1.153*	−1.150*	−0.785**	−0.874**	−0.810**
	(0.664)	(0.661)	(0.663)	(0.374)	(0.362)	(0.373)
常数项（_cons）	0.780***	0.775***	0.783***			
	(0.069)	(0.062)	(0.068)			
N	483	483	483	406	406	406
R²	0.395	0.380	0.401	0.277	0.279	0.275
F	28.820	30.538	29.546	22.276	22.191	22.306

注：括号中为稳健标准误，＊＊＊、＊＊、＊分别表示在1%、5%和10%的水平下显著。

要求在双重差分模型中，处理组和对照组结果变量在政策发生前存在一致趋势，这样对照组才是有效的参照对象，我们构建如下模型：

$$Credit_{it} = \alpha_0 + \alpha_1 sec_{it} + \theta policy_t \times sec_{i,t} + \beta_p olicy_t + \sum_{j=2011}^{2017} \rho_j \cdot I_i^j \cdot sec_{it} +$$

$$\sum_{i=1}^{n} \lambda' controls_{it} + \mu_i + \gamma_t + \varepsilon_{it}$$

其中，I_t^j 为时间虚拟变量，j 分别取值为 2011—2017 年，当 $j = t$ 时，$I_t^j = 1$（为了防止共线性，我们仅对 2012—2017 年的时间点设置虚拟变量），否则为 0。在平行趋势假设下，针对第一个政策变量，当 j 取值 2011—2014 年时，应有 $\rho = 0$；针对第二个政策变量，当 j 取值 2011—2015 年时，应有 $\rho = 0$。平行趋势检验结果见表 5 – 14。

表 5 – 14　　　　　　　　双重差分回归的平行趋势检验

变量 （VARIABLES）	被解释变量（不良贷款率：npl）					
	第一个政策因素			第二个政策因素		
	（1）	（2）	（3）	（4）	（5）	（6）
资产证券化虚拟变量（dum_sec）	0.031 * (0.019)			0.032 ** (0.014)		
资产证券化虚拟变量 × 政策变量（dum_p）	− 0.049 ** (0.021)			− 0.079 *** (0.019)		
资产证券化参与度（sec_loan）		1.031 ** (0.019)			1.446 *** (0.489)	
资产证券化参与度 × 政策变量（sec1_p）		− 0.998 *** (0.021)			− 1.788 *** (0.564)	
资产证券化发行程度（sec_level）			0.013 *** (0.001)			0.012 ** (0.006)
资产证券化发行程度 × 政策变量（sec2_p）			− 0.024 *** (0.009)			− 0.034 *** (0.008)
流动性比率（lr）	− 0.034 (0.041)	− 0.035 (0.041)	− 0.033 (0.040)	− 0.022 (0.040)	− 0.032 (0.040)	− 0.020 (0.040)
资本充足率（cdr）	− 2.676 *** (0.402)	− 2.728 *** (0.404)	− 2.630 *** (0.401)	− 2.701 *** (0.395)	− 2.827 *** (0.398)	− 2.694 *** (0.393)
权益资产比（ear）	2.864 *** (0.593)	2.902 *** (0.598)	2.861 *** (0.591)	2.935 *** (0.585)	2.924 *** (0.591)	2.945 *** (0.582)

续表

变量 （VARIABLES）	被解释变量（不良贷款率：npl）					
	第一个政策因素			第二个政策因素		
	（1）	（2）	（3）	（4）	（5）	（6）
净资产收益率 （roe）	− 0.660 *** （0.144）	− 0.659 *** （0.146）	− 0.660 *** （0.144）	− 0.697 *** （0.143）	− 0.695 *** （0.145）	− 0.670 *** （0.142）
贷款占比（loan_ a）	0.414 *** （0.087）	0.397 *** （0.087）	0.426 *** （0.087）	0.421 *** （0.085）	0.391 *** （0.086）	0.435 *** （0.085）
资产证券化变 量 $\times I^{2012}$	0.088 （0.084）	0.087 （0.084）	0.066 （0.064）	0.006 （0.014）	0.006 （0.014）	0.006 （0.014）
资产证券化变 量 $\times I^{2013}$	0.073 （0.074）	0.082 （0.084）	0.084 （0.86）	0.022 （0.016）	0.020 （0.014）	0.023 （0.014）
资产证券化变 量 $\times I^{2014}$	0.073 （0.076）	0.078 （0.076）	0.064 （0.066）	0.024 （0.016）	0.023 （0.015）	0.024 （0.016）
资产证券化变 量 $\times I^{2015}$	0.065 *** （0.018）	0.068 *** （0.018）	0.085 *** （0.019）	0.024 （0.018）	0.024 （0.017）	0.027 （0.018）
资产证券化变 量 $\times I^{2016}$	0.064 *** （0.019）	0.053 *** （0.017）	0.071 *** （0.018）	0.026 *** （0.009）	0.032 *** （0.007）	0.032 *** （0.009）
资产证券化变 量 $\times I^{2017}$	0.049 *** （0.009）	0.052 *** （0.017）	0.071 *** （0.019）	0.008 *** （0.003）	0.017 *** （0.006）	0.015 *** （0.004）
常数项（_cons）	0.671 *** （0.073）	0.684 *** （0.073）	0.659 *** （0.073）	0.668 *** （0.072）	0.706 *** （0.072）	0.659 *** （0.072）
N	483	483	483	483	483	483
R^2	0.2895	0.2879	0.2884	0.3026	0.3018	0.3009
F	18.75	18.2	19.2	20.16	19.30	20.68

注：括号中为稳健标准误，＊＊＊、＊＊、＊分别表示在1%、5%和10%的水平下显著。

列（1）—列（3）、列（4）—列（6）分别为针对两个政策变量的平行趋势检验，其中，前三列显示2015年之前资产证券化与时间变量交互项均不显著，后三列中，2016年之前资产证券化与时间变量交互项亦不显著，这意味着 ρ = 0 原假设成立，说明在政策之前，资产证券化对银行风险影响不存在显著区别，符合"平行趋势假设"。再者，从显著的交互项来看，政策变量与资产证券化变量交互项不仅显著为负，并且伴随时间推移，交互项系数不断减少，可见长期来看，在政策因素的推动下，资产证券化导致银行风险上升的力度不断弱化，甚至有利于缓解风险，可见假说2的稳健性。

本章小结

回溯本章所提问题，资产证券化能否缓解银行风险承担？根据我国银行业2011—2017年样本数据，以基于我国现实提出的研究假说为主线，采用基本面板回归模型、动态面板回归模型、倾向值匹配及双重差分等估计方法，力求识别资产证券化与银行风险之间的关系，研究结论如下：①基本回归与动态面板回归显示：在初始阶段，资产证券化显著推动了银行风险承担上升，即由于重启不久，资产证券化及其风险转移功能并未起到缓解银行风险的作用，但鉴于基本回归中滞后二期的资产证券化变量不显著，我们初步认为从长期来看，资产证券化导致银行风险上升的作用会逐步减弱。②影响机制分析结果表明：资产支持证券发行银行主要通过道德风险倾向或从事高风险业务，及持有更高比例风险资产与更多"基础资源"导致不良贷款率上升，并且在发展初期，银行更注重基础资产池的高信用质量，或采取"风险自留"等微观行为，这均不利于风险的缓解。③面板双重差分结果说明：长期来看，在政策因素推动下，资产证券化能够缓解银行风险，可见目前采取的政策基本实现了应有目标，属于有效的"政策"，本章研究也发现，伴随时间推移及资产证券化不断发展，其导致银行风险上升的效应将不断弱化。

面对经济增速不断放缓，监管机构力推的资产证券化不仅应能盘活存量资源，更应能推动银行转型，以有效面对外部冲击。本章区分短期和长期效应，从多角度探讨了资产证券化对银行风险的影响，在当前资产证券化迅速发展时期，本章的研究结论对于银行如何通过资产证券化以缓解风险具有重要意义。第六章将在本章的基础上，以经济下行趋势为背景，并给予相应的量化处理，进一步深入分析资产证券化与银行风险的关系。

第六章 经济下行期资产证券化对银行风险影响的实证考察

考虑到我国"银行主导型"的金融结构背景，近二十年来，银行中介一直是提高融资效率的重要力量，但长期信贷扩张所隐含的风险问题不容忽视。目前，经济增长下行压力不断释放，2018 年中央经济工作会议明确表明"经济面临下行压力"，李克强总理在部署 2019 年经济政策安排工作时更是直言"经济下行压力加大"，足见决策当局对"经济下行压力"问题的重视。在经济增长下行影响下，银行风险开始"显性化"，主要表现为不良贷款与不良贷款率的"双升"①，可以预见的是，随着经济"去杠杆化"与国内资产市场的深度调整，银行风险状况前景不容乐观。因此，厘清经济下行背景下银行风险的变化特征，不仅有助于缓解银行风险压力，也是维护银行稳定性、守住不发生系统性金融风险底线的重要基础，更可为监管机构优化监管措施提供理论支撑。

总体来看，鉴于不同研究背景及样本，学术界对"资产证券化能否降低银行风险"的研究并未形成统一观点，以我国为样本的研究亦不多，已有研究也无法反映我国不同银行类别的风险特征。同时与发达国家不同的是，我国资产证券化的快速发展正处在经济增长下行阶段，

---

① 据中国银保监会相关数据显示，银行全行业不良贷款余额自 2011 年第四季度开始由降转升，至 2018 年第四季度持续上升。截至 2018 年第三季度，商业银行不良贷款率达到 1.87%，较上季度末增加 0.01 个百分点，创下了 2009 年金融危机后的新高；同时，截至 2018 年年底，商业银行不良贷款率达到 1.89%，又持续上涨 0.02 个百分点，创下 10 年内新高，并且不良贷款总额为 2 万亿元左右。

在此背景下资产证券化将如何影响银行风险？这也是现有文献并未涉足的领域。鉴于此，随着经济下行压力不断增大，在政策力量的推动下，拥有盘活资产流动性、转移风险及节约监管资本等功能的资产证券化能否降低银行风险？若资产证券化能够显著影响银行风险，具体影响机制又将呈现何种特征？资产证券化对风险的影响在不同银行之间是否存在差异？这均是目前政府当局、金融机构和学术界关注的重要问题。因此本章在上一章分析的基础上，试图对我国经济增长的变化趋势进行量化，从而深入把握经济下行背景下，资产证券化对银行风险的影响趋势。

第一节 针对现阶段我国经济增长趋势的说明

在本章的分析中，重点是对经济下行趋势的衡量。从 2012 年信贷资产证券化重启之后来看，GDP 增长率持续处于下降趋势①，并呈现一种重要特点，即从 GDP 增长率的中位数来看（2014 年 7.3% 的增长率为中位数），高于及涵盖中位数区间（2011—2014 年）的 GDP 增长率均高于 7%，低于中位数区间（2015—2017 年）的 GDP 增长率均低于 7%。经济周期的变化历史显示，作为低于中位数区间的起点，2015 年低于 6.9% 的经济增长率是自 1990 年以来 GDP 增速的首度"破7"，长期来看，7% 似乎已成为学术界对我国经济增长的重要预期，若经济增速低于 7%，呼吁出台经济刺激政策的声音就会纷至沓来，同时 2018 年中央经济工作会议与 2019 年《政府工作报告》均认为当前经济面临"下行压力"。鉴于此，我们认为，2015 年即可视为当前"经济下行区域"的起点，在此之前及之后（包含 2015 年）的区间可分别视为"经济增速较高区"及"经济增速较低区"，而后者基本符合经济下行背景的要求，即本章所界定的"经济下行区域"。

---

① 根据国家统计局官方网站数据显示，2011—2017 年，GDP 增长率分别为 9.6%、7.9%、7.8%、7.3%、6.9%、6.7%、6.8%。

第二节　其他变量的设定及研究设计

一　被解释变量

与上一章一致，参考陈忠阳和李丽君（2016）、霍源源等（2016）、孙光林等（2017）等研究，本章依旧选取不良贷款率作为银行风险代理变量，但为了保证结果可信，在稳健性检验中选取拨备覆盖率进行处理。之所以选取不良贷款率和拨备覆盖率作为风险代理变量，主要在于目前银行风险多数来自于贷款质量，若信贷质量恶化，说明银行缺乏良好的风险管理机制，也预示着银行面临着较高风险。

二　核心解释变量

核心解释变量为资产证券化的量化描述。与上文研究一致，为了保证结果稳健，本章也从三个方面量化资产证券化：一是资产证券化虚拟变量，即银行 i 在 t 期至少有一次发行记录取值为 1，否则为 0，这也是常见的处理方式。虚拟变量也可将样本区分证券化组和非证券化组（证券化组为 1，非证券化组为 0）。二是资产证券化参与度。我国银行资产证券化基础资产基本为信贷资产，为此设置资产证券化发行规模与总贷款之比衡量参与度，这与现有文献以发行规模占总资产之比的衡量方式略微不同（Farruggio and Uhde，2015；高倍等，2016）。三是设置资产支持证券发行程度，若银行 i 在 t 期没有发行资产证券化，则取值为 0；发行 1 次取值为 1；发行 1 至 5 次取值为 2；发行 5 次以上取值为 3。

三　主要控制变量

与上一章一致，借鉴高蓓等（2016）、郭甦和梁斯（2017）及郭红玉等（2018）等研究，从银行微观层面与宏观经济层面特征变化设定控制变量：一方面，银行微观层面特征主要由流动性比率、资本充足率、权益资产比、净资产收益率、加权风险资产占比、贷款占总资产之比及存款占总负债之比等变量来反映。其中，流动性比率为流动性资产占总资产比重、资本充足率为资本金规模与加权风险资产之比、权益资产比为总权益与总资产之比，这些指标用来体现银行流动性及其结构、资本规模及杠杆倍数；净资产收益率为净利润与平均股东权益之比，用以反映银行盈利能力；加权风险资产占比为加权风险资产与总资产之比，可以描述银行风险资产持有情况；贷款占总资产之比与存款占总负责之比均可以体现银行规模。另一方面，宏观经济波动也是影响银行信用风险的重要因素，学术界主要从经济增长和货币政策等方面设定宏观经济变量，除了上文基于 GDP 增长率对经济增长的考虑，我们还选取广义货币供应量增长率及一年期贷款基准利率等变量，以体现货币政策的变化，两者分别衡量数量型与价格型货币政策工具。为了消除极端值的影响，本章对所有连续变量进行 1% 和 99% 分位的 Winsorize 处理。

四　研究设计

（一）基于双重差分模型的基本结果处理

众所周知，双重差分法（DID）被广泛应用于政策评估或因果效应判断，并能够有效规避内生性。在本章样本数据的时间跨度内，我们重点考虑经济下行压力下资产证券化对银行风险的影响，即在"经济增速较低区"的影响。根据研究需要，在第 t 期，我们将发行资产证券化的银行定义为处理组，将未发行资产证券化的银行定义为对照组，采用 DID 方法估计"经济下行压力"下资产证券化对银行风险的影响。具体地，我们构建如下模型：

$$Y_{it} = \alpha_0 + \alpha_1 B_i \times G_t + \alpha_2 B_i + \eta G_t + X'\Phi + \lambda_k + \sigma_t + \varepsilon_{it} \qquad (6-1)$$

式中，Y_{it} 为银行 i 在时期 t 的风险，即不良贷款率或拨备覆盖率；B_i 为处理组虚拟变量，若银行 i 在时期 t 发行资产支持证券，则取值为 1，否则为 0；G_t 为时间效应虚拟变量，若处在"经济增速较低区"，则取值为 1，否则为 0；若交互项 $B_i \times G_t = 1$，意味着银行 i 为处理组银行，并处在"经济增速较低区"。在式（6-1）中，虚拟变量 B_i 与 G_t 分别刻画处理组和对照组，及时间效应前后的差异，意味着即使不进行准自然实验，个体差异与时间趋势同样存在，其中，交互项 $B_i \times G_t$ 系数 α_1 才是我们真正度量的影响效应。λ_k 为银行个体固定效应，σ_t 为时间固定效应，X 为一组控制变量，包括银行层面和宏观层面控制变量。

在利用双重差分法比较处理组和对照组在"经济增速较低区"前后，资产证券化对银行风险影响的差异后，需要给出双重差分模型回归结果。

（二）针对双重差分模型的"平行趋势检验"

使用 DID 时，必须对其有效性进行判断，即处理组和控制组的结果变量在时间效应发生前后的变化与是否是处理组无关，也就是说若没有时间效应，处理组和控制组的结果变量在时间发生前后应是统计上无显著差异。鉴于这是一种典型的"反事实状况"，我们无法对此有效检验，但可以通过另外一种方式处理，即判断在时间效应发生之前，处理组和控制组的结果变量是否具有相同趋势，从而间接对 DID 假设前提进行检验，这即是"平行趋势检验"。具体到本章研究中，由于"经济增速较低区"设置在 GDP 增长率中位数之后（即 2014 年之后），我们将区间前推一年，即将 2013 年之后的时间设为"经济增速较低区"，以检验资产证券化对银行风险的影响是否存在显著变化，因为 2013 年之后的区间并不是本章真正界定的"经济增速较低区"。若"平行趋势假设"成立，则在这种"反事实"的"经济增速较低区"发生前后，资产证券化对银行风险的影响在处理组和对照组之间不存在显著差异。具体我们构建与式（6-1）类似的模型：

$$Y_{it} = \beta_0 + \beta_1 B_i \times G_t + \beta_2 B_i + \eta G_t + X' \Phi + \lambda_k + \sigma_t + \varepsilon_{it} \qquad (6-2)$$

式（6-2）与式（6-1）的区别在于：G_t' 为时间效应虚拟变量，若处在"反事实"的"经济增速较低区"，则 G_t' 取值为 1，否则为 0，即我们假想将"经济增速较低区"发生在 2013 年之后，很显然这是一个虚拟的"经济下行压力"设定。如果参数 β_1 统计上不显著，则说明在虚拟的时间点前后，资产证券化对银行风险的影响在处理组和对照组之间不存在显著差异，即通过了"平行趋势假设"检验。

（三）纳入政策因素后的稳健性检验

与发达国家市场主导明显不同，我国多数金融创新由政策力量推动，这对资产证券化也不例外，为此我们进一步引入政策变量，以对上述结果进行稳健性检验。具体来看，由于本章着重考虑资产证券化对银行风险的影响，为此我们以 2016 年不良贷款证券化启动作为政策因素，并在式（6-1）的基础上，构建如下三重差分回归模型：

$$Y_{it} = \eta_0 + \eta_1 B_i \times G_t \times P_t + \eta_2 B_i + \eta_3 G_t + \eta_4 P_t + \gamma_1 B_i \times G_t + \gamma_2 B_i \times P_t +$$
$$\gamma_3 G_t \times P_t + X'\Phi + \lambda_k + \sigma_t + \varepsilon_{it} \tag{6-3}$$

式中，P_t 为设定的政策变量（Policy 的简称），由于 2016 年不良贷款证券化启动，为此在 2016 年及其之后，该变量取值为 1，否则为 0，其余变量的设定与式（6 - 1）一致。在式（6 - 3）中，交互项 $B_i \times G_t \times P_t$ 系数为本章需估计的政策效应，即判断在"经济增速较低区"，政策变量的实施是否有助于资产证券化降低银行风险，本部分也是从银行风险视角评估针对资产证券化所采取的政策措施是否有效。在稳健性检验的处理中，我们以拨备覆盖率（pcl）为被解释变量，一方面，将"经济增速较低区"和政策变量分别作为时间效应进行双重差分回归分析；另一方面，将两者结合在一起进行三重差分回归处理。

第三节　基本实证结果与分析

表 6 - 1 比较了处理组和对照组在"经济增速较低区"前后银行不良贷款率的差异，在表中上半部分，无论是否加入协变量，DID 值均显著为负，说明在经济下行压力下，资产证券化显著降低了银行不良贷款率，即有助于缓解风险。下半部分为"平行趋势检验"，在针对虚构的"经济增速较低区"处理中，无论是否加入协变量，DID 值虽然为负，

表 6 - 1　　　经济下行压力下资产证券化对银行风险的影响：
基于双重差分模型

	处理组（证券化组）		对照组（非证券化组）		DID	DIDT 值	P 值
	经济增速低	经济增速高	经济增速低	经济增速高			
Panel A：以 npl 为被解释变量（分别不加入协变量和加入协变量）							
全样本（npl）	1.519	1.141	1.488	0.946	- 0.164	1.88 *	0.061
全样本（npl）	1.914	1.653	1.824	1.430	- 0.132	1.72 *	0.086
Panel B：以 npl 为被解释变量（平行趋势检验，分别不加入协变量和加入协变量）							
全样本（npl）	1.450	0.915	1.427	0.877	- 0.015	0.22	0.822
全样本（npl）	1.806	1.481	1.730	1.309	- 0.096	1.25	0.212

但均不显著，说明在虚拟的时间效应中，处理组和对照组之间不存在统计上的显著差异，即通过了"平行趋势假设"检验。

表6－2汇报了基于双重差分模型的回归结果，我们除了考虑资产证券化虚拟变量外，也纳入资产证券化参与度与发行程度等变量进行分析，回归结果看到无论采用何种方式度量资产证券化，其与"经济增速较低区"虚拟变量的交互项系数均在1%的水平下显著为负，可见资产证券化有利于在经济下行压力下降低银行风险，这与表6－2结论一致，可能的解释是在其他条件不变的情况下，资产证券化有助于银行优化资产流动性结构、提高盈利能力及实现风险转移，由此实现微观环境的改善，从而应对经济下行压力对风险的冲击，在后续的异质性分析中，我们会讨论其中的影响机制，以进一步解释该结果。需要注意的是，资产证券化相关变量均显著为正，显示资产证券化不利于缓解风险，原因在于我国资产证券化仍处在发展初期，基础资产池质量备受关注，在此约束下，银行未必将风险较高资产纳入资产池，再者由于初次进入该市场，银行发展策略普遍谨慎，在构建基础资产池时主要也是偏重于优质资产，因此若单独考虑资产证券化的影响，银行风险未必能够降低，这与上一章微观层面分析的结论一致。但交互项结果显著为负，表明随着经济周期下行导致银行风险不断上升，资产证券化将逐步成为银行风险管理工具的重要补充，其对风险的改善作用也将不断显现。

表6－2　经济下行压力下资产证券化对银行信用风险的影响：双重差分模型回归结果

解释变量	被解释变量：npl		
（Variables）	（1）	（2）	（3）
经济增长虚拟变量（gdpt）	0.211 *	0.194 *	0.217 *
	(0.116)	(0.112)	(0.115)
资产证券化虚拟变量	0.258 ***		
（dumsec）	(0.047)		
资产证券化虚拟变量×经济增长虚拟	－0.238 ***		
变量（dum_gt）	(0.060)		

续表

解释变量	被解释变量：npl		
（Variables）	（1）	（2）	（3）
资产证券化参与度		14.837***	
（secloan）		（2.714）	
资产证券化参与度×经济增长虚拟变量（secloan_gt）		-14.144***	
		（2.697）	
资产证券化发行程度（seclevel）			0.111***
			（0.020）
资产证券化发行程度×经济增长虚拟变量（seclevel_gt）			-0.100***
			（0.027）
流动性比率（lr）	0.005***	0.004***	0.005***
	（0.001）	（0.001）	（0.001）
资本充足率（cdr）	0.031**	0.026*	0.031**
	（0.014）	（0.015）	（0.014）
净资产收益率（roe）	-0.024***	-0.026***	-0.024***
	（0.007）	（0.007）	（0.007）
权益资产比（ear）	-0.015***	-0.015***	-0.016***
	（0.005）	（0.005）	（0.005）
加权风险资产占比（rwa）	-0.000	-0.001	-0.000
	（0.001）	（0.002）	（0.001）
贷款占比（loan_a）	0.025***	0.024***	0.025***
	（0.006）	（0.006）	（0.006）
存款占比（dep_l）	-0.002	-0.002	-0.001
	（0.004）	（0.004）	（0.004）
广义货币供应量增长率（m2）	0.037***	0.033***	0.037***
	（0.009）	（0.010）	（0.009）
一年期贷款基准利率（rate）	-0.481***	-0.466***	-0.482***
	（0.078）	（0.079）	（0.078）
常数项（_cons）	2.377***	2.550***	2.381***
	（0.429）	（0.451）	（0.431）
个体固定效应	是	是	是
时间固定效应	是	是	是

续表

解释变量	被解释变量: npl		
（Variables）	（1）	（2）	（3）
N	581	577	581
R^2	0.584	0.570	0.583
F	36.915	32.499	37.198

注：括号中为稳健标准误，＊＊＊、＊＊、＊分别表示在1％、5％和10％的水平下显著。

对于控制变量结果：经济增长虚拟变量系数显著为正，即在"经济增速较低区"，银行不良贷款率将显著上升，与 Dell′Ariccia 等（2012）、崔傅成和陶浩（2018）等结论一致；流动性比率和资本充足率系数均显著为正，可见资产流动性与资本规模上升显著推高了银行不良贷款率，可能的原因是拥有较高流动性与资本储备，或具有良好微观经营环境的银行，更偏好涉足风险较高的业务，由此导致不良贷款率上涨；净资产收益率与权益资产比系数均显著为负，意味着银行盈利越低，或杠杆倍数越高，不良贷款率也越高，原因在于盈利水平的缩水并不利于银行计提拨备，从而也不利于抑制不良贷款率的波动，而杠杆倍数往往与银行风险水平同方向变化，因此银行加杠杆行为将导致不良贷款率上涨；贷款占比系数显著为正，反映贷款规模越高银行不良贷款率也越高，但存款占比系数并不显著；广义货币供应量增长率与一年期贷款利率系数分别显著为正或负，表明较高的货币增长率及较低的利率水平，对应较高的不良贷款率，显示银行在经济上行周期时较高的风险倾向。

本部分初步分析了经济下行背景下，资产证券化对银行风险的影响态势。那么，资产证券化对银行风险的影响机制将呈现何种特征？在不同类别银行之间是否存在不同表现？这是本章后续分析的重点内容。

第四节 区分银行类别的异质性分析

表6-3区分了不同银行类别，比较了处理组和对照组在"经济增速较低区"前后银行不良贷款率的差异。无论上市银行与非上市银行，

还是股份制银行和城商行，DID 值均显著为负，而农商行组不显著，说明在经济下行压力下，除了农商行，其余银行资产证券化的发展均显著降低了不良贷款率。为了进一步判断经济下行压力下，不同银行类别资产证券化对风险影响程度的差别，我们需要分析双重差分模型的回归结果（见表 6 - 4）。

表 6 - 3 　　　　　区分银行类别的分析：基于双重差分模型

银行类别	处理组（证券化组）		对照组（非证券化组）		DID	DIDT 值	P 值
	经济增速低	经济增速高	经济增速低	经济增速高			
上市银行（npl）	1.486	1.068	1.418	0.837	- 0.162	1.92 *	0.055
非上市银行（npl）	1.557	1.326	1.522	1.019	- 0.272	1.81 *	0.076
股份制银行（npl）	1.581	1.101	1.650	0.753	- 0.418	4.18 ***	0.000
城商行（npl）	1.413	1.067	1.473	0.848	- 0.280	2.19 ***	0.029
农商行（npl）	1.686	1.540	1.507	1.284	- 0.078	0.34	0.737

　　表 6 - 4 基于固定效应，分别给出经济下行压力下，不同银行类别的双重差分回归结果。前两列为区分上市银行与非上市银行的结果，结果表明两组银行交互项系数至少在 5% 的水平上显著为负，且后者绝对值更高，可见虽然资产证券化对两类银行风险均有缓解作用，但对非上市银行的缓解力度更强；在针对股份制银行（包括国有银行）、城商行和农商行的估计结果中（中间 3 列），前两列交互项系数显著为负，而农商行系数虽然为负，但不显著，并且城商行系数绝对值最高，可见资产证券化对城商行风险的降低作用最大；最后两列即将全样本按照贷款占比中位数分为两组的估计结果，以体现不同银行规模之间的差异。无论从回归系数数值绝对值大小，还是显著性程度来看，资产证券化对风险的缓解力度在贷款占比较低的银行中都更强。表 6 - 4 结果体现了一个现实问题，即上市银行，或规模较高银行，由于拥有多元化的业务结构与风险管理方式，在出现经济下行冲击时，这类银行也拥有更多措施予以应对，因此其未必将资产证券化作为常用的风险管理手段，更多作为推动经营转型的平台。相对而言，非上市银行，或规模较低银行的业

表 6 - 4　区分银行类别的分析：双重差分模型回归结果

被解释变量：不良贷款率（npl）

Variables	是否上市银行分组		银行类别分组			银行贷款规模分组	
	(1)	(2)	(3)	(4)	(5)	(6)	(7)
	上市银行	非上市银行	股份制银行	城商行	农商行	贷款占比低	贷款占比高
gdpt	0.156	0.202	0.408*	0.025	0.476*	0.192	0.231
	(0.120)	(0.167)	(0.232)	(0.167)	(0.266)	(0.129)	(0.230)
dumsec	0.191***	0.375***	0.231**	0.313***	0.173	0.343***	0.119*
	(0.035)	(0.105)	(0.086)	(0.042)	(0.200)	(0.068)	(0.062)
dum_gt	-0.194**	-0.387***	-0.326***	-0.372**	-0.230	-0.377***	-0.060
	(0.077)	(0.104)	(0.061)	(0.162)	(0.192)	(0.082)	(0.077)
lr	0.006**	0.003*	0.004	0.005***	0.003	0.003***	0.008***
	(0.002)	(0.002)	(0.003)	(0.001)	(0.004)	(0.001)	(0.002)
cdr	0.018	0.029	0.010	0.014	0.074	0.033**	0.061**
	(0.016)	(0.020)	(0.042)	(0.012)	(0.044)	(0.009)	(0.030)
roe	-0.016*	-0.028***	0.027	-0.013*	-0.059***	-0.018**	-0.043***
	(0.009)	(0.009)	(0.017)	(0.007)	(0.019)	(0.008)	(0.009)
ear	0.036	-0.022***	0.024	-0.011	-0.003	-0.010	-0.013*
	(0.032)	(0.007)	(0.102)	(0.019)	(0.007)	(0.019)	(0.008)
rwa	-0.001	0.001	0.014*	-0.001	-0.000	0.002	0.003
	(0.001)	(0.002)	(0.008)	(0.001)	(0.005)	(0.002)	(0.003)

续表

被解释变量：不良贷款率（npl）

Variables	是否上市银行分组		银行类别分组			银行贷款规模分组	
	(1)	(2)	(3)	(4)	(5)	(6)	(7)
	上市银行	非上市银行	股份制银行	城商行	农商行	贷款占比低	贷款占比高
loan_a	0.013	0.029***	-0.008	0.022***	0.014	0.029***	0.026***
	(0.008)	(0.008)	(0.010)	(0.006)	(0.014)	(0.008)	(0.009)
dep_l	-0.005	-0.000	0.003	-0.003	0.008	-0.005	-0.010
	(0.006)	(0.006)	(0.009)	(0.005)	(0.011)	(0.005)	(0.008)
m2	0.026**	0.043***	-0.005	0.014	0.075**	0.019*	0.049***
	(0.010)	(0.014)	(0.023)	(0.011)	(0.026)	(0.011)	(0.017)
rate	-0.457***	-0.443***	-0.366***	-0.408***	-0.443**	-0.452***	-0.339*
	(0.110)	(0.115)	(0.124)	(0.120)	(0.209)	(0.091)	(0.175)
_cons	2.727***	2.095***	1.496**	2.366***	1.732	2.407***	1.553*
	(0.558)	(0.609)	(0.670)	(0.578)	(1.184)	(0.495)	(0.809)
个体固定效应	是	是	是	是	是	是	是
时间固定效应	是	是	是	是	是	是	是
N	252	329	112	343	126	290	291
R^2	0.747	0.556	0.836	0.622	0.603	0.658	0.574
F	37.188	36.931	279.647	19.093	141.488	19.474	48.597

注：括号中为稳健标准误，***、**、*分别表示在1%、5%和10%的水平下显著者。

务结构较为单一，风险管理手段也相对匮乏，随着资产证券化的迅速发展，这些银行更偏好将其作为一项风险管理工具。总体表明，表 6 - 4 结果意味着在经济下行压力下，资产证券化对于非上市银行，或规模较低银行的风险缓解力度更大，这类银行也更偏好于将资产证券化作为风险管理工具。

第五节　区分银行微观特征的异质性分析

我们基于银行微观特征进行分析，这也是为了捕捉经济下行压力下，资产证券化对银行风险的影响机制。表 6 - 5 为将全样本按照流动性比率、资本充足率、净资产收益率及加权风险占比中位数进行分组的回归结果。在基于流动性比率中位数分组的结果中，交互项系数均显著为负，但流动性比率较低组系数的绝对值和显著程度较高，这说明随着经济周期下行，资产证券化对银行风险的降低程度在流动性较低组更大，这也说明对于流动性较低的银行，更需通过资产证券化的"流动性效应"功能推动流动性结构优化，以实现风险的缓解，即"流动性效应"功能可视为资产证券化降低银行风险的机制之一；在基于资本充足率中位数分组的结果中，资本充足率较低组的交互项系数为 - 0.168，并在 5% 水平下显著，而资本充足率较高组交互项系数并不显著，即在经济下行压力下，银行资本规模越低，资产证券化对风险的缓解力度越强。由于资产证券化有助于银行减少自有资本消耗（张超英，2002），以保证更多拨备计提，进而有效控制不良贷款率的波动，因此对于资本规模较低的银行，资产证券化对风险的影响更为显著；在基于净资产收益率中位数分组的结果中，交互项系数均显著为负，显示无论净资产收益率高低，资产证券化均可降低银行风险，但相比较高组，净资产收益率较低组交互项系数略高，表明盈利能力较差的银行，资产证券化越有可能通过改善盈利水平，以进一步降低风险；最后两列为基于加权风险资产占比中位数分组的结果，结果表明交互项系数在风险资产较高组显著性略低，但系数绝对值更高，为此我们基本认为在经济下行背景下，风险资产规模越高的银行，资产证券化的风险转移效果越显著，即越有利于降低风险，该结果也说明若银行风险资产规模较低，其

表6-5　区分银行不同微观特征的分析：双重差分模型回归结果

被解释变量：不良贷款率（npl）

Variables	流动性比率分组		资本充足率分组		净资产收益率分组		加权风险资产占比分组	
	(1)	(2)	(3)	(4)	(5)	(6)	(7)	(8)
	低	高	低	高	低	高	低	高
gdpt	0.332**	0.172	0.046	0.099	0.320*	0.193	0.144	0.032
	(0.146)	(0.202)	(0.186)	(0.196)	(0.185)	(0.203)	(0.186)	(0.163)
dumsec	0.291***	0.165***	0.274***	0.114*	0.217	0.162***	0.339***	0.162***
	(0.079)	(0.053)	(0.057)	(0.063)	(0.138)	(0.045)	(0.099)	(0.048)
dum_gt	-0.270**	-0.139*	-0.168**	-0.143	-0.237*	-0.233*	-0.184**	-0.271*
	(0.104)	(0.074)	(0.083)	(0.097)	(0.124)	(0.138)	(0.073)	(0.144)
lr	0.007	0.003	0.004**	0.005**	0.004*	0.002	0.006***	0.003
	(0.005)	(0.002)	(0.002)	(0.002)	(0.002)	(0.003)	(0.002)	(0.003)
cdr	0.043***	-0.032	0.072***	-0.020	0.045**	0.016	0.039***	0.000
	(0.016)	(0.024)	(0.021)	(0.031)	(0.022)	(0.016)	(0.013)	(0.049)
roe	-0.028**	-0.024***	-0.019**	-0.040***	-0.025*	-0.032***	-0.029***	-0.036***
	(0.011)	(0.009)	(0.009)	(0.013)	(0.015)	(0.007)	(0.011)	(0.010)
ear	-0.020**	0.023	-0.008	0.016	-0.018	-0.005	-0.018***	0.037
	(0.008)	(0.038)	(0.005)	(0.029)	(0.038)	(0.027)	(0.006)	(0.051)
rwa	0.003	-0.001	0.002	-0.002	0.006**	-0.003	0.004**	0.009
	(0.003)	(0.002)	(0.002)	(0.002)	(0.002)	(0.002)	(0.002)	(0.007)

续表

被解释变量：不良贷款率（npl）

Variables	流动性比率分组		资本充足率分组		净资产收益率分组		加权风险资产占比分组	
	(1)	(2)	(3)	(4)	(5)	(6)	(7)	(8)
	低	高	低	高	低	高	低	高
loan_a	0.034***	0.011	0.021***	0.019*	0.035***	0.009	0.026***	0.018**
	(0.011)	(0.007)	(0.006)	(0.010)	(0.009)	(0.006)	(0.008)	(0.007)
dep_l	-0.008	-0.002	-0.005	0.002	-0.011	-0.000	-0.003	-0.010*
	(0.007)	(0.005)	(0.005)	(0.007)	(0.007)	(0.006)	(0.006)	(0.006)
m2	0.062***	-0.005	0.030**	0.029	0.052***	-0.003	0.048**	0.023
	(0.019)	(0.013)	(0.015)	(0.020)	(0.014)	(0.024)	(0.022)	(0.015)
rate	-0.577***	-0.120	-0.330**	-0.370**	-0.451***	-0.463**	-0.355***	-0.283**
	(0.117)	(0.140)	(0.150)	(0.155)	(0.103)	(0.183)	(0.140)	(0.112)
_cons	2.433***	2.130***	1.227	2.652***	1.899***	3.902***	1.436*	1.967***
	(0.613)	(0.700)	(0.781)	(0.790)	(0.577)	(0.727)	(0.753)	(0.645)
个体固定效应	是	是	是	是	是	是	是	是
时间固定效应	是	是	是	是	是	是	是	是
N	291	290	293	288	293	288	291	290
R^2	0.629	0.505	0.691	0.478	0.529	0.536	0.579	0.576
F	54.818	11.210	60.012	17.495	22.386	12.495	37.456	19.330

注：括号中为稳健标准误，***、**、*分别表示在1%、5%和10%的水平下显著。

并不需要发行资产支持证券以转移风险，或压缩风险权重，毕竟一定比例的风险资产有助于盈利水平的维持。表6-5结果也从侧面证实了在经济下行期，资产证券化可通过改善银行资产流动性、资本规模、盈利水平及风险资产占比等微观结构，以实现信用风险的降低。

第六节 稳健性检验：纳入政策因素后的再分析

一 针对初步判断的稳健性检验

在稳健性检验中，我们将被解释变量替换为拨备覆盖率，并引入2016年"不良贷款证券化启动"的政策因素。表6-6比较了处理组和对照组分别在"经济增速较低区"或政策实施前后银行拨备覆盖率的差异，结果显示无论是否加入协变量，DID值均显著为正，体现在经济下行压力，或政策因素的推动下，资产证券化显著地提高了银行拨备覆盖率，即降低了风险。

表6-6   关于初步判断的稳健性检验结果：基于双重差分模型

Panel A：以"经济增速较低区"为时间效应的双重差分模型结果（分别不加入协变量和加入协变量）

银行类别	处理组（证券化组）		对照组（非证券化组）		DID	DIDT 值	P 值
	经济增速低	经济增速高	经济增速低	经济增速高			
全样本（pcl）	2.110	2.480	2.192	3.414	0.851	2.94***	0.003
全样本（pcl）	0.456	0.635	0.350	1.360	0.831	2.73***	0.006

Panel B：以"不良贷款证券化启动"为时间效应的双重差分模型结果（分别不加入协变量和加入协变量）

银行类别	处理组（证券化组）		对照组（非证券化组）		DID	DIDT 值	P 值
	政策后	政策前	政策后	政策前			
全样本（pcl）	2.067	2.322	2.160	3.277	0.862	3.31***	0.001
全样本（pcl）	0.513	0.523	0.371	1.197	0.816	2.44**	0.015

在表6－7列（1）—列（3）纳入政策因素的分析中，资产证券化与政策变量交互项系数均显著为正，可见在政策因素（Policy）主导下，资产证券化显著提高了拨备覆盖率；列（4）—列（6）为同时纳入政策变量与经济增速虚拟变量的三重差分回归结果，交互项系数均显著为正，意味着在政策因素引导下，资产证券化可在经济下行趋势中降低银行风险。

表6－7　　　关于初步判断的稳健性检验结果：双重差分和三重差分模型回归结果

Variables	被解释变量：拨备覆盖率（pcl）					
	（1）	（2）	（3）	（4）	（5）	（6）
Policy						
gdpt	－0.964	1.070	0.965	－2.558	－1.893	－2.557
	(1.201)	(1.202)	(1.193)	(1.696)	(1.451)	(1.690)
dumsec	－0.817***			－0.739***		
	(0.264)			(0.266)		
dumsec × Policy						
secloan		－34.121**			－25.655**	
		(14.471)			(10.209)	
secloan × Policy						
seclevel			－0.350***			－0.292***
			(0.111)			(0.106)
seclevel × Policy						
dumsec × gdpt	1.049***					
	(0.281)					
secloan × gdpt		35.995**				
		(14.807)				
seclevel × gdpt			0.474***			
			(0.129)			
dumsec × gdpt × Policy				1.566**		
				(0.639)		

续表

Variables	被解释变量：拨备覆盖率（pcl）					
	（1）	（2）	（3）	（4）	（5）	（6）
secloan × gdpt × Policy					33.552**	
					(14.767)	
seclevel × gdpt × Policy						0.639**
						(0.258)
lr	−0.009	−0.007	−0.009	−0.009	−0.007	−0.009
	(0.011)	(0.010)	(0.011)	(0.010)	(0.010)	(0.010)
cdr	0.356**	0.378**	0.354**	0.347**	0.378**	0.347**
	(0.179)	(0.189)	(0.178)	(0.172)	(0.187)	(0.171)
roe	0.003	0.006	0.004	0.005	0.005	0.006
	(0.064)	(0.063)	(0.063)	(0.063)	(0.064)	(0.062)
ear	0.207	0.213	0.207	0.209	0.216	0.210
	(0.200)	(0.205)	(0.199)	(0.197)	(0.203)	(0.197)
rwa	0.010	0.011	0.010	0.013**	0.011*	0.013**
	(0.006)	(0.006)	(0.006)	(0.006)	(0.006)	(0.006)
loan_a	−0.188	−0.185	−0.189	−0.194	−0.188	−0.195
	(0.124)	(0.123)	(0.124)	(0.125)	(0.124)	(0.125)
dep_l	0.074	0.073	0.074	0.077	0.074	0.078
	(0.057)	(0.057)	(0.057)	(0.058)	(0.057)	(0.058)
m2	−0.097	−0.075	−0.098	−0.057	−0.056	−0.057
	(0.099)	(0.094)	(0.099)	(0.090)	(0.092)	(0.090)
rate	1.630	1.606	1.651	2.594*	2.054	2.596*
	(1.088)	(1.072)	(1.094)	(1.448)	(1.239)	(1.445)
_cons	−8.184	−8.873	−8.831	−14.650*	−11.901*	−14.681*
	(5.583)	(5.795)	(5.622)	(7.956)	(6.898)	(7.954)
BANK	是	是	是	是	是	是
YEAR	是	是	是	是	是	是
N	581	577	581	581	577	581
R^2	0.134	0.132	0.134	0.206	0.198	0.206
F	6.770	6.020	6.440	6.549	6.672	6.348

注：括号中为稳健标准误，***、**、*分别表示在1%、5%和10%的水平下显著。

二　区分不同银行类别的稳健性检验

表 6－8 区分不同银行类别，分别汇报了处理组和对照组在"经济增速较低区"或政策实施前后银行拨备覆盖率的差异。结果显示仅农商行 DID 值不显著，其他银行 DID 值均显著为正，说明在经济下行压力，或政策因素的推动下，资产证券化均有利于提升拨备覆盖率，即缓解银行风险，可见表 6－3 结果的稳健性。

表 6－8　　　区分银行类别的稳健性检验：基于双重差分模型

Panel A：以"经济增速较低区"为时间效应的双重差分模型结果

银行类别	处理组（证券化组）		对照组（非证券化组）		DID	DIDT 值	P 值
	经济增速低	经济增速高	经济增速低	经济增速高			
上市银行（pcl）	2.194	2.412	2.264	3.242	0.760	3.86***	0.000
非上市银行（pcl）	2.012	2.649	2.157	3.529	0.734	2.55**	0.013
股份制银行（pcl）	1.656	2.244	1.648	3.407	1.172	3.38***	0.001
城市商业银行（pcl）	2.347	2.799	2.195	3.740	1.093	2.31**	0.022
农村商业银行（pcl）	2.400	2.091	2.233	2.555	0.631	2.15**	0.033

Panel B：以"不良贷款证券化启动"为时间效应的双重差分模型结果

银行类别	处理组（证券化组）		对照组（非证券化组）		DID	DIDT 值	P 值
	政策后	政策前	政策后	政策前			
上市银行（pcl）	2.158	2.342	2.264	3.145	0.697	3.06***	0.002
非上市银行（pcl）	1.962	2.289	2.109	3.361	0.926	2.25**	0.025
股份制银行（pcl）	1.619	1.987	1.690	3.370	1.313	3.72***	0.000
城市商业银行（pcl）	2.274	2.618	2.140	3.553	1.069	2.67***	0.008
农村商业银行（pcl）	2.465	2.199	2.247	2.502	0.520	1.43	0.154

表 6－9 分别给出不同银行类别的三重差分回归结果。结果显示所有交互项系数均显著为正，但存在如下区别，即非上市银行交互项系数高于上市银行、城商行交互项系数高于股份制银行与农商行、贷款占比

较低组交互项系数亦高于贷款占比较高组，以上结果表明随着政策力量的推动，在经济下行压力下，资产证券化对银行拨备覆盖率的提升力度（信用风险的缓解程度）在非上市银行、城市商业银行及贷款占比较低组更高。可以看出，表6-9交互项系数表现差异与表6-4基本一致，可知表6-4结果的稳健性。

表6-9　　区分银行类别的稳健性检验：三重差分模型回归结果

Variables	被解释变量：拨备覆盖率（pcl）						
	(1)	(2)	(3)	(4)	(5)	(6)	(7)
	是否上市银行分组		银行类别分组			银行贷款规模分组	
	上市银行	非上市银行	股份制银行	城商行	农商行	贷款占比低	贷款占比高
gdpt	− 1. 304 ***	3. 558	− 2. 005 *	2. 478	0. 633	− 1. 837	− 0. 666
	(0. 473)	(3. 048)	(1. 115)	(1. 854)	(0. 706)	(1. 387)	(0. 551)
dumsec	− 0. 309 **	− 1. 224 *	− 1. 218	− 0. 833 **	− 0. 261	− 0. 775	− 0. 362 ***
	(0. 118)	(0. 632)	(0. 770)	(0. 406)	(0. 191)	(0. 478)	(0. 101)
dum_gt_P	0. 622 ***	2. 329 *	1. 965 *	1. 984 ***	0. 563 **	1. 779 **	0. 592 ***
	(0. 153)	(1. 239)	(0. 988)	(0. 557)	(0. 215)	(0. 832)	(0. 138)
lr	− 0. 009 *	− 0. 007	− 0. 012	− 0. 003	− 0. 003	0. 009	− 0. 008 **
	(0. 005)	(0. 014)	(0. 013)	(0. 016)	(0. 005)	(0. 010)	(0. 004)
cdr	0. 145 ***	0. 433 *	0. 374 **	0. 208	0. 098 **	0. 194	0. 129 ***
	(0. 045)	(0. 233)	(0. 174)	(0. 144)	(0. 043)	(0. 161)	(0. 039)
roe	0. 057 *	− 0. 022	− 0. 169	0. 015	0. 133 ***	0. 074	0. 090 ***
	(0. 032)	(0. 083)	(0. 117)	(0. 046)	(0. 021)	(0. 063)	(0. 021)
ear	− 0. 190	0. 255	0. 558	1. 059	− 0. 020	1. 388	− 0. 015
	(0. 123)	(0. 227)	(0. 690)	(0. 898)	(0. 017)	(1. 138)	(0. 016)
rwa	0. 009	0. 013	− 0. 001	0. 014	0. 006	0. 014	0. 008 **
	(0. 005)	(0. 008)	(0. 029)	(0. 012)	(0. 004)	(0. 015)	(0. 003)
loan_a	− 0. 034	− 0. 227	− 0. 004	− 0. 238 *	− 0. 031	− 0. 267 *	− 0. 050 ***
	(0. 021)	(0. 148)	(0. 042)	(0. 132)	(0. 021)	(0. 159)	(0. 014)
dep_l	0. 038 **	0. 082	− 0. 071	0. 022	0. 011	− 0. 044	0. 024 *
	(0. 016)	(0. 072)	(0. 063)	(0. 032)	(0. 015)	(0. 066)	(0. 014)

续表

Variables	被解释变量：拨备覆盖率（pcl）						
	（1）	（2）	（3）	（4）	（5）	（6）	（7）
	是否上市银行分组		银行类别分组			银行贷款规模分组	
	上市银行	非上市银行	股份制银行	城商行	农商行	贷款占比低	贷款占比高
m2	- 0.065 *	- 0.064	0.301	- 0.045	- 0.019	0.021	- 0.005
	(0.033)	(0.157)	(0.181)	(0.110)	(0.051)	(0.125)	(0.034)
rate	1.238 ***	3.273	3.230 **	2.979 *	0.477	2.194 *	0.734 *
	(0.396)	(2.349)	(1.123)	(1.674)	(0.514)	(1.123)	(0.426)
_cons	- 6.446 ***	- 18.884	- 18.957 ***	- 16.201 *	- 2.613	- 11.472 *	- 3.985 **
	(2.184)	(13.145)	(6.115)	(9.110)	(2.611)	(6.183)	(1.994)
个体固定效应	是	是	是	是	是	是	是
时间固定效应	是	是	是	是	是	是	是
N	252	329	112	343	126	290	291
R^2	0.511	0.221	0.556	0.281	0.549	0.272	0.463
F	26.403	5.193	96.623	2.857	164.417	2.778	25.840

注：括号中为稳健标准误，***、**、*分别表示在1%、5%和10%的水平下显著。

三 区分银行微观特征的稳健性检验

表6-10即纳入政策因素后，区分银行微观特征差异的稳健性检验，并同样将全样本根据流动性比率、资本充足率、净资产收益率及加权风险占比中位数分组进行汇报。在前两列基于流动性比率中位数分组的结果中，仅流动性比率较低组交互项系数在1%水平上显著为正，而流动性比率较高组系数并不显著，说明在政策因素推动下，随着经济周期下行，资产证券化对银行风险的降低程度在流动性较低组更大；列（3）与列（4）结果显示，资本充足率较低组交互项系数的绝对值与显著性程度均高于资本充足率较高组，即在政策因素推动下，银行资本规模越低，资产证券化对风险的缓解力度越强；列（5）、列（6）为基于净资产收益率中位数分组的回归结果，显示两组交互项系数均显著为正，但净资产收益率较低组系数更高，表明随着政策力量推动，资产证券化对风险的改善程度在营利性较低组更高；最后两列为基于加权风险

表6-10　区分银行不同微观特征的稳健性检验：三重差分模型回归结果

被解释变量：拨备覆盖率（pcl）

Variables	流动性比率分组		资本充足率分组		净资产收益率分组		加权风险资产占比分组	
	(1)	(2)	(3)	(4)	(5)	(6)	(7)	(8)
	低	高	低	高	低	高	低	高
gdpt	-5.399	-0.675	-0.221	-4.540*	-2.496	-1.892	-4.305	-0.326
	(3.652)	(0.960)	(0.758)	(2.562)	(2.273)	(1.166)	(3.579)	(0.465)
dumsec	-1.104**	-0.109	-0.654*	-0.495	-1.180*	-0.315**	-1.140*	-0.269***
	(0.453)	(0.160)	(0.357)	(0.473)	(0.595)	(0.148)	(0.578)	(0.097)
dum_gt_t2	2.341***	0.570	1.873**	0.788*	1.726**	1.158***	0.517***	2.209**
	(0.843)	(0.345)	(0.927)	(0.448)	(0.827)	(0.362)	(0.159)	(0.982)
lr	-0.033	0.002	-0.008	-0.009	-0.027	-0.004	-0.008	-0.008
	(0.038)	(0.012)	(0.007)	(0.011)	(0.023)	(0.009)	(0.014)	(0.007)
cdr	0.472*	0.129*	0.250**	0.307	0.028	0.168***	0.358*	0.188*
	(0.259)	(0.066)	(0.111)	(0.218)	(0.182)	(0.033)	(0.183)	(0.095)
roe	-0.038	0.078**	0.064	0.038	0.101	0.106**	0.022	0.074***
	(0.091)	(0.031)	(0.050)	(0.048)	(0.090)	(0.046)	(0.089)	(0.023)
ear	0.406	0.105	-0.008	1.182	1.986	0.022	0.212	-0.189
	(0.294)	(0.272)	(0.027)	(1.016)	(1.371)	(0.170)	(0.207)	(0.135)
rwa	0.009	0.017**	-0.004	0.025**	-0.017	0.019***	-0.009	-0.004
	(0.015)	(0.008)	(0.005)	(0.011)	(0.028)	(0.005)	(0.008)	(0.013)

续表

被解释变量：拨备覆盖率（pcl）

Variables	流动性比率分组		资本充足率分组		净资产收益率分组		加权风险资产占比分组	
	(1)	(2)	(3)	(4)	(5)	(6)	(7)	(8)
	低	高	低	高	低	高	低	高
loan_a	-0.476	-0.065*	-0.022	-0.249*	-0.307*	-0.057	-0.191	-0.026
	(0.286)	(0.038)	(0.023)	(0.144)	(0.156)	(0.035)	(0.132)	(0.017)
dep_l	0.250	0.025	-0.005	0.078	0.022	0.055*	0.077	0.020
	(0.155)	(0.024)	(0.021)	(0.059)	(0.044)	(0.033)	(0.072)	(0.015)
m2	-0.280	0.008	0.038	-0.150	-0.035	-0.033	-0.081	0.014
	(0.293)	(0.061)	(0.039)	(0.118)	(0.104)	(0.087)	(0.189)	(0.031)
rate	4.700*	0.867	0.616	4.464**	2.907	1.821**	3.375	0.585
	(2.781)	(0.746)	(0.715)	(2.231)	(1.840)	(0.789)	(2.576)	(0.354)
_cons	-24.832*	-6.124	-3.305	-30.206*	-14.309	-14.081**	-19.415	-2.544
	(14.319)	(5.566)	(4.013)	(16.173)	(9.554)	(7.013)	(14.258)	(1.910)
个体固定效应	是	是	是	是	是	是	是	是
时间固定效应	是	是	是	是	是	是	是	是
N	291	290	293	288	293	288	291	290
R^2	0.311	0.185	0.337	0.281	0.384	0.238	0.160	0.417
F	3.282	7.408	38.232	2.538	1.340	12.883	10.322	7.651

注：括号中为稳健标准误，***、**、* 分别表示在1%、5%和10%的水平下显著。

资产占比中位数分组的回归结果，结果表明风险资产较高组交互项系数显著程度虽然略低，但绝对值更高，可见银行持有风险资产越高，资产证券化越有利于缓解风险。

本章小结

在经济下行压力下，资产证券化能否降低银行风险？若资产证券化能够降低银行风险，其在不同银行类别或微观特征之间的影响是否存在差异？本章根据我国银行业样本数据，基于相关理论分析与研究假说，采用双重差分法和三重差分法等估计方法，全面分析了经济周期下行背景中资产证券化对银行风险的影响，研究发现：①基本回归结果表明：在经济下行趋势中，资产证券化能够显著降低银行风险。②针对不同银行类别的分析得知，相比上市银行和规模较大银行，资产证券化更有利于降低非上市银行、规模较小银行及城商行等机构的风险，原因在于这类银行业务结构与风险管理手段相对单一，因此更偏好将资产证券化作为一项风险管理工具。③在考虑银行微观结构差异的分析中，发现对于资产流动性、资本规模、营利性越低，及风险资产占比越高的银行，资产证券化越有利于实现风险缓解，这也从侧面证实了在经济下行压力下，资产证券化可通过改善银行资产流动性、资本规模、盈利水平及风险资产占比等微观结构，以实现风险的降低。④在纳入政策因素的讨论后，资产证券化仍在经济周期下行中降低了银行风险，可知若从风险管理的角度来看，目前针对资产证券化的政策措施属于"有效的政策"。

第七章　资产证券化对银行稳定的影响研究

众所周知，在监管缺位的情况下，资产证券化的过度发展必将导致风险不断积累，并成为金融不稳定的重要推手，为此在后危机时代，各国当局开始针对资产证券化进行全面反思，学术界也深入剖析了资产证券化与金融不稳定的关系（Kara et al.，2016）。由于我国银行资产证券化发展历程并不长，还不太可能对金融稳定带来不利影响，但鉴于目前资产证券化对银行风险承担的影响特征，有必要进一步分析资产证券化与银行稳定的关系。

第一节　资产证券化与银行稳定的关系：
基于一个简化模型的分析

作为一项金融创新，资产证券化会对银行收益、成本及风险产生影响，由此影响到银行稳定。鉴于此，本章基于 Kishan 和 Opiela（2000）的银行存贷收益模型，并借鉴顾海峰和张亚楠（2018）的研究，将资产证券化创新纳入模型，以分析其对银行稳定的影响机制。该模型综合考虑了银行的存贷款规模、资本金规模、收益水平、经营成本等特征，因此可近似反映银行稳定性的变化趋势。模型假设条件如下：

假设 1：银行存款利率等于存款基准利率 r_d，从理论上讲，存款规模与基准利率呈正相关关系，但对于单一银行而言，基准利率为外生变量，在此我们令存款规模 D 也为外生变量。

假设 2：令贷款利率为 r_1，且银行贷款规模与贷款利率呈负相关关系，即 $L = L^* - ar_1$，其中 L^* 为 $r_1 = 0$ 时的贷款规模，a 为贷款规模对贷款利率变化的敏感系数，且 $a > 0$。

假设3：令银行股票收益率为 e，E^* 为 $e = 0$ 时的银行资本金规模。一般认为，资本金规模 E 与收益率呈正相关关系，即 $E = E^* + be$，b 为资本金规模对收益率变化的敏感系数，且 $e > 0$。

假设4：假定银行贷款主要来源于家庭部门的存款，及在资本市场中筹集的股本，并令银行贷款中来自存款的比例为 $t(0 < t < 1)$，则来自银行资本的比例为 $(1 - t)$，因此存在如下关系：$(1 - \rho)D = tL$，其中 ρ 为存款准备金率，且 $(0 < \rho < 1)$，同时也存在如下关系：$E = (1 - t)L$。

假说5：按照银行理论，存贷款规模越大，银行经营成本越高，因此本章借鉴顾海峰和张亚楠（2018）的研究，将银行经营成本设定为：$C = (\alpha D^2 + \beta L^2)/2$，其中 C 为银行存贷款的经营成本，$\alpha$ 和 β 分别为银行存、贷款经营的边际成本，两者均大于 0。

假说6：假定金融创新能够提高银行经营效率，并降低存贷款边际成本，这对资产证券化也不例外，因此资产证券化的发展必定与银行存贷款经营成本呈负相关关系，令资产证券化发展水平为 Sec，则存在如下关系式：

$$\frac{\partial \alpha}{\partial Sec} < 0，且 \frac{\partial \beta}{\partial Sec} < 0。$$

根据高蓓等（2016）、郭甦和梁斯（2017）、王向楠（2018）等研究，将 $z = \frac{roa + ear}{\sigma(roa)}$ 作为银行稳定的衡量指标，其中 roa 为资产收益率，ear 为资本比率（资本资产比率，也可视为净资产与总资产之比，或权益资产比），$\sigma(roa)$ 为资产收益率标准差，可以看出，z 值越高，银行资产收益率波动性越低，稳定性就越强，即若资产证券化能够提升银行资本比率和资产收益率，则有利于维护银行稳定。接下来，本章判断资产证券化对资本比率和资产收益率的影响。根据上述假设条件，可得银行存贷收益表达式为：

$$\pi = r_l L - r_d D - eE - C$$

通过整理上述假设，得到约束条件为：

$$
\begin{cases}
L = L^* - ar_l \\
E = E^* + be \\
(1 - \rho)\, D = tL \\
E = (1 - t)\, L
\end{cases}
$$

将约束条件代入银行收益表达式，并对贷款规模 L 求一阶偏导，可得：

$$
\frac{\partial \pi}{\partial L} = \frac{L^* - 2L}{a} + \frac{E^* - 2L + 2D(1 - \rho)}{b} - \beta L
$$

由此得到最优贷款规模：

$$
\bar{L} = \frac{aE^* + bL^* + 2aD(1 - \rho)}{2a + 2b + ab\beta}
$$

首先，我们剖析资产证券化对银行资本比率的影响。资本比率表达式为：

$$
ear = \frac{E}{R + L}
$$

其中，R 为银行存款准备金规模，即 $R = \rho D$，结合最优贷款规模和约束条件，整理得到资本比率表达式为：

$$
ear = \frac{aE^* + bL^* - bD(1 - \rho)(2 + a\beta)}{aE^* + bL^* + 2aD + 2b\rho D + ab\rho\beta D}
$$

若明确资产证券化对银行资本比率的影响，需要判断 $\dfrac{\partial ear}{\partial Sec}$ 的符号，而资本比率的变化又取决于经营成本的波动，为此存在如下关系式：

$$
\frac{\partial ear}{\partial Sec} = \frac{\partial ear}{\partial \beta} \cdot \frac{\partial \beta}{\partial Sec}
$$

根据资本比率表达式，可得：

$$
\frac{\partial ear}{\partial \beta} = \frac{2a^2 b\rho D^2 - abD(aE^* + bL^*) - 2a^2 bD^2}{(aE^* + bL^* + 2aD + 2b\rho D + ab\rho\beta D)^2}
$$

由上式分子项可知，$2a^2 b\rho D^2 < 2a^2 bD^2$，因此存在：

$$
2a^2 b\rho D^2 - abD(aE^* + bL^*) - 2a^2 bD^2 < 0
$$

因此有：$\dfrac{\partial car}{\partial \beta} < 0$

即 $\dfrac{\partial ear}{\partial Sec} = \dfrac{\partial ear}{\partial \beta} \cdot \dfrac{\partial \beta}{\partial Sec} > 0$

由此可知，资产证券化的发展可以提升银行资本比率。进一步地，我们分析资产证券化对银行资产收益率的影响，根据资产收益率定义，可知资产收益率表达式为：

$$roa = \frac{r_l L}{R + L}$$

将 $R = \rho D$ 与最优贷款规模表达式代入上式，得到：

$$roa = r_l \cdot \frac{aE^* + bL^* + 2aD(1 - \rho)}{aE^* + bL^* + 2aD + 2b\rho D + ab\rho\beta D}$$

为明确资产证券化对银行资产收益率的影响，需要判断 $\frac{\partial roa}{\partial Sec}$ 的符号，而资产收益率的变化也会取决于经营成本的波动，为此存在如下关系式：

$$\frac{\partial roa}{\partial Sec} = \frac{\partial roa}{\partial \beta} \cdot \frac{\partial \beta}{\partial Sec}$$

根据资产收益率表达式，可得：

$$\frac{\partial roa}{\partial \beta} = -ab\rho D r_l \cdot \frac{aE^* + bL^* + 2aD(1 - \rho)}{(aE^* + bL^* + 2aD + 2b\rho D + ab\rho\beta D)^2} < 0$$

由此可知：$\frac{\partial roa}{\partial Sec} = \frac{\partial roa}{\partial \beta} \cdot \frac{\partial \beta}{\partial Sec} > 0$

可见，资产证券化创新也有利于提升银行资产收益率。综上可知，该理论模型意味着：资产证券化与银行资本比率、资产收益率均呈明显的正相关关系，即在其他条件不变的情况下，资产证券化不仅有助于补充资本规模，有效提升资本比率，还可以降低经营成本，增加盈利水平，而资本规模和盈利水平的上升又会引起 z 值的提升，且 z 值的提升正好体现银行稳定性的增强，可见模型给出了资产证券化有助于维护银行稳定的理论证据。

第二节　样本选择与研究思路设计

一　样本选择与数据来源

遵循前文分析思路，本章继续沿用 85 家资产支持证券发行银行为研究样本（当然不包括 3 家政策性银行），该样本基本涵盖了不同性质的银行个体，并且前文已经分析，该样本银行总资产占银行业总资产之比为 86.1%，具有一定的针对性与代表性。同时，本部分的研究区间也设置为 2011—2017 年，具体数据为年度数据。与前文一致，我们基于"中国资产证券化分析网"中的"证券列表"进行整理，以统计银行 i 在第 t 年是否有发行记录及发行规模；对于银行微观特征数据，根据银行（包括上市与非上市银行）年报及 Wind 咨询进行整理；宏观经济层面数据来自国家统计局与中国人民银行官方网站。

二　变量界定及说明

借鉴高蓓等（2016）、郭甦和梁斯（2017）及王向楠（2018）等研究，以商业银行 z 值作为银行稳定衡量指标，具体计算如下：

$$z = \frac{\overline{roa} + \overline{ear}}{\sigma(roa)}$$

其中，$\overline{roa}$、$\overline{ear}$ 分别为资产收益率与净资产总资产之比（或权益资产比）移动平均值（移动平均值采用 3 年数据计算，即样本当年和前两年），分母项为资产收益率标准差。z 值越高，银行稳定性越强。按照多数文献的做法，我们对 z 值进行对数化处理。

与此同时，核心解释变量与控制变量的设定与上一章保持一致，在此不再赘述。为了消除极端值的影响，对所有连续变量进行 1% 和 99% 分位的 Winsorize 处理（各变量的界定如表 7 – 1 所示）。

表 7 – 1　　　　　　　　变量定义与描述性统计结果

变量符号	变量名称	变量定义	均值	标准差	最小值	中位数	最大值
被解释变量：							
lnz	银行稳定性	$lnz = ln\left[\dfrac{\overline{roa} + \overline{ear}}{\sigma(roa)}\right]$	4.176	0.696	1.13	4.157	5.475
核心解释变量：							
dum_sec	资产证券化虚拟变量	若发行，则 = 1，否则 = 0	0.279	0.0174	0	0	1

续表

变量符号	变量名称	变量定义	均值	标准差	最小值	中位数	最大值
sec_loan	资产证券化参与度	资产证券化规模/贷款规模	0.005	0.017	0	0	0.317
sec_level	资产证券化发行程度	根据银行资产证券化发行数量进行定义	0.663	1.1	0	0	3
银行微观层面控制变量：							
lr	流动性比率	流动性资产/总资产	0.464	0.184	0.265	0.466	0.894
cdr	资本充足率	资本规模/加权平均总资产	0.125	0.026	0.090	0.126	0.178
roe	净资产收益率	净利润/平均股东权益	0.158	0.061	0.0004	0.158	0.448
rwa	加权风险资产占比	加权风险资产/总资产	0.523	0.243	0.402	0.611	0.886
lnasset	总资产对数值	对总资产进行对数化处理	12.66	1.608	9.935	12.260	16.960
宏观经济层面控制变量：							
gdp	经济增长率	gdp = (GDPt − GDPt − 1)/GDPt − 1	7.571	0.896	6.700	7.300	9.500
m2	广义货币供应量增长率	m2 = (M2t − M2t − 1)/M2t − 1	12.270	1.902	8.100	13.300	13.800
rate	一年期贷款基准利率	——	5.431	0.813	4.350	6	6.310

三　研究思路及设计

（一）关于资产证券化与银行稳定关系的初步判断

为检验资产证券化与银行稳定的基本关系，参照高蓓等（2016）、郭甦和梁斯（2017）等研究，本章构建如下模型：

$$risk_{i,t} = c_0 + \beta_1\, sec_{i,t} + \sum_{j=1}^{n} \theta_j controls_{i,t}^{j} + v_i + \xi_{i,t} \qquad (7-1)$$

式（7−1）用来初步检验资产证券化对银行稳定的影响，i、t 分别表示银行个体和时间。$risk$ 代表银行稳定性，即 z 值的对数形式；sec

为核心解释变量，分别以资产证券化虚拟变量、资产证券化参与度及资产证券化发行程度作为代理变量；*controls* 为一系列控制变量，包括银行特征与宏观经济两个层面。

（二）资产证券化对银行稳定的影响机制或中介效应分析

进一步地，检验资产证券化对银行稳定的影响机制，即是否存在中介效应，以验证本章研究假说。我们借鉴 Baron 和 Kenny（1986）的中介效应模型，构建如下计量方程：

$$bank_{i,t} = \alpha_0 + \alpha_1 sec_{i,t} + \sum \alpha_2 controls_{i,t} + v_i + \xi_{i,t}$$

$$risk_{i,t} = \beta_0 + \beta_1 sec_{i,t} + \sum \beta_2 controls + v_i + \xi_{i,t}$$

$$risk_{i,t} = \theta_0 + \theta_1 sec_{i,t} + \theta_2 bank_{i,t} + \sum \theta_3 controls_{i,t} + v_i + \xi_{i,t} \quad （7-2）$$

在该模型中，*bank* 为银行微观层面控制变量，用来表示银行流动性、资本充足状况、盈利状况及资产规模等特征。模型（7-2）用以验证资产证券化是否通过改变资本充足状况、流动性等银行微观特征，进而影响银行稳定，即判断银行微观特征是否存在"中介效应"。

（三）纳入政策因素的稳健性检验

为了判断资产证券化与银行稳定之间的因果关系，本章继续纳入政策因素进行准自然实验，采用双重差分模型对前文结果进行稳健性检验。设定模型如下：

$$risk_{i,t} = \eta_0 + \eta_1 sec_{i,t} + \eta_2 policy_t \times sec_{i,t} + \eta_3 policy_t + \sum \varphi controls_{i,t} +$$
$$v_i + \xi_{i,t} \quad （7-3）$$

式中，*sec* 为资产证券化虚拟变量，即证券化组（处理组）取值为 1，非证券化组（对照组）取值为 0，*policy* 为政策虚拟变量。在此，我们采取基本分析中的政策研究思路，因此设置的政策变量为 2014 年年底及 2015 年年初业务审批制向备案制或注册制的转变，若 *t* 在 2015 年（包括 2015 年）之后取值为 1，否则为 0。式（7-3）中政策变量与核心解释变量交互项的系数，即体现了政策因素的影响。双重差分方法能够有效地判断资产证券化与银行稳定之间的因果关系，并克服潜在内生性问题。

第三节 基本实证结果及分析

一 资产证券化与银行稳定之间关系的初步判断

表 7 - 2 为资产证券化与银行稳定基本关系的估计结果，结果显示：资产证券化虚拟变量、参与度及发行程度系数均显著为正，说明资产证券化的发展显著提高了银行 z 值，即资产证券化有利于维护银行稳定，这与理论模型结论一致，可能是由于资产证券化能够显著改善银行流动性结构、资本充足状况及盈利水平等微观环境，并有助于实现一定程度的风险转移，由此导致风险降低，三个核心解释变量均显著为正也说明结果的稳健性。控制变量结果表明：流动性比率系数显著为正，说明流动性比率上升显著提高了 z 值，即有利于银行稳定。众所周知，流动性水平较高的银行，风险水平一般较低，主要原因在于较高的流动性比率意味着银行资产流动性结构更为优化，并有利于改善资产负债的期限错配等问题，这明显有助于维护银行稳定。资本充足率系数显著为正，体现充足的资本规模有助于银行维护稳定性，这与理论基本相符；净资产收益率系数与 z 值显著正相关，即银行盈利水平越高，稳定性越强，这亦与理论相符；加权风险资产占总资产比率系数显著为负，即风险资产占比的提升会降低 z 值，反映较高的风险资产占比对应较低的银行稳定性，这如同邱晗等（2018）指出，银行风险资产主要包括除现金、国债和储备资产之外的所有资产，风险资产占比越高，说明银行选择资产的风险越大，这不利于稳定性的维持；经济增长率与广义货币增长率系数均与银行 z 值显著负相关，这凸显银行稳定性存在周期性的变化。一般而言，宏观经济增长会助推银行信贷业务等方面的乐观情绪，并促使银行扩大杠杆以加大信贷投放力度，这将不利于稳定性的维持。同时，结合一年期贷款基准利率的结果也说明，我国银行稳定性的变化具有周期性特征。

表 7 – 2　　　　　资产证券化与银行稳定关系的基本回归结果

Variables	（1）	（2）	（3）	（4）	（5）
	lnZ			cir	nim
dum_sec	0. 837 *			– 0. 915 **	0. 417 ***
	(0. 445)			(0. 328)	(0. 135)
sec_loan		16. 270 **			
		(7. 913)			
sec_level			0. 547 **		
			(0. 235)		
lr	0. 054 **	0. 054 **	0. 054 **	0. 088 *	0. 087 *
	(0. 025)	(0. 025)	(0. 025)	(0. 049)	(0. 049)
cdr	4. 070 ***	4. 089 ***	4. 060 ***	0. 240	0. 243
	(0. 857)	(0. 865)	(0. 856)	(0. 579)	(0. 579)
roe	0. 166 **	0. 171 **	0. 168 **	– 0. 544 ***	– 0. 545 ***
	(0. 084)	(0. 084)	(0. 083)	(0. 136)	(0. 137)
rwa	– 0. 040 **	– 0. 038 **	– 0. 042 **	– 0. 023	– 0. 024
	(0. 018)	(0. 018)	(0. 018)	(0. 027)	(0. 027)
lnasset	– 1. 350	– 1. 528	– 1. 221	– 4. 219 *	– 4. 297 *
	(1. 759)	(1. 748)	(1. 744)	(2. 259)	(2. 273)
gdp	– 1. 095 ***	– 0. 933 ***	– 1. 196 ***	– 0. 246	– 0. 267
	(0. 289)	(0. 279)	(0. 294)	(0. 809)	(0. 815)
rate	– 1. 200 *	– 1. 229 *	– 1. 128	1. 864 ***	1. 824 ***
	(0. 719)	(0. 726)	(0. 715)	(0. 622)	(0. 616)
m2	– 0. 201 ***	– 0. 215 ***	– 0. 199 ***	0. 044	0. 040
	(0. 046)	(0. 037)	(0. 045)	(0. 272)	(0. 272)
_cons	43. 827	47. 627	40. 824	78. 314 **	79. 773 **
	(33. 060)	(33. 010)	(32. 677)	(35. 972)	(36. 166)
Bank	是	是	是	是	是
Year	是	是	是	是	是
N	568	568	568	568	568
R^2	0. 619	0. 619	0. 621	0. 187	0. 188
F	14. 938	14. 454	15. 804	5. 726	5. 681

注：括号中为稳健标准误，*** 、** 、* 分别表示在1% 、5% 和10% 的水平下显著。

需要注意的是，本章的模型推导有一个重要前提，即资产证券化之所以能够提高 z 值（即维护银行稳定），原因在于其能够提高银行经营效率，并降低存贷款边际成本等经营成本，为此我们纳入净息差（nim）和成本收入比（cir）进行分析，前者能够有效反映银行贷款收益与存款成本，即净息差越高，银行贷款收益越高，存款成本越低，这也从侧面说明银行存贷款业务较低的经营成本；后者即银行业务费用与营业收入之比，该比率越低，说明银行单位收入的成本支出较低，反映较高的经营效率。表 7-2 列（4）、列（5）分别以 cir 和 nim 为被解释变量的结果，显示资产证券化变量系数分别显著为负与正，说明资产证券化可显著降低银行成本收入比，并提高净息差，可见资产证券化有助于降低银行经营成本，并提高经营效率，主要原因在于：第一，资产证券化可丰富银行融资渠道（Kothari，2002）。通过出售信贷资产，银行可规避由存款资金产生的准备金及现金储备金，并且这种低成本的资产融资方式也可分摊存款融资成本，由此降低存款的边际成本。再者，资产证券化可降低银行对融资冲击的敏感性，弱化了货币当局对银行融资能力的约束（Loutskina，2011）。第二，发展资产证券化的银行，可以有效调整资产和负债结构，以缓解期限错配带来的危害，这不仅能够优化流动性结构，还有利于提高信贷效率（Goswami et al.，2009），并降低信贷经营成本。第三，资产证券化可以提高银行信贷的可得性，并降低信贷成本。从传统业务来看，银行信贷门槛一直较高，有时也会受到负债端的约束，采用资产证券化的融资方式可有效地弥补中长期资金缺口，并降低信贷成本（刘琪林、李富有，2013）。

二 资产证券化对银行稳定影响的异质性分析

区分银行类别（是否上市）与资产规模进行分析，以判断资产证券化对银行稳定的影响是否存在异质性。表 7-3 列（1）、列（2）为区分是否上市银行的结果，显示资产证券化系数均为正值，但仅在非上市银行组显著，且非上市银行组系数估计值高于上市银行，可见资产证券化能够有效维护非上市银行的稳定，而对上市银行的影响不显著。原因在于虽然上市银行是资产证券化发行主体，但相比非上市银行，上市银行拥有多元化的业务结构、更合理的财务与公司治理机制，及更多的风险缓冲渠道与更强的风险管理能力，其发展资产证券化的目的主要推动业务转型，而非管理风险。非上市银行由于规模较小，业务结构比较单一，风险管理手段较为匮乏，风险水平一般也较高，在这种客观现实下，非上市银行更有可能将资产证券化视为风险管理手段，由此导致资产证券化的银行稳定维护效应在非上市银行组较为显著。列（3）、列（4）为区分银行资产规模的结果，我们将银行以资产规模中位数进行分组，显示在资产规模较低组，资产证券化的系数显著为正，且资产规模较低组的系数估计值高于资产规模较高组，即资产证券化有助于维护资产规模较低银行的稳定性。正如上述分析所知，我国资产规模较高的银行多数为上市银行，资产规模较低的银行基本为非上市银行，列（3）、列（4）的回归结果本质上与列（1）、列（2）相吻合。表7－3结果有效反映了资产证券化对银行稳定影响的异质性特征，即对于非上市银行，或规模较小银行，资产证券化的银行稳定效应越为显著。

表7－3　　　　资产证券化对银行稳定影响的异质性分析结果

Variables	（1）	（2）	（3）	（4）
	lnZ			
	是否上市		资产规模高低	
	上市银行	非上市银行	资产规模高	资产规模低
dum_sec	0.353	0.583*	0.167	0.637**
	（0.371）	（0.338）	（0.344）	（0.258）
lr	0.026	−0.050	0.026	−0.025
	（0.045）	（0.035）	（0.028）	（0.024）
cdr	2.315***	0.403	2.809***	0.008
	（0.426）	（0.556）	（0.438）	（0.423）
roe	0.109	0.099	0.259	0.053
	（0.176）	（0.114）	（0.185）	（0.089）
rwa	−0.127**	−0.083**	−0.218***	−0.053***
	（0.053）	（0.033）	（0.075）	（0.015）
lnasset	−6.790**	−4.733	−8.123**	−10.114***
	（3.002）	（3.917）	（3.835）	（2.095）

续表

Variables	(1)	(2)	(3)	(4)
	lnZ			
	是否上市		资产规模高低	
	上市银行	非上市银行	资产规模高	资产规模低
gdp	− 1.414 *	− 0.541	− 2.024 **	− 1.519 **
	(0.713)	(1.006)	(0.803)	(0.679)
rate	− 1.425	0.697	− 0.178	− 0.617
	(1.151)	(0.659)	(0.887)	(0.933)
m2	− 0.514 **	− 0.169	− 0.349	− 0.254
	(0.206)	(0.254)	(0.259)	(0.182)
_cons	128.068 **	90.500	141.118 **	166.574 ***
	(49.449)	(61.139)	(67.792)	(30.203)
Bank	是	是	是	是
Year	是	是	是	是
N	250	318	285	283
R²	0.403	0.104	0.499	0.152
F	15.549	3.416	18.651	5.194

注：括号中为稳健标准误，＊＊＊、＊＊、＊分别表示在1%、5%和10%的水平下显著。

三 资产证券化对银行稳定的影响机制——中介效应分析

进一步，本章基于银行微观特征，考察资产证券化对银行稳定的影响是否存在中介效应，以分析资产证券化对银行稳定的影响机制，即结合表7－2的基本结果，判断资产证券化是否能够通过改善银行流动性结构、资本充足状况及盈利水平等微观环境，并实现一定程度的风险转移，进而维护银行稳定。

（一）基于资本充足状况及盈利视角的中介效应分析

在银行稳定指标 z 值中，权益资产比（ear）和资产收益率（roa）是两个重要变量，从前文逻辑也可以得知，如果资产证券化能够显著提升银行权益资产比和资产收益率，则有利于提升 z 值，即维护银行稳定，且权益资产比可视为银行资本比率，为此我们认为资本充足状况与盈利能力的变化，是资产证券化影响银行稳定的中介渠道之一。

　　基于方程组（7-2）对中介效应进行处理。表7-4列（1）为不包括任何中介变量的结果，该结果与表7-2列（1）一致，在此不再赘述。列（2）、列（3）为基于权益资产比（ear）的中介效应结果，显示资产证券化可显著提升银行权益资产比，权益资产比亦可显著提升z值，且列（3）资产证券化估计系数小于列（1）（0.451＜0.837），可见权益资产比的中介效应成立；列（4）、列（5）为基于资产收益率（roa）的中介效应结果，显示资产证券化显著提升了银行资产收益率，资产收益率也显著提升了z值，且列（5）资产证券化估计系数也小于列（1）（0.341＜0.837），即资产收益率的中介效应也成立。

　　具体来看，"监管资本套利"是资产证券化的重要作用：一方面，资产证券化可使银行在实际资本规模未发生变化的情况下，降低资产风险权重或风险加权资产额，这变相提高了名义资本比率；另一方面，银行可通过资产证券化调整资产组合。在资本标准要求相同的情况下，银行可根据自身业务偏好，调整不同风险与收益等级的资产组合，从而实现以较低资本需求量支持高收益的资产组合，或在资产收益不变的情况下提高资本规模，这不仅能够提高资本配置效率，也提高了资本收益率。无论是名义资本比率的提升，还是资本配置效率或资本收益率的上升，均有利于提高权益资产比，而权益资产比的提升等同于银行杠杆倍数或负债率的降低，这也意味着稳定性的强化。再者，资产证券化的发展，为银行创造了多元化的盈利空间，比如资产证券化的"发起—分销"模式为银行提供了市场化的"价差盈利模式"（李佳，2015），同时资产证券化也可通过提升资产周转率，以显著提高银行盈利水平（邹晓梅等，2015），因此资产证券化对银行盈利水平具有正向影响，并且银行盈利越高，稳定性就越强（高蓓等，2016）。

　　综上可知，资产证券化对银行资本充足状况及盈利水平的正向影响，可降低银行杠杆倍数及负债率，以增强银行稳定性。表7-4对资本充足状况与盈利水平的中介效应进行了有效证明，这进一步证实了理论模型。

表 7 – 4   基于资本充足及盈利视角的中介效应估计结果

Variables	(1) lnZ	(2) 权益资产比的中介效应 ear	(3) lnZ	(4) 资产收益率的中介效应 roa	(5) lnZ
dum_sec	0.837 * (0.445)	0.378 * (0.226)	0.451 ** (0.222)	0.034 * (0.017)	0.341 * (0.201)
lr	0.054 ** (0.025)	−0.013 (0.011)	−0.018 (0.023)	−0.001 (0.001)	−0.018 (0.021)
cdr	4.070 *** (0.857)	−0.332 (0.381)	1.148 *** (0.435)	−0.006 (0.014)	0.865 ** (0.378)
roe	0.166 ** (0.084)	0.054 ** (0.025)	0.026 (0.090)	0.048 *** (0.005)	0.995 *** (0.183)
ear			1.205 ** (0.477)		
roa					8.798 *** (2.745)
rwa	−0.040 ** (0.018)	−0.013 ** (0.006)	−0.068 ** (0.028)	−0.002 * (0.001)	−0.054 ** (0.023)
lnasset	−1.350 (1.759)	−1.948 *** (0.514)	−5.256 ** (2.328)	−0.253 *** (0.071)	−2.861 (2.043)
gdp	−1.095 *** (0.289)	−0.110 (0.137)	−1.096 ** (0.540)	−0.055 *** (0.015)	−0.196 (0.575)
rate	−1.200 * (0.719)	−0.100 (0.156)	−0.303 (0.471)	0.003 (0.017)	−0.495 (0.504)
m2	−0.201 *** (0.046)	−0.081 * (0.044)	−0.385 ** (0.165)	0.001 (0.005)	−0.498 *** (0.156)
_cons	43.827 (33.060)	38.901 *** (9.703)	98.949 ** (42.067)	3.903 *** (1.110)	72.868 ** (34.637)
Bank	是	是	是	是	是
Year	是	是	是	是	是
N	568	568	568	568	568
R^2	0.619	0.076	0.401	0.673	0.427
F	14.938	5.554	9.286	37.785	13.440

注：括号中为稳健标准误，***、**、*分别表示在1%、5%和10%的水平下显著。

（二）基于流动性及风险转移视角的中介效应分析

表 7 - 5 汇报了基于流动性与风险转移的中介效应估计结果，我们以流动性比率与风险资产占比作为中介变量，列（1）是包含所有核心解释变量与中介变量的估计结果，列（2）、列（3）为基于流动性比率的中介效应结果，显示资产证券化显著提升了银行流动性比率，银行流动性比率也显著提升了银行 z 值，且列（1）资产证券化估计系数低于列（3）（0.837＜1.682），可见流动性比率存在中介效应。列（4）、列（5）为基于风险转移的中介效应结果，显示资产证券化显著降低了银行风险资产占比，风险资产占比的下降亦显著提升了银行 z 值，且列（1）资产证券化估计系数也低于列（5）（0.837＜1.613），这意味着风险转移的中介效应也成立。

改善资产流动性是资产证券化一项重要功能。银行通过资产证券化创新流程，可将长期的、流动性较弱的信贷资产转换为流动性较强的现金资产或短期资产，该"流动性转换"过程不仅提高了银行资产端的流动性结构，也改善了资产负债表的期限错配等问题，而期限错配的缓解，及资产端流动性的提升均意味着银行风险的降低。同时，风险转移也是资产证券化的重要功能之一，通过将流动性较弱的长期资产剥离出资产负债表，标志着银行资产风险权重的降低，或风险的转移，这有助于对稳定性的维持产生直接效应。由此可见，资产证券化对资产流动性结构的改善，及风险转移功能的发挥，有助于强化银行稳定性，即流动性结构与风险转移可发挥资产证券化影响银行稳定的中介效应。

表 7 - 5　　　　基于流动性及风险转移视角的中介效应估计结果

Variables	（1）	（2）	（3）	（4）	（5）
	lnZ	流动性比率的中介效应		加权风险资产占比的中介效应	
		Lr	lnZ	rwa	lnZ
dum_sec	0.837*	0.291**	1.682***	−2.045*	1.613***
	(0.445)	(0.115)	(0.263)	(1.188)	(0.445)
lr	0.054**			0.074	0.051*
	(0.025)			(0.098)	(0.027)

续表

Variables	(1) lnZ	(2) 流动性比率的中介效应	(3)	(4) 加权风险资产占比的中介效应	(5)
		Lr	lnZ	rwa	lnZ
cdr	4.070***	1.896***	0.683	-0.659	4.145***
	(0.857)	(0.488)	(0.606)	(0.586)	(0.849)
roe	0.166**	0.133	-0.093	-0.550	0.063
	(0.084)	(0.375)	(0.107)	(0.495)	(0.085)
rwa	-0.040**	0.057	-0.082**		
	(0.018)	(0.077)	(0.034)		
lnasset	-1.350	6.358	-7.781***	12.634	-2.065
	(1.759)	(5.122)	(2.471)	(8.452)	(1.916)
gdp	-1.095***	0.719	-1.237*	-2.009	0.401
	(0.289)	(1.407)	(0.629)	(2.113)	(0.558)
rate	-1.200*	-2.065	-0.319	0.819	-0.571
	(0.719)	(1.804)	(0.540)	(2.104)	(0.508)
m2	-0.201***	0.888**	-0.510***	-0.092	-0.299*
	(0.046)	(0.378)	(0.169)	(0.545)	(0.175)
_cons	43.827	-67.888	147.249***	-79.240	57.287
	(33.060)	(81.595)	(43.387)	(132.024)	(36.794)
Bank	是	是	是	是	是
Year	是	是	是	是	是
N	568	568	568	568	568
R^2	0.619	0.092	0.148	0.251	0.607
F	14.938	3.561	6.211	6.771	14.538

注：括号中为稳健标准误，***、**、*分别表示在1%、5%和10%的水平下显著。

第四节　稳健性检验

为了避免银行微观特征与稳定性指标之间"双向影响"引起的内生性，本部分纳入外生政策变量，即2014年年底及2015年年初业务审批制向备案制或注册制的转变，构建面板双重差分模型对前文结果进行稳健性检验。

一 资产证券化与银行稳定关系初步判断的稳健性检验

表7-6即纳入政策因素后的双重差分估计结果，列（1）显示资产证券化虚拟变量与政策变量交互项系数显著为正，即在政策推动下资产证券化能够显著强化银行稳定性，与前文结论一致；列（2）为"平行趋势检验"，我们假设将2014年及其之后年份取值为1，重新进行双重差分估计，结果显示交互项系数虽然为正，但不显著，说明处理组和对照组具有共同趋势，即双重差分模型满足"平行趋势假设"。同时，表7-6列（3）、列（4）给出了政策背景下，资产证券化对成本收入比及净息差影响的结果，显示交互项系数显著为负与正，可见政策力量能够推动资产证券化提升银行经营效率，并降低经营成本。需要说明的是，在标准双重差分模型中，资产证券化变量和政策变量应该出现在回归方程中，但由于方程控制了银行和时间固定效应，所以个体和时间的效果已被固定效应所吸收，因此回归方程可不包括资产证券化变量和政策变量。总体来看，表7-6结果证明了表7-2结论的稳健性。

表7-6　　　　　　　　纳入政策因素的双重差分估计结果

Variables	(1)	(2)	(3)	(4)
	lnZ		cir	nim
dum_sec × Policy	1.389 *	0.422	-0.752 **	0.877 *
	(0.719)	(0.844)	(0.326)	(0.448)
lr	0.054 **	6.054 **	-0.053 **	-0.054 **
	(0.025)	(0.025)	(0.025)	(0.025)
cdr	4.065 ***	4.078 ***	4.056 ***	4.069 ***
	(0.855)	(0.860)	(0.853)	(0.857)
roe	0.170 **	0.066	0.073	0.066
	(0.083)	(0.084)	(0.083)	(0.083)

续表

Variables	（1）	（2）	（3）	（4）
	lnZ		cir	nim
rwa	− 0.042 **	− 0.039 **	0.044 **	0.040 **
	（0.017）	（0.018）	（0.017）	（0.018）
lnasset	− 1.287	− 1.377	− 1.124	− 1.315
	（1.740）	（1.750）	（1.721）	（1.753）
gdp	− 0.935 ***	− 0.907 ***	0.969	1.110
	（0.075）	（0.079）	（0.771）	（0.793）
rate	− 0.664	− 1.203 *	− 0.476	− 1.194
	（0.631）	（0.705）	（0.651）	（0.717）
m2	− 0.252 ***	− 0.157	− 0.258 *	− 0.199
	（0.057）	（0.048）	（0.153）	（0.146）
_cons	41.806	45.271	38.348	43.185
	（32.153）	（32.637）	（31.694）	（32.924）
Bank	是	是	是	是
Year	是	是	是	是
N	568	568	568	568
R^2	0.621	0.618	0.623	0.620
F	17.035	15.301	18.200	14.908

注：括号中为稳健标准误，***、**、*分别表示在1%、5%和10%的水平下显著。

二 资产证券化对银行稳定影响异质性的稳健性检验

表7-7即资产证券化对银行稳定影响异质性的稳健性检验结果。结果显示资产证券化与政策变量交互项系数在非上市银行组与资产规模较低组显著为正，而在其余组不显著，这说明在政策力量推动下，资产证券化可强化非上市银行与资产规模较低银行的稳定性，并且非上市银行交互项系数估计值高于上市银行，资产规模较低银行交互项系数估计值也高于资产规模较高银行，可见表7-7结果与表7-3基本一致。

表7-7 资产证券化对银行稳定影响异质性的稳健性检验

Variables	(1)	(2)	(3)	(4)
	lnZ			
	是否上市		资产规模高低	
	上市银行	非上市银行	资产规模高	资产规模低
dum_sec × Policy	0.362	1.414*	0.786	1.671*
	(0.736)	(0.835)	(1.174)	(0.882)
lr	0.011	-0.050	0.026	-0.025
	(0.017)	(0.035)	(0.028)	(0.024)
cdr	6.453***	0.407	2.882***	0.014
	(0.426)	(0.554)	(0.433)	(0.418)
roe	0.267***	0.102	0.272	0.056
	(0.081)	(0.115)	(0.182)	(0.090)
rwa	0.007	0.084**	0.215***	0.053***
	(0.024)	(0.033)	(0.075)	(0.015)
lnasset	-0.253	-4.707	-8.113**	-10.047***
	(1.323)	(3.932)	(3.833)	(2.105)
gdp	-0.124	-0.623	-2.102**	-1.622**
	(0.432)	(1.007)	(0.829)	(0.685)
rate	-0.160	0.896	-0.629	-0.333
	(0.598)	(0.723)	(1.090)	(0.965)
m2	-0.157	-0.195	-0.308	-0.298
	(0.101)	(0.256)	(0.262)	(0.180)
_cons	10.962	90.010	143.310**	165.502***
	(23.259)	(61.314)	(67.874)	(30.541)
Bank	是	是	是	是
Year	是	是	是	是
N	250	318	285	283
R^2	0.881	0.104	0.500	0.152
F	56.253	3.091	17.796	4.916

注：括号中为稳健标准误，***、**、*分别表示在1%、5%和10%的水平下显著。

三 资产证券化对银行稳定影响机制的稳健性检验

表7-8为基于资本充足状况与盈利视角中介效应的稳健性检验结果。列（1）仍然为不包括任何中介变量的结果，该结果与表7-6列（1）一致。列（2）、列（3）及列（4）、列（5）分别为权益资产比与资产收益率的中介效应结果，显示在政策推动下，资产证券化显著提升了权益资产比与资产收益率，并且权益资产比与资产收益率也显著提升了银行z值，同时列（3）与列（5）的交互项系数均小于列（1），可见在政策背景下，权益资产比与资产收益率中介效应成立。表7-8结果证实了表7-4结果的稳健性。

表7-8　　基于资本充足及盈利视角中介效应估计的稳健性检验

Variables	（1） lnZ	（2）权益资产比的中介效应	（3）权益资产比的中介效应	（4）资产收益率的中介效应	（5）资产收益率的中介效应
		ear	lnZ	roa	lnZ
dum_sec × Policy	1.389 * (0.719)	0.764 ** (0.371)	0.653 ** (0.237)	0.048 * (0.029)	0.932 ** (0.385)
lr	0.054 ** (0.025)	0.013 (0.010)	0.041 * (0.022)	−0.001 (0.001)	0.046 * (0.026)
cdr	4.065 *** (0.855)	−0.336 (0.381)	4.483 *** (0.588)	−0.006 (0.013)	4.217 *** (0.736)
roe	0.170 ** (0.083)	−0.052 ** (0.026)	0.136 (0.082)	0.048 *** (0.005)	0.374 ** (0.161)
ear			0.969 *** (0.171)		
roa					9.545 *** (2.625)
rwa	−0.042 ** (0.017)	−0.014 ** (0.006)	0.023 (0.016)	0.002 * (0.001)	0.022 (0.016)
lnasset	−1.287 (1.740)	−1.886 *** (0.498)	−0.568 (1.764)	−0.249 *** (0.071)	−0.020 (1.606)

续表

Variables	(1) lnZ	(2) 权益资产比的中介效应	(3)	(4) 资产收益率的中介效应	(5)
		ear	lnZ	roa	lnZ
gdp	−0. 935 ***	−0. 160	0. 548	−0. 060 ***	0. 964
	(0. 075)	(0. 131)	(0. 527)	(0. 015)	(0. 595)
rate	−0. 664	0. 155	−0. 270	0. 018	−0. 288
	(0. 631)	(0. 309)	(0. 550)	(0. 022)	(0. 541)
m2	−0. 252 ***	−0. 106 ***	−0. 239	−0. 001	−0. 334 *
	(0. 057)	(0. 037)	(0. 201)	(0. 005)	(0. 192)
_cons	41. 806	37. 314 ***	20. 860	3. 816 ***	20. 584
	(32. 153)	(8. 863)	(34. 000)	(1. 100)	(29. 754)
Bank	是	是	是	是	是
Year	是	是	是	是	是
N	568	568	568	568	568
R^2	0. 621	0. 083	0. 685	0. 674	0. 645
F	17. 035	5. 403	23. 820	40. 271	16. 988

注：括号中为稳健标准误，＊＊＊、＊＊、＊分别表示在1%、5%和10%的水平下显著。

　　表7-9为基于流动性及风险转移视角中介效应的稳健性检验结果。前三列显示在政策因素推动下，资产证券化显著提升了流动性比率，流动性比率也显著提升了z值，且列（1）交互项系数小于列（3）（1.389＜1.556）。同时，列（1）、列（4）、列（5）显示在政策背景下，资产证券化显著降低了银行风险资产占比，且风险资产占比的降低也显著提升了z值，列（1）交互项系数也小于列（5）（1.389＜1.637）。从表7-9结果可以得知，在政策因素引导下，流动性比率和风险转移的中介效应均存在，这同时说明表7-5结果与假说2、假说3的稳健性。

表 7 - 9　　　　基于流动性及风险转移视角的中介效应估计结果

Variables	(1) lnZ	(2) 流动性比率的中介效应 Lr	(3) lnZ	(4) 加权风险资产占比的中介效应 rwa	(5) lnZ
dum_sec × Policy	1.389 * (0.719)	0.507 ** (0.231)	1.556 ** (0.774)	-4.207 *** (1.499)	1.637 *** (0.055)
lr	0.054 ** (0.025)			0.072 (0.098)	0.051 * (0.027)
cdr	4.065 *** (0.855)	1.901 *** (0.490)	0.692 (0.606)	-0.629 (0.581)	4.135 *** (0.849)
roe	0.170 ** (0.083)	0.130 (0.374)	0.099 (0.108)	-0.555 (0.492)	0.065 (0.086)
rwa	-0.042 ** (0.017)	0.057 (0.077)	-0.082 ** (0.034)		
lnasset	-1.287 (1.740)	6.370 (5.132)	-7.742 *** (2.482)	12.212 (8.387)	-1.943 (1.880)
gdp	-0.935 *** (0.075)	0.633 (1.362)	-1.439 ** (0.632)	-1.729 (2.120)	0.329 (0.572)
rate	-0.664 (0.631)	-1.977 (1.920)	-0.039 (0.605)	-0.596 (2.170)	-0.142 (0.537)
m2	-0.252 *** (0.057)	0.870 ** (0.371)	-0.560 *** (0.174)	0.047 (0.555)	-0.340 * (0.189)
_cons	41.806 (32.153)	-67.559 (81.688)	147.518 *** (43.486)	-69.929 (131.215)	54.415 (35.537)
N	568	568	568	568	568
R²	0.621	0.092	0.143	0.256	0.609
F	17.035	3.620	5.369	6.952	20.254

注：括号中为稳健标准误，***、**、*分别表示在1%、5%和10%的水平下显著。

　　总体来看，本部分基于相关理论模型及研究假说，采用固定效应、中介效应及双重差分法等估计方法，全面分析了资产证券化与银行稳定的关系，研究发现：①基本结果表明：资产证券化能够实现银行部门的稳定性。②针对中介效应的分析可以得知，银行微观特征可视为资产证券化影响银行稳定的中介渠道，即资产证券化可通过提高银行流动性、资本充足状况、盈利水平，及降低加权风险资产占比，以缓解银行风险，进而维护银行稳定，这也可视为资产证券化对银行稳定的具体影响机制。③对于不同的银行类别，资产证券化对银行稳定的影响存在异质性，即资产证券化有利于实现非上市银行，或规模较小银行的稳定性。④在纳入政策因素的讨论后，资产证券化仍显著实现了银行稳定。理论上讲，对银行稳定性的讨论，我们还需要判断银行杠杆的变化，并且从现实来看，我国银行业具有持续的高杠杆经营特征，社会各界对银行"去杠杆"的呼声也越来越高（蒋海等，2019）。现有文献及上文的研究发现，初步发展的资产证券化对银行风险存在正向影响，并有利于维护银行体系的稳定性，那么为了更全面把握经济下行期，资产证券化与银行风险承担，及稳定性的关系，我们还需要进一步深入探讨资产证券化与银行杠杆变化的关系。

第五节　资产证券化对商业银行杠杆的影响

一　影响机制与假说提出

理论上讲，杠杆的波动能够综合反映银行流动性、风险性及营利性等特征，也可作为反映银行稳定性的有效变量。商业银行资产证券化的动机包括两方面：一是增加银行部门的流动性；二是将风险从表内转移至表外（高磊等，2019）。换言之，资产证券化不仅可将非流动性资产转化为流动性较强的可交易资产，使银行获取必要的流动性，实现资产流动性结构的优化，且这种资产转换方式也有助于风险转移或分散，以强化银行风险抵御能力。一般来看，银行资产规模的扩张必然伴随杠杆的上升，这不仅会增加风险承担水平（汪莉，2017），而且高杠杆的银行也面临流动性短缺等风险（项后军等，2015）。因此有理由认为：如果资产证券化能够优化银行资产流动性结构，改变融资约束以丰富流动性来源，通过风险转移等方式提升风险抵御能力，则会对杠杆增长形成抑制，即资产证券化的"流动性效应"与"风险转移"等机制，可作为影响银行杠杆变化的路径渠道，主要分析如下：

（一）资产证券化通过"流动性效应"对银行杠杆的影响机制

银行资产扩张引起杠杆增长的同时会面临一定程度的流动性风险，而且资产规模与杠杆的同向增长，及所匹配的积极资产负债表管理策略，必将导致长期资产和短期资产之结构发生变化，短期资产规模也会随之缩水。可见，银行高杠杆与流动性短缺，或资产流动性结构恶化"并存"是不争的事实。尤其在利率市场化与金融脱媒的背景下，银行越来越依赖以货币市场为主的短期性批发融资或同业融资，并通过同业杠杆导致总杠杆增长（王倩、赵铮，2018），这种融资模式不仅会提高流动性风险，也会导致负债与资产期限错配的扩大（潘彬等，2018）。

关于流动性视角下银行杠杆的变化特征，可基于资产负债的结构变化展开论述：首先，从银行负债结构与种类的变化趋势来看，一方面，原有稳定的社会公众存款在负债结构中的比重逐步缩水，取而代之的是不断扩张的同业存款或同业融资，后者规模大、波动性强及稳定性差等特点，必将对银行流动性水平产生冲击。另一方面，为了保证资产扩张所必要的流动性，银行近年来基于负债端展开了层出不穷的金融创新，这些金融创新主要以短期性主动负债工具为主，并多数面向同业机构进行流动。可见，无论负债结构的变化，抑或负债种类的多元化，均反映短期性融资机制逐渐占据银行负债的重要地位，并且面向同业的短期融资规模扩张，会通过同业加杠杆渠道导致银行杠杆增加，而银行杠杆结构的短期化，无疑会恶化流动性风险。其次，与负债结构的变化类似，在资产结构中，传统信贷类资产不再是银行加杠杆的主要通道，非信贷类资产（比如各类表内非信贷类资产）逐步成为近几年银行发展的重心。但正如崔婕等（2019）指出，非信贷类资产的不断发展可能带来资产结构与现金管理的冲突，进而导致银行个体的流动性风险。以我国为例，尽管监管机构严格规定了银行传统信贷的资金流向，但诸如各类非信贷类资产的投资标的，极有可能集中于地方政府债务、房地产平台等流动性较差的项目，这意味着虽然传统信贷资产在资产结构中的地位不断弱化，但银行依然通过各种渠道变相涉足长期信贷资源，即资产结构长期化的特征不仅没有改变，反而不断加剧。由非信贷资产发展变相带动长期信贷资源的扩张，是目前银行加杠杆的重要途径，并且资产结构持续的长期化也不利于流动性风险的改善。最后，结合银行资产负债结构的变化特征来看，负债结构短期化与资产结构长期化的"并存"是其主要趋势。理论上讲，期限错配是银行区别于非金融机构的主要特征，但不合理的期限错配不利于银行在营利性和流动性之间追求平衡。当前期限错配模式的特点在于，负债结构的短期化是由以同业负债为主的、极不稳定的杠杆结构短期化所致，同时传统信贷资产和非信贷资产均存在长期化的蔓延态势，相对于"传统业务"而言，这种期限错配已远超出"合理"边界，不仅抬高了银行部门的杠杆水平（刘瑶、张明，2019），而且不合理的杠杆结构也可能伴随流动性稀缺，最终引发流动性风险（崔婕等，2019）。

综上可知，银行杠杆上升与流动性风险及期限错配恶化的同时存在是一种常态。借助"流动性效应"机制，资产证券化对银行杠杆的影响渠道体现如下：第一，资产证券化是一项信用融资工具，以拥有固定现金流收入的信贷资产进行信用融资，且这种融资形式是一种低成本的资产融资活动，规避了由于存款准备金监管导致的准备金和现金储备支出。可见，资产证券化丰富了银行融资渠道与流动性来源，降低了银行对融资流动性冲击的敏感性（Loutskina，2011），并减少了对自有资本的消耗（张超英，2002），这均是银行维持杠杆稳定的重要基础。第二，资产证券化被视为银行流动性管理的重要工具，其不仅扩大了流动性来源，还可将非流动性资产转化为流动性资产，使其成为表内流动性的替代。在此过程中，非流动性资产与流动性资产的转换，实质体现了资产证券化对资产流动性结构的优化，提高了流动性资产在资产结构中的地位或比重，并促进了流动性资产对短期负债或同业负债的覆盖，从而有效控制短期负债膨胀与同业杠杆增长，最终实现对总杠杆的控制。第三，资产证券化对资产流动性结构的优化，也盘活了贷款等非流动性资产，有助于缓解银行资产负债的期限错配（郭红玉等，2018）。虽然银行负债结构未受影响，但资产流动性结构优化的本质就是资产结构的短期化，在负债结构的短期化趋势下，资产和负债的期限错配能够得到一定程度的缓解，这不仅有利于降低流动性风险，也有助于遏制银行杠杆的增长。据此，本章可以合理地认为，资产证券化可通过"流动性效应"机制抑制银行杠杆的增长，或促使银行杠杆下降。

（二）资产证券化通过"风险转移"对银行杠杆的影响机制

银行杠杆变化与风险承担之间存在紧密联系是不争的事实，银行杠杆"顺周期"的调整也伴随更高的风险承担水平（汪莉，2017）。具体来看，银行风险与杠杆之间的关系特点体现在：一方面，杠杆的高低及其顺周期性的强弱取决于金融中介机构的风险程度（Adrian and Shin，2013），并且杠杆的提高会降低银行信贷监督的努力程度，提高风险承担水平，即杠杆上升会加剧银行风险承担（蒋海等，2019）。不可否认，银行一般通过扩张资产规模以追求更高利润，但杠杆的上升往往也是资产扩张的结果，并且贷款占比及资产规模均对银行杠杆存在显著的正向影响，这也是银行杠杆顺周期行为的重要体现（项后军等，2015）。但资产规模的扩大并不必然反映利润的积累，反而会增大资产潜在损失的概率，可见，资产质量下降与杠杆的联动已成为目前银行部门重要的风险点（刘瑶、张明，2019）。另一方面，从监管角度而言，鉴于银行杠杆与风险之间的密切联系，针对杠杆监管的目的即防范风险的过度积累，并且杠杆率属于风险敏感性监管指标，杠杆率监管的引入也确实降低了银行风险，并对杠杆实施了较强约束（蒋海等，2019），在此过程中银行也增大了自有资本持有比例，提高了自身稳定性。对于资产质量越差的银行，杠杆率监管的引入对风险承担缓释效应越明显，即使针对资产质量较好但杠杆率指标不达标的银行，该监管模式也会对其产生必要约束（张庆君、陈思，2019）。基于上述分析可知，从银行杠杆与风险的关系，及杠杆率监管的经济效应来看，合理控制银行杠杆化程度，防止杠杆扩张，避免风险承担的过度积累是其关键点之一。

资产证券化还有一项重要功能，即风险转移，该功能可直接作用于银行风险管理，并且在风险转移后，基本也不存在"风险回流"等问题（孔丹凤等，2015）。通过风险转移功能，资产证券化对银行杠杆的影响渠道体现在：一是降低资产风险权重，进而压缩杠杆水平。"风险转移"通过"破产隔离"或"真实出售"等环节，将风险权重较高的非流动性资产"剥离"出资产负债表，并转换为流动性较强的资产，该过程不仅实现了风险最优配置，推动风险转移至市场投资者，也减少了风险暴露（Dell'Ariccia et al.，2012），而风险暴露减少的实质即压缩了银行资产结构的风险权重，实现整体风险的降低，而总风险的降低无疑可以弱化杠杆水平。二是风险转移过程其实就是贷款转让，其中所蕴含的流动性转换，实际就是资产流动性结构的优化，及资产负债期限错配问题的改善，这如同上文提到的资产证券化"流动性效应"机制，可知"风险转移"与"流动性效应"的叠加，能够共同降低银行风险承担水平，对于杠杆的降低也会产生双重效应。结合上述分析，本章可以认为，风险转移机制的有效发挥，也是资产证券化抑制银行杠杆增长的重要渠道之一。

基于上述讨论，我们认为，若资产证券化能够优化银行流动性结构，缓解资产负债表的期限错配，并改善风险承担水平，则有利于抑制杠杆增长，即借助于"流动性效应"与"风险转移"等功能机制，资产证券化可有效对银行杠杆增长进行控制。据此，本章提出基本研究假设为：

假设 a：在其他条件不变的情况下，资产证券化能够抑制银行杠杆的增长。

但是，资产证券化本身也具有顺周期性，在资产价格上升之时起到推波助澜的作用，在资产价格下跌时出现崩盘，并且若银行资产证券化发展较好，则会利用流动性转换效应进行信贷扩张，然后将新增信贷作为基础资产再次进行证券化（高磊等，2019），由此形成"资产扩张—资产证券化—资产再次扩张……"的循环，可见资产证券化具备通过扩张总资产以提升银行杠杆的作用。从风险角度来看，在后危机时代，多数文献也更加认同"资产证券化增加银行风险"的观点，资产证券化会通过银行杠杆提升与资产质量恶化等渠道导致表内风险上升（高倍等，2016），而且即使资产证券化促使银行破产风险降低，但也会通过扩大外部融资来源等方式，促进金融部门杠杆不断提升（Jiangli and Pritsker，2008；Shin，2009），并且在危机爆发之前，高度参与资产证券化的银行具有典型的杠杆顺周期行为，资产证券化在决定杠杆顺周期时也占据了主导地位（Baccalli et al.，2015）。可知，资产证券化对银行资产扩张的推动，及对风险带来的不利影响，均是导致杠杆上升的潜在因素。鉴于此，本章提出与上文相对立的研究假设：

假设 b：在其他条件不变的情况下，资产证券化提高了银行杠杆水平。

二 基本实证结果与分析

（一）资产证券化对银行杠杆影响的基本结果分析

表7-10为资产证券化对银行杠杆影响的基本检验结果。列（1）仅包含核心解释变量，列（2）在列（1）的基础上加入所有控制变量，两列均控制了银行固定效应与年份固定效应。结果发现，随着控制变量加入，资产证券化（dumsec）系数虽然略微下降，但均在5%的水平显著为负，说明资产证券化与银行杠杆增长显著负相关。根据列（2）结果可知，平均而言，相比未发行资产证券化的样本，发行资产证券化的银行能使杠杆增长率下降4.8%，可能的解释是在其他条件不变的情况下，资产证券化可通过优化资产流动性结构、缓解资产负债表的期限错配，并提高银行风险抵御能力，以显著抑制杠杆的增长，甚至推动杠杆下降，该结果说明本章假设a成立，假设b不成立。

表7-10　　　　　资产证券化对银行杠杆影响的基本结果

VARIABLES	llev			
	（1）	（2）	（3）	（4）
dumsec	-0.0521***	-0.0480***	-0.0589***	-0.0650***
	(0.0171)	(0.0160)	(0.0149)	(0.0160)
ldr		-0.1015	-0.1267**	-0.0958*
		(0.0650)	(0.0567)	(0.0493)
npl		-0.0156	-0.0396***	-0.0304**
		(0.0183)	(0.0147)	(0.0136)
roe		0.1150***	0.0949***	0.0264
		(0.0212)	(0.0196)	(0.0201)
cir		0.2306***	0.2154***	0.0963*
		(0.0462)	(0.0474)	(0.0547)
tongye_lia		0.0304***	0.0257**	0.0181
		(0.0116)	(0.0130)	(0.0130)
asset		0.3066***	0.3343***	0.1047
		(0.0773)	(0.0802)	(0.0823)

续表

VARIABLES	llev			
	（1）	（2）	（3）	（4）
deposit		− 0. 1379	− 0. 1677 *	− 0. 0526
		（0. 0881）	（0. 0867）	（0. 0904）
Constant	2. 7785 ***	1. 6105 ***	1. 3886 ***	2. 2650 ***
	（0. 0420）	（0. 3632）	（0. 3828）	（0. 4001）
year	Yes	Yes	Yes	Yes
bank	Yes	Yes	Yes	Yes
N	1096	992	881	863
R^2	0. 567	0. 678	0. 703	0. 659

注：括号中为稳健标准误，*** 、** 、* 分别表示在1% 、5% 和10% 的水平下显著。

控制变量系数表明：贷存比（ldr）和不良贷款率（npl）的估计系数均不显著，说明两者并不是影响银行杠杆变化的重要因素。净资产收益率（roe）系数在1% 的水平显著为正，表明盈利越强的银行，杠杆增长率越高，即从盈利视角表现出杠杆的顺周期性。同时，银行总资产变动与杠杆增长也在1% 的水平上显著正相关，意味着银行杠杆与资产变动也存在顺周期特征，与项后军等（2015）的结论类似，盈利水平越高或资产规模越大的银行，越会采取激进经营策略进行"加杠杆"，即资产规模扩张与逐利的需求，是推动银行杠杆上升及顺周期性的重要因素。成本收入比（cir）与银行杠杆变化在1% 的水平上显著正相关，显示经营管理能力较差的银行，或创新不足的银行具有较高的杠杆增长率，如同刘信群和刘江涛（2013）所指出，杠杆是银行经营绩效的综合体现，经营绩效越差的银行，杠杆状况越不乐观。与王倩和赵铮（2018）的观点一致，同业融资占比（tongye_lia）在1% 的水平上显著推动了银行杠杆增长，可见越依赖同业融资的银行，杠杆增长率越高，这或许是近几年我国同业融资迅速增长，并导致同业杠杆不断攀升所致。

（二）稳健性检验

1. 考虑资产证券化影响的滞后性

理论上讲，资产证券化的影响可能具有滞后性，并且资产证券化与银行微观特征之间亦可能存在双向影响，而后者是导致模型内生性的重要原因。为此，我们取资产证券化虚拟变量滞后一期值进行稳健性检验，结果见表7-10列（3）、列（4），其中列（3）对核心解释变量取一阶滞后值，列（4）对所有解释变量取一阶滞后值。检验结果发现：滞后一期的资产证券化虚拟变量（dumsec）系数均在1%的水平上显著为负，体现出资产证券化对银行杠杆增长抑制作用的滞后性，并且从列（4）可以看出，相比未发行资产证券化的样本，发行资产证券化的银行能使未来杠杆增长率下降6.5%，该结果证明了上文结论的稳健性。

2. 置换资产证券化度量方式

根据现有文献，对资产证券化以虚拟变量的形式进行度量是一种常用方式，但也有文献通过设置资产证券化发行程度变量进行处理（李佳，2019），即若银行 i 在 t 期没有发行资产证券化，取值为0；发行1次取值为1；发行1至5次取值为2；发行5次以上取值为3，为此本章将资产证券化虚拟变量置换为资产证券化发行程度进行稳健性检验，并且为了规避内生性，仍对解释变量进行滞后一期处理，结果见表7-11列（1）、列（2），列（1）仅对核心解释变量取一阶滞后值，列（2）对所有解释变量取一阶滞后值。结果发现，滞后一期的资产证券化发行程度变量（seclevel）系数在1%的水平上显著为负，进一步说明上文结论的稳健性。

3. 剔除2011—2012年样本的回归结果

我国资产证券化自2005年拉开序幕，但2008年由于金融危机的爆发，监管部门暂停了资产证券化的发展。直至2012年5月，伴随金融深化的需要，央行、银监会和财政部联合发布了《关于进一步扩大信贷资产证券化试点有关事项的通知》，标志着在经历金融危机之后，信贷资产证券化业务重新启动。为了确保全面性，我们特意纳入一次没有任何发行记录的截面数据，即2011年的样本，由于该年度没有资产支持证券发行记录，因此在稳健性检验中，我们率先将此样本剔除。再者，考虑到信贷资产证券化于2012年重启，且重启当年的发行银行仅有中国银行和交通银行，发行证券数量也很少（仅8只）①，同时重启

① 资料来源：中国资产证券化分析网（www.cn-abs.com，CNABS）。

当年资产证券化亦有可能对银行微观行为产生较大影响，为此本章也将2012年样本剔除。变换样本后的结果见表 7 – 11 列（3）、列（4），两列也是分别对仅核心解释变量与所有解释变量进行滞后一期处理，结果显示资产证券化虚拟变量在 1% 的水平上与银行杠杆增长显著负相关，即滞后一期的资产证券化显著抑制了银行杠杆增长，说明结果依然稳健。

表 7 – 11　　对核心解释变量及样本进行变换等稳健性检验结果

VARIABLES	llev			
	（1）	（2）	（3）	（4）
dumsec			– 0. 0636 ***	– 0. 0586 ***
			（0. 0159）	（0. 0166）
seclevel	– 0. 0200 ***	– 0. 0230 ***		
	（0. 0049）	（0. 0054）		
ldr	– 0. 1299 **	– 0. 0898 *	– 0. 1401 **	– 0. 1427 **
	（0. 0556）	（0. 0491）	（0. 0692）	（0. 0555）
npl	– 0. 0408 ***	– 0. 0330 **	– 0. 0414 **	– 0. 0316 *
	（0. 0148）	（0. 0138）	（0. 0184）	（0. 0163）
roe	0. 0926 ***	0. 0238	0. 0847 ***	0. 0061
	（0. 0197）	（0. 0200）	（0. 0220）	（0. 0210）
cir	0. 2197 ***	0. 0985 *	0. 1889 ***	0. 0610
	（0. 0473）	（0. 0552）	（0. 0525）	（0. 0577）
tongye_lia	0. 0290 **	0. 0212	0. 0219	0. 0169
	（0. 0130）	（0. 0129）	（0. 0142）	（0. 0164）
asset	0. 3148 ***	0. 0924	0. 3802 ***	0. 0997
	（0. 0813）	（0. 0833）	（0. 0928）	（0. 0951）
deposit	– 0. 1563 *	– 0. 0479	– 0. 1862 *	– 0. 0388
	（0. 0881）	（0. 0916）	（0. 0978）	（0. 1003）

续表

VARIABLES	llev			
	（1）	（2）	（3）	（4）
Constant	1.4619***	2.3198***	1.0182**	2.0830***
	（0.3820）	（0.4038）	（0.4641）	（0.5033）
year	Yes	Yes	Yes	Yes
bank	Yes	Yes	Yes	Yes
N	881	863	766	752
R²	0.702	0.658	0.707	0.661

注：括号中为稳健标准误，***、**、*分别表示在1%、5%和10%的水平下显著。

4. 变换银行杠杆变量，并考虑不同类别银行的异质性分析

从财务角度来看，也有文献将资产负债率作为银行杠杆衡量指标，为此本章将资产权益比置换为资产负债率进行稳健性检验，并进行对数化处理，以体现增长变化情况。检验结果见表7－12列（1），显示资产证券化虚拟变量（dumsec）系数在1%的水平上显著为负，可见资产证券化有效抑制了资产负债率的增长，即有助于减缓杠杆扩张，与上文结果一致。

不同类型银行由于资本结构、经营行为、风险承担能力等方面存在差别，杠杆变化及顺周期特征也存在很大不同（项后军等，2015），这可能导致资产证券化对银行杠杆的影响存在异质性。同时，为弥补资产方对资金的扩充需求，部分银行积极发展短期性的同业主动负债工具，以向资金宽裕的银行进行融资，这就是典型的同业加杠杆过程，该行为对中小银行尤为明显（崔婕等，2019），具体来看：第一，对于大型银行而言，若发生资金短缺，可以较为容易通过央行进行低息融资，或借助资本市场进行解决，也就是说相比中小银行，大银行拥有更多途径补充资本或融资，即拥有更多应对杠杆扩张的渠道。第二，大型银行资产负债规模更为庞大，在银行业吸纳存款中也占有较大比重，因而拥有稳定的负债渠道，流动性结构也比较稳定。第三，小型银行资金获取能力较弱，负债结构亦不如大型银行稳定，因此更容易通过短期性的主动负债进行融资，这不易于杠杆稳定的维持。鉴于此，本章推测，由于大型

银行拥有多元化的资本补充渠道，并且负债结构也较为稳定，其可能并不亟须将资产证券化创新平台作为抑制杠杆扩张的措施，而中小银行缓冲策略较少，杠杆变动幅度更大，相对而言更需要借助资产证券化创新平台以维持杠杆稳定。

为了检验资产证券化对银行杠杆变化影响的异质性，本章分别将样本划分为上市银行与非上市银行，及大型银行（包括国有银行和大型股份制银行）、城商行和农商行进行分析，检验结果如表 7 − 12 所示（均以资产负债率为被解释变量）：列（2）、列（3）为是否上市银行分组结果，列（4）—列（6）分别为大型银行、城市商业银行和农村商业银行回归结果。检验结果发现，资产证券化对非上市银行杠杆增长的抑制作用较为显著，而对上市银行的抑制作用较弱，同时资产证券化对城商行和农商行杠杆增长的抑制作用也比较显著，对大型银行的影响不显著，该结果意味着由于上市银行和大型银行拥有更多弥补资本与融资的渠道，及稳定的负债结构，其并不需要通过资产证券化抑制杠杆增长，而非上市银行和中小银行的相关渠道较为匮乏，这些银行更需要通过资产证券化拓宽融资渠道与补充资本，从而达到维护杠杆稳定的目的，该结论有效地印证了上文的推测。

表 7 − 12　　　　　　　　　区分不同类型银行的异质性分析

VARIABLES	lalr					
	（1）	（2）	（3）	（4）	（5）	（6）
	全样本	上市银行	非上市银行	大型银行	城市商业银行	农村商业银行
dumsec	− 0. 0042***	− 0. 0011	− 0. 0040**	− 0. 0004	− 0. 0035*	− 0. 0070**
	（0. 0015）	（0. 0022）	（0. 0019）	（0. 0016）	（0. 0020）	（0. 0030）
ldr	− 0. 0089	− 0. 0119	− 0. 0086	− 0. 0078	− 0. 0080	− 0. 0165
	（0. 0059）	（0. 0108）	（0. 0067）	（0. 0061）	（0. 0065）	（0. 0128）
npl	0. 0004	− 0. 0023	0. 0006	− 0. 0020	0. 0012	− 0. 0008
	（0. 0017）	（0. 0022）	（0. 0018）	（0. 0021）	（0. 0022）	（0. 0032）
roe	0. 0109***	0. 0091	0. 0111***	0. 0141**	0. 0110***	0. 0123*
	（0. 0021）	（0. 0071）	（0. 0022）	（0. 0065）	（0. 0023）	（0. 0063）

续表

VARIABLES	lalr					
	（1）	（2）	（3）	（4）	（5）	（6）
	全样本	上市银行	非上市银行	大型银行	城市商业银行	农村商业银行
cir	0. 0171 ***	0. 0178 **	0. 0156 ***	0. 0060	0. 0184 ***	0. 0077
	（0. 0045）	（0. 0079）	（0. 0051）	（0. 0068）	（0. 0055）	（0. 0069）
tongye_lia	0. 0030 ***	− 0. 0037	0. 0032 ***	0. 0011	0. 0027 ***	0. 0038 **
	（0. 0009）	（0. 0023）	（0. 0009）	（0. 0020）	（0. 0009）	（0. 0019）
asset	0. 0132 *	0. 0306 ***	0. 0143	0. 0237 ***	0. 0153 ***	− 0. 0013
	（0. 0073）	（0. 0084）	（0. 0092）	（0. 0077）	（0. 0050）	（0. 0158）
deposit	0. 0034	− 0. 0154 *	0. 0013	− 0. 0067	0. 0167	0. 0231
	（0. 0080）	（0. 0092）	（0. 0096）	（0. 0077）	（0. 0181）	（0. 0192）
Constant	− 0. 1705 ***	− 0. 1941 ***	− 0. 1372 ***	− 0. 2532 ***	− 0. 1547 ***	− 0. 1872 ***
	（0. 0360）	（0. 0451）	（0. 0324）	（0. 0797）	（0. 0447）	（0. 0549）
year	Yes	Yes	Yes	Yes	Yes	Yes
bank	Yes	Yes	Yes	Yes	Yes	Yes
N	986	273	713	128	689	169
R²	0. 708	0. 556	0. 728	0. 879	0. 703	0. 614

注：括号中为稳健标准误，＊＊＊、＊＊、＊分别表示在1%、5%和10%的水平下显著。

5. 对内生性问题的处理：纳入政策因素的双重差分结果

虽然基准回归结果与部分稳健性检验符合预期，但鉴于资产证券化与银行微观特征之间的双向影响，我们仍需进一步讨论内生性问题。理论上讲，外生性政策因素的引入是控制内生性的常用措施。与发达国家不同的是，我国金融创新包含浓厚的政策色彩，这对资产证券化也不例外，为此我们借鉴李佳（2019）的研究，纳入"2014 年年底及 2015 年年初资产证券化业务由审批制向备案制或注册制的转变"作为政策因素，并设定双重差分模型进行分析，构建模型如下：

$$llev_{i,t} = \alpha_0 + \alpha_1 Sec_i \times Post2015_t + \sum Controls_{i,t} + \sum YearEffect + \sum BankEffect + \varepsilon_{i,t} \qquad (7-4)$$

式（7-4）中，依据资产证券化虚拟变量区分处理组和控制组，赋值为 1 的为处理组，其余为控制组；政策变量 Post2015$_t$ 以 2015 年为分界点，如果观测值年份在 2015 年及以后，取值为 1，否则为 0。式（7-4）重点关注交互项系数 α_1，若系数 α_1 显著为负，说明政策因素有效推动了资产证券化对银行杠杆增长的抑制作用。结果显示（见表 7-13）：无论是否加入控制变量，在政策因素推动下，相比未发行资产证券化的银行，发行资产证券化的银行显著抑制了杠杆增长，并且替换为资产证券化发行程度变量后，交互项系数依然显著为负，这既符合理论预期，也说明了上文结果的稳健性。与此同时，为了检验双重差分模型是否满足平行趋势假设，我们定义了七个年份虚拟变量，即 year$_{2012}$—year$_{2018}$，然后将式（7-4）中的交互项替换为七个年份虚拟变量与 Sec$_i$ 的乘积，模型构建如下：

$$llev_{i,t} = \theta_0 + \sum_{t=2012}^{2018} \theta_t Sec_i \times year_t + \sum Controls_{i,t} + \sum YearEffect +$$

$$\sum BankEffect + \varepsilon_{i,t} \qquad\qquad (7-5)$$

表 7-13　　　　　　　　　基于双重差分分析的稳健性检验

VARIABLES	llev			
	（1）	（2）	（3）	（4）
dumsec × policy	-0.0692 ***	-0.0616 ***		
	（0.0181）	（0.0172）		
seclevel × policy			-0.0164 ***	
			（0.0053）	
dumsec × year$_{2012}$				-0.0348
				（0.0401）
dumsec × year$_{2013}$				0.0019
				（0.0251）
dumsec × year$_{2014}$				0.0075
				（0.0225）
dumsec × year$_{2015}$				-0.0272
				（0.0229）

续表

VARIABLES	llev			
	(1)	(2)	(3)	(4)
dumsec × year$_{2016}$				− 0.0432
				(0.0273)
dumsec × year$_{2017}$				− 0.0864 ***
				(0.0313)
dumsec × year$_{2018}$				− 0.0942 ***
				(0.0319)
ldr		− 0.0974	− 0.1016	− 0.0854
		(0.0652)	(0.0645)	(0.0664)
npl		− 0.0166	− 0.0175	− 0.0185
		(0.0184)	(0.0183)	(0.0185)
roe		0.1158 ***	0.1124 ***	0.1181 ***
		(0.0212)	(0.0212)	(0.0209)
cir		0.2278 ***	0.2333 ***	0.2277 ***
		(0.0462)	(0.0462)	(0.0462)
tongye_lia		0.0283 **	0.0325 ***	0.0275 **
		(0.0117)	(0.0115)	(0.0116)
asset		0.3136 ***	0.2984 ***	0.3178 ***
		(0.0773)	(0.0779)	(0.0766)
deposit		− 0.1469 *	− 0.1382	− 0.1510 *
		(0.0883)	(0.0892)	(0.0876)
Constant	2.7779 ***	1.6139 ***	1.6703 ***	1.6055 ***
	(0.0402)	(0.3630)	(0.3623)	(0.3618)
year	YES	YES	YES	YES
bank	YES	YES	YES	YES
N	1,096	992	992	992
R^2	0.570	0.680	0.677	0.682

注：括号中为稳健标准误，*** 、** 、* 分别表示在1%、5%和10%的水平下显著。

表7-13列（4）针对平行趋势假设的检验结果显示：在2015年及以前的交互项系数均不显著，即处理组和控制组的变化趋势在政策引入

前不存在显著差异，可知资产证券化对银行杠杆变化影响的相关指标基本符合双重差分法的平行趋势假设。由 2015 年之后的交互项系数可知，在政策推出之后，资产证券化对银行杠杆增长不仅具有显著的抑制作用，而且这种作用逐步增强，这也体现出资产证券化对银行杠杆抑制作用的滞后性特点。

6. 动态效应分析结果

为了进一步研判资产证券化对银行杠杆影响的动态效果，我们再次定义五个虚拟变量，即 $year_0$、$year_1$、$year_2$、$year_3$ 及 $year_4$，分别代表在重启之后，银行首笔资产支持证券发行当年、发行后第一年、发行后第二年、发行后第三年及发行后第四年，然后将式（7-5）中的交互项替换为五个虚拟变量与 $Sec_{i,t}$ 的乘积，并形成如下模型进行估计：

$$llev_{i,t} = \lambda_0 + \sum_{t=0}^{4} \lambda_t Sec_i \times year_t + \sum Controls_{i,t} + \sum YearEffect +$$

$$\sum BankEffect + \varepsilon_{i,t} \qquad\qquad (7-6)$$

表 7-14 针对式（7-6）的估计结果显示，资产支持证券发行当年与资产证券化虚拟变量的交互项系数（dumsec × $year_0$）均不显著，即在发行当年，资产证券化对银行杠杆变化不存在显著作用。而对其余年份与资产证券化虚拟变量的交互项系数（即 dumsec × $year_1$、dumsec × $year_2$、dumsec × $year_3$、dumsec × $year_4$）进行分析得知：在首笔资产支持证券发行之后，资产证券化对银行杠杆增长存在显著的、逐步增强的抑制作用（系数绝对值不断增加），进一步说明资产证券化对银行杠杆增长抑制作用的滞后性。

表 7-14　　　资产证券化对银行杠杆增长影响的动态分析

VARIABLES	llev					
	（1）	（2）	（3）	（4）	（5）	（6）
dumsec × $year_0$	0.0075					-0.0209
	(0.0136)					(0.0165)
dumsec × $year_1$		-0.0226*				-0.0547***
		(0.0123)				(0.0170)

续表

VARIABLES	llev					
	(1)	(2)	(3)	(4)	(5)	(6)
$dumsec \times year_2$			−0.0014			−0.0474**
			(0.0140)			(0.0202)
$dumsec \times year_3$				−0.0448**		−0.0907***
				(0.0188)		(0.0248)
$dumsec \times year_4$					−0.0335	−0.0895***
					(0.0263)	(0.0314)
ldr	−0.1024	−0.1032	−0.1028	−0.1031	−0.1009	−0.0966
	(0.0647)	(0.0647)	(0.0647)	(0.0647)	(0.0649)	(0.0654)
npl	−0.0175	−0.0175	−0.0175	−0.0161	−0.0174	−0.0139
	(0.0184)	(0.0184)	(0.0184)	(0.0183)	(0.0183)	(0.0184)
roe	0.1117***	0.1122***	0.1116***	0.1127***	0.1120***	0.1172***
	(0.0209)	(0.0210)	(0.0210)	(0.0209)	(0.0210)	(0.0210)
cir	0.2417***	0.2418***	0.2413***	0.2379***	0.2396***	0.2272***
	(0.0460)	(0.0461)	(0.0461)	(0.0460)	(0.0461)	(0.0463)
tongye_lia	0.0344***	0.0341***	0.0345***	0.0331***	0.0340***	0.0283**
	(0.0115)	(0.0115)	(0.0115)	(0.0115)	(0.0115)	(0.0117)
asset	0.2917***	0.2920***	0.2913***	0.2968***	0.2950***	0.3191***
	(0.0776)	(0.0776)	(0.0778)	(0.0773)	(0.0775)	(0.0765)
deposit	−0.1246	−0.1229	−0.1237	−0.1325	−0.1284	−0.1526*
	(0.0888)	(0.0888)	(0.0888)	(0.0885)	(0.0885)	(0.0871)
Constant	1.6228***	1.6068***	1.6184***	1.6493***	1.6259***	1.6353***
	(0.3622)	(0.3628)	(0.3631)	(0.3612)	(0.3619)	(0.3653)
year	YES	YES	YES	YES	YES	YES
bank	YES	YES	YES	YES	YES	YES
N	992	992	992	992	992	992
R^2	0.675	0.676	0.675	0.676	0.675	0.680

注：括号中为稳健标准误，***、**、*分别表示在1%、5%和10%的水平下显著。

三　影响机制讨论

（一）针对资产证券化与银行资产负债结构关系的分析

以上结果证实了资产证券化与银行杠杆增长之间的负向关系，但对该结果的内在机制尚不清晰，我们首先基于银行资产负债结构的变化进行探讨。众所周知，资产规模扩张是导致银行杠杆增长及顺周期性的重要诱因，在资产负债表规模增加时，银行往往更加偏好积极的资产负债调整策略，以推动杠杆增长（汪莉，2017）。同时，相关文献认为资产证券化可为银行信贷扩张提供支持（Altunbas et al.，2007），若银行资产证券化发展较好，则会利用流动性转换效应进行信贷扩张，然后将新增信贷作为基础资产再次进行证券化（高磊等，2019），由此形成"资产扩张—资产证券化—资产再次扩张……"的循环，可见资产证券化具有通过扩张总资产以提升银行杠杆的作用。由于前文基本结果认为资产证券化能够抑制银行杠杆增长，因此在讨论影响机制时，需要首先验证资产证券化是否通过银行资产规模变化影响杠杆。项后军等（2015）认为贷款占比的增加不仅会扩张资产负债表，也会放大银行杠杆的顺周期性，并考虑到贷款在我国银行资产结构中的重要地位，我们以贷款占比（贷款规模与总资产之比）作为银行规模代理变量，并进行对数化处理，以体现增长情况。检验结果由表 7 - 15 列（1）所示，可知 dumsec 系数虽然为负，但并不显著，说明资产证券化并未对银行贷款增长产生显著影响，即从现阶段来看，资产证券化还不是推动我国银行部门信贷增长或资产负债表扩张的重要因素，该结果也表明资产证券化并未通过扩张银行规模以推动杠杆增长。

为了从规模视角深入分析资产证券化对银行杠杆的影响机制，我们以银行融资结构变化为被解释变量，进一步剖析影响渠道，具体以债权和权益融资的对数值（llia 与 lequity）为被解释变量进行检验，结果由表 7 - 15 列（2）—列（3）所示。结果显示：资产证券化虚拟变量（dumsec）与对数化的负债规模显著负相关，与权益融资规模显著正相关，意味着资产证券化有效抑制了负债融资的增长，并推动了权益融资的扩张，其中权益融资的变化符合"资产证券化有助于银行减少自由资本消耗"（张超英，2002）的观点。很显然，上述融资结构的变化态势是银行控制杠杆稳定的重要机制，这也为资产证券化通过融资结构变化以对银行杠杆增长进行遏制提供了直接证据。

表7-15　　　　针对资产证券化与银行资产负债结构关系的分析

VARIABLES	lloan_a	llia	lequity
	(1)	(2)	(3)
dumsec	-0.0036	-0.0131**	0.0481*
	(0.0065)	(0.0060)	(0.0282)
ldr	0.7618***	-0.0042	0.1398*
	(0.0571)	(0.0128)	(0.0791)
npl	0.0345***	-0.0082	0.0015
	(0.0080)	(0.0061)	(0.0259)
roe	0.0128	0.0086**	-0.1246***
	(0.0079)	(0.0039)	(0.0338)
cir	0.0064	-0.0084	-0.2874***
	(0.0149)	(0.0148)	(0.0737)
tongye_lia	-0.0117***	0.0007	-0.0500***
	(0.0037)	(0.0030)	(0.0164)
asset	-0.9513***	0.9969***	0.8445***
	(0.0261)	(0.0185)	(0.1190)
deposit	0.8986***	-0.0070	-0.0981
	(0.0286)	(0.0298)	(0.1391)
Constant	0.5424***	-0.0137	-1.1163*
	(0.1280)	(0.1467)	(0.5791)
year	Yes	Yes	Yes
bank	Yes	Yes	Yes
N	992	992	992
R^2	0.935	0.999	0.982

注：括号中为稳健标准误，***、**、*分别表示在1%、5%和10%的水平下显著。

（二）资产证券化的流动性效应机制与银行杠杆变化

前文分析发现，资产证券化能够显著控制银行负债规模增长，进而对杠杆变化形成抑制。根据我国银行资产负债表基本特征可知，"续短为长"的期限结构是导致银行流动性风险的重要诱因，因此需要进一步分析的是，资产证券化对负债规模的负向影响，是否有助于缓解银行的期限错配？在资产证券化对银行杠杆增长的抑制过程中，"流动性效应"能否发挥应有的影响作用？

目前，规模大、波动性强及短期化的同业主动性负债融资占据银行负债结构的重要地位，这类融资模式不仅恶化了银行流动性风险，更通过杠杆结构短期化的渠道使总杠杆不断攀升，并且同业业务本身的扩张不仅导致银行杠杆的增长及顺周期性（王倩、赵铮，2018），更通过远超出"合理"边界的期限错配进一步抬高银行部门杠杆水平（刘瑶、张明，2019），而且不合理的杠杆结构不仅伴随着流动性短缺，也有可能引发流动性风险（崔婕等，2019）。在此背景下，资产证券化的"流动性效应"功能，不仅能够降低银行对融资流动性冲击的敏感性（Loutskina，2011），也有利于优化资产流动性结构，通过提高流动性资产地位或比重实现对短期负债或同业负债的覆盖，同时也可经过盘活贷款等非流动性资产，缓解银行资产负债之间的期限错配（郭红玉等，2018），因此"流动性效应"功能应是资产证券化抑制银行杠杆增长的重要机制。

为了验证资产证券化是否通过"流动性效应"机制抑制银行杠杆增长，本章借鉴盛天翔和张勇（2019）的研究，定义同业杠杆（tongye_lev）＝（总资产－所有者权益－一般性存款）/总资产，并进行对数化处理，以衡量银行流动性风险，同业杠杆越高，说明短期性同业融资规模越大，银行越有可能面临流动性风险。以同业杠杆为被解释变量，直接检验资产证券化的"流动性效应"功能，结果见表7－16列（1），显示 dumsec 在1%的水平上显著为负，即资产证券化与银行同业杠杆增长显著负相关，意味着相比不发行资产支持证券的银行，发行资产证券化的银行能够显著遏制同业杠杆增长，可见资产证券化有助于缓解银行流动性困境。理论上讲，流动性风险的缓解，应伴随资产流动性结构与期限错配的改善，因此需要进一步验证资产证券化"流动性效应"功能的发挥，是否通过优化资产流动性结构与期限错配，以抑制银行杠杆增长。我们分别按照流动性比率和贷存比中位数对样本进行分组，两者可分别反映银行资产流动性结构与期限错配状况，流动性比率较高意味着银行资产流动性结构更为合理，而贷存比较低说明银行期限错配并不严重。检验结果见表7-16列（2）—列（5），其中，列（2）—列（3）为基于贷存比中位数的分组检验，结果显示资产证券化均显著抑制了银行杠杆增长，但贷存比较高组的抑制程度更高，即期限错配较为严重的银行，更需要通过资产证券化平台对杠杆增长的抑制，说明期限错配的改善是资产证券化抑制银行杠杆增长的机制之一；列（4）—列（5）表明无论流动性比率高低，资产证券化也显著地降低了银行杠杆增长，但在流动性比率较低组，资产证券化对银行杠杆增长的控制作用更强，这体现资产流动性结构的改善也是资产证券化影响银行杠杆增长的一种机制。以上结果表明，"流动性效应"功能的发挥，及其伴随的流动性结构与期限错配的改善，是资产证券化抑制银行杠杆增长的重要渠道。

表7-16　　　　　　　　基于流动性视角的影响机制分析

VARIABLES	（1）	（2）	（3）	（4）	（5）
	tongye_lev	llev			
		贷存比较高	贷存比较低	流动性比率较高	流动性比率较低
dumsec	- 0.0607 ***	- 0.0856 ***	- 0.0542 **	- 0.0429 *	- 0.0572 **
	(0.0227)	(0.0233)	(0.0252)	(0.0252)	(0.0245)
ldr	- 0.0830	- 0.3119 ***	- 0.1039	- 0.0246	- 0.2036 **
	(0.0666)	(0.0926)	(0.0831)	(0.0838)	(0.0951)
npl	- 0.0023	- 0.0527 ***	0.0044	0.0123	- 0.0292
	(0.0199)	(0.0202)	(0.0244)	(0.0307)	(0.0182)
roe	0.0503 **	0.0384 *	0.1159 ***	0.1273 ***	0.1044 ***
	(0.0251)	(0.0212)	(0.0326)	(0.0347)	(0.0341)
cir	0.1028	0.1659 ***	0.2408 ***	0.1541 **	0.2845 ***
	(0.0743)	(0.0613)	(0.0802)	(0.0685)	(0.0691)
tongye_lia	0.2410 ***	0.0094	0.0198	0.0222	0.0635 ***
	(0.0207)	(0.0103)	(0.0210)	(0.0177)	(0.0152)

VARIABLES	(1)	(2)	(3)	(4)	(5)
	tongye_lev	llev			
		贷存比较高	贷存比较低	流动性比率较高	流动性比率较低
asset	2.1834***	0.2608**	0.4877***	0.4863***	0.1961
	(0.1223)	(0.1024)	(0.1279)	(0.1128)	(0.1305)
deposit	−1.9960***	0.0391	−0.3584**	−0.3264**	0.0896
	(0.1286)	(0.1121)	(0.1412)	(0.1312)	(0.1502)
Constant	−3.3897***	−0.0144	2.1129***	1.5538**	0.6491
	(0.4564)	(0.4975)	(0.5029)	(0.7360)	(0.5000)
year	Yes	Yes	Yes	Yes	Yes
bank	Yes	Yes	Yes	Yes	Yes
N	991	499	493	497	495
R²	0.920	0.784	0.688	0.719	0.776

注：括号中为稳健标准误，＊＊＊、＊＊、＊分别表示在1％、5％和10％的水平下显著。

（三）资产证券化的风险效应与银行杠杆变化

理论上讲，资产证券化可通过改变资产风险权重，及风险转移等机制影响银行风险承担水平，而银行杠杆与风险承担之间也存在紧密联系，由此得知资产证券化亦可通过银行风险承担的变化，进一步对杠杆增长产生影响，因此需要从风险视角剖析资产证券化对银行杠杆增长的影响机制，我们借鉴 Sobel 中介效应检验方法（Baron and Kenny，1986）进行分析，并参考郭甦和梁斯（2017）等文献的做法，将 z 值[①]作为度量银行风险承担的指标，z 值的计算过程如下：

$$z_{i,t} = \frac{ROA_{i,t} + CAR_{i,t}}{\sigma(ROA_{i,t})}$$

其中，ROA 为平均资产收益率，CAR 为权益资产之比，σ（ROA）表示平均资产收益率的标准差，我们对 z 值进行对数化处理。若 z 值较高，说明银行风险承担水平较低。表 7−17 报告了中介效应检验结果，从该表可以看出，资产证券化对银行杠杆增长存在显著的负向影响，可

---

① 注意该 z 值与 Sobel Z 值的区别，该值主要度量银行风险水平。

知发行资产支持证券的银行，能够有效控制杠杆增长，这与前文结论一致。在控制其他变量后，资产证券化与 z 值之间显著正相关，即从事资产证券化业务的银行将导致 z 值上升，风险承担水平下降，与郭甦和梁斯（2017）的结论相符。列（3）结果意味着，银行 z 值与杠杆增长之间也在 1% 的水平上显著负相关，意味着银行风险承担水平的下降会带动杠杆增长的降低，并在控制银行风险承担指标后，资产证券化对银行杠杆增长的影响程度（绝对值）从 - 0.0480 下降至 - 0.0247，可知银行风险承担中介效应的存在性。与此同时，检验结果也显示，Sobel Z 值在 10% 的水平上显著，银行风险承担路径的中介效应为 19.14%，意味着资产证券化对银行杠杆增长的抑制作用，将近 1/5 是通过风险承担的变化机制来完成的。

表 7 - 17　　　　　　　　　**基于风险视角的影响机制分析**

VARIABLES	（1）	（2）	（3）
	llev	lz	llev
dumsec	- 0.0480 ***	0.0424 **	- 0.0247 **
	（0.0160）	（0.0215）	（0.0102）
lz			- 0.5499 ***
			（0.0852）
ldr	- 0.1015	0.1573 **	- 0.0150
	（0.0650）	（0.0790）	（0.0617）
npl	- 0.0156	0.0317	0.0018
	（0.0183）	（0.0221）	（0.0108）
roe	0.1150 ***	- 0.0792 ***	0.0714 ***
	（0.0212）	（0.0303）	（0.0172）
cir	0.2306 ***	- 0.2741 ***	0.0799 ***
	（0.0462）	（0.0640）	（0.0273）
tongye_lia	0.0304 ***	- 0.0080	0.0260 ***
	（0.0116）	（0.0173）	（0.0092）
asset	0.3066 ***	- 0.2371 **	0.1762 ***
	（0.0773）	（0.1110）	（0.0655）

续表

VARIABLES	(1)	(2)	(3)
	llev	lz	llev
deposit	− 0. 1379	0. 1151	− 0. 0746
	(0. 0881)	(0. 1341)	(0. 0697)
Constant	1. 6105 ***	5. 0415 ***	4. 3827 ***
	(0. 3632)	(0. 4933)	(0. 4246)
year	YES	YES	YES
bank	YES	YES	YES
N	992	992	992
R^2	0. 678	0. 938	0. 856
Soblel Z	1. 652		
P − Value of Sobel Z	0. 098		
Indirect Effect	19. 14%		

注：括号中为稳健标准误，＊＊＊、＊＊、＊分别表示在1%、5%和10%的水平下显著。

（四）资产证券化与银行杠杆的顺周期性

进一步地，鉴于基本回归发现银行杠杆变化与资产变动之间存在显著的顺周期性，因此需要厘清的是，资产证券化对银行杠杆增长的抑制作用，是否有助于控制杠杆的顺周期性，并且在金融危机之前，发达国家多数参与资产证券化的银行具有典型的杠杆顺周期行为，而我国银行的杠杆顺周期性是否也具有此种特征，需要进行详细探讨。

大量文献表明，从银行自身行为来看，杠杆顺周期性主要体现在两方面：一方面，银行积极的资产负债管理策略是导致杠杆顺周期性的重要因素。一般来看，银行资产负债规模越大，杠杆的顺周期性越显著（Adrian and Shin，2013），并且杠杆倍数的提高也会促进贷款规模与资产负债表的扩张，即贷款规模越大或盈利水平越高的银行，越会采取激进的经营策略进行"加杠杆"（项后军等，2015）。另一方面，随着短期性同业融资在负债结构中的比重逐步加大，同业融资对银行杠杆的影响也是备受关注。同业负债的快速增长不仅提高了银行风险承担水平（黄小英等，2016），也加剧了杠杆的波动，并成为杠杆顺周期的诱因之一（王倩、赵铮，2018）。

为了基于银行自身行为的变化检验资产证券化与杠杆顺周期的关系，我们以资产证券化为调节变量，引入资产证券化与银行规模变量的交互项，并对式（7-4）做如下修正进行估计：

$$llev_{i,t} = \rho_0 + \rho_1 Sec_{i,t} + \rho_2 Sec_{i,t} \times Scale_{i,t} + \rho_3 Scale_{i,t} + \sum Controls_{i,t} +$$

$$\sum YearEffect + \sum BankEffect + \varepsilon_{i,t} \qquad (7-7)$$

式中，$Scale_{i,t}$ 为银行规模代理变量，分别代表银行贷款占比、资产、负债及同业融资占总负债之比，为了体现增长情况，我们对所有规模变量进行对数化处理。式（7-7）中，我们重点考察交互项系数 ρ_2 的变化情况，若 ρ_2 显著为负，说明随着银行规模扩张，资产证券化能够有效控制杠杆的顺周期性。检验结果如表7-18所示：列（1）—列（4）分别汇报了资产证券化虚拟变量（dumsec）与贷款占比、资产规模、负债规模及同业融资占比的交互项系数结果，结果显示除了列（1）交互性系数在10%的水平上显著为负，其余均在1%的水平上显著为负，说明资产证券化的确会弱化银行杠杆与规模变化之间的顺周期性，该结果意味着资产证券化的发展，有助于对银行规模（包括同业融资规模）扩张导致的杠杆顺周期性进行控制，这也反映资产证券化对银行杠杆增长的抑制效应，能进一步控制杠杆的顺周期性。

表7-18　　　　　资产证券化与银行杠杆顺周期变化的关系

VARIABLES	llev			
	（1）	（2）	（3）	（4）
dumsec	-0.1144 ***	0.0952 *	0.1096 **	0.0499
	(0.0418)	(0.0536)	(0.0520)	(0.0380)
dumsec × lloan_a	-0.0769 *			
	(0.0457)			
lloan_a	-0.0678			
	(0.0781)			
dumsec × asset		-0.0172 ***		
		(0.0057)		

续表

VARIABLES	llev			
	（1）	（2）	（3）	（4）
dumsec × lia			− 0. 0181 ***	
			（0. 0056）	
lia			0. 6245 *	
			（0. 3368）	
dumsec × tongye				− 0. 0141 ***
				（0. 0049）
tongye_total				− 0. 0143
				（0. 0139）
ldr	− 0. 0382	− 0. 1023	− 0. 1002	− 0. 0998
	（0. 0897）	（0. 0644）	（0. 0622）	（0. 0623）
npl	− 0. 0146	− 0. 0145	− 0. 0092	− 0. 0081
	（0. 0182）	（0. 0183）	（0. 0180）	（0. 0181）
roe	0. 1156 ***	0. 1158 ***	0. 1105 ***	0. 1099 ***
	（0. 0212）	（0. 0211）	（0. 0198）	（0. 0199）
cir	0. 2307 ***	0. 2183 ***	0. 2229 ***	0. 2197 ***
	（0. 0465）	（0. 0469）	（0. 0442）	（0. 0443）
tongye_lia	0. 0303 ***	0. 0295 **	0. 0289 **	0. 0491 **
	（0. 0115）	（0. 0116）	（0. 0115）	（0. 0235）
asset	0. 2242 **	0. 3157 ***	− 0. 3060	− 0. 3190
	（0. 1021）	（0. 0772）	（0. 3513）	（0. 3494）
deposit	− 0. 0676	− 0. 1572 *	− 0. 1542 *	− 0. 1407
	（0. 1076）	（0. 0881）	（0. 0850）	（0. 0860）
Constant	1. 7290 ***	1. 6978 ***	1. 7100 ***	1. 7221 ***
	（0. 3749）	（0. 3645）	（0. 3604）	（0. 3598）
year	YES	YES	YES	YES
bank	YES	YES	YES	YES
N	992	992	992	991
R^2	0. 680	0. 679	0. 693	0. 693

注：括号中为稳健标准误，*** 、** 、* 分别表示在1%、5%和10%的水平下显著。

本章小结

总体来看，本部分的分析发现，资产证券化的发展不仅能够对银行杠杆的增长形成抑制作用，并有助于实现银行稳定，结合前文的分析来看，在当前经济下行趋势下，资产证券化并未对银行风险带来不利影响，同时也未影响至银行稳定，可知目前我国银行资产证券化的发展处在稳定状态，其微观功能的发挥也在正常边界之内。在后续的内容中，我们将详细探讨通过资产证券化的发展维护银行稳定的具体路径，并对资产证券化的发展趋势及监管进行分析。

第八章　资产证券化发展趋势下银行稳定机制研究

目前，在我国"供给侧改革"政策框架下，资产证券化被视为盘活存量资产与提升资金使用效率的重要创新形式。从发展历程来看，资产证券化虽然推动了金融结构、金融制度及金融中介模式的变革，但也成为金融稳定向金融不稳定，乃至金融危机周期性演变的重要推手（李佳，2016）。通过前文分析可知，虽然重启不久的资产证券化并未导致银行风险承担显著上升，也未对银行稳定性及杠杆波动带来不利影响，但随着经济下行压力的趋强，不断膨胀的资产证券化对银行体系稳定的影响依然值得关注，且经济下行压力也对银行践行"金融支持实体经济"提出了更高要求，因此吸取发达国家的经验教训，在资产证券化发展趋势下，维护银行体系稳定将是一项重要的政策目标。

本章认为，在推动资产证券化迅速发展的框架下，可从微观、中观和宏观三个层面构建实现银行稳定的操作路径：一是微观层面路径，即合理控制资产证券化创新边界，明确资产证券化的功能定位。二是中观层面路径，即动态监控资产证券化引导银行风险承担的传导链条，确定资产证券化创新趋势下银行风险承担的变化态势。三是宏观层面路径，即搭建基于资产证券化创新的宏观审慎监管框架，重构纳入资产证券化后的银行监管系统（见图 8 – 1）。

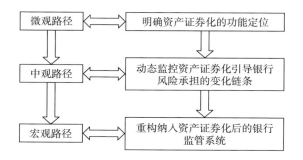

图 8 - 1 资产证券化创新背景下商业银行稳定机制路径

第一节 微观层面路径：明确资产证券化创新的功能定位

与普遍金融创新无异，微观主体关于金融功能的需求是推动资产证券化发展的主要动力（王晓、李佳，2016）。鉴于重要性，王晓和李佳（2010）将风险转移和流动性效应视为资产证券化的基本功能。总体来讲，资产证券化的功能应秉承"满足商业银行等创新者真实需求，并引导其牢固践行金融支持实体经济"的核心要义，这才是资产证券化功能的真正定位。在本章内容中，我们从流动性效应与风险转移两项基本功能出发，明确资产证券化的功能定位，从微观路径探明资产证券化创新趋势下商业银行稳定机制的基础。

一 资产证券化"流动性效应"功能之定位——"盘活"金融机构存量资产

（一）资产证券化"流动性效应"功能运作流程

"流动性效应"是资产证券化创新之基本功能，旨在解决商业银行面临的流动性困境，实现非流动资产的"盘活"。该功能的流程如下：商业银行将其持有的、拥有预期稳定现金流收入的非流动性资产，通过风险隔离机制"真实出售"至特设目的机构（Special Purpose Vehicle，SPV）。随后，SPV 以此非流动性资产的现金流为支撑发行资产支持证券。在此过程中，非流动性资产实现了两个环节的流动性转换：一是在商业银行的"资产项"中，非流动性资产转换成现金资产；二是非流动性资产通过 SPV 转换成可交易的、具有较强流动性的证券资产。这两个环节的流动性转换即"流动性效应"功能发挥的主要平台。

（二）资产证券化"流动性效应"功能之明确定位

信用中介是商业银行的核心功能，但随着资本市场的迅速发展，商业银行的资产方和负债方均面临潜在的"脱媒"风险，导致信用中介功能被不断弱化。流动性是商业银行的生命之源，为此发展资产证券化之首要功能需求即"流动性效应"。从传统流程来看，负债方是商业银行补充流动性的重要渠道，但涉及负债方的金融创新将会提升银行利息成本。而资产证券化能够从资产方缓解银行面临的"脱媒"压力，为银行提供了从资产方补充流动性的途径。具体来看，"流动性效应"功能发挥的主要平台——流动性转换机制一方面使商业银行实现非流动性资产的"盘活"，另一方面为银行提供了流动性较强的证券资产，银行可以根据自身需要实现资产结构中流动性资产的均衡配置。综合来看，"流动性效应"功能通过提升流动性较强资产的占比，或者通过"盘活"非流动性资产实现银行流动性的扩充，并使银行的流动性来源不再受制于负债方。同时，商业银行也可以通过"贷款—盘活—再贷款—再盘活……"的循环思路，实现流动性资产占比结构的灵活性。因此，关于资产证券化"流动性效应"功能的明确定位，应着力于银行非流动性资产的"盘活"。

二　资产证券化"风险转移"功能之定位——强化银行风险的控制

（一）资产证券化"风险转移"功能运作程序

作为资产证券化的基本功能，"风险转移"运作的主要程序如下：银行通过风险隔离机制将持有的信贷资产"真实出售"至 SPV，使该信贷资产及其所蕴含的风险一并转移至 SPV。随后 SPV 将其划分为不同的风险等级，并向具有不同风险偏好的投资者发行相应的资产支持证券。这就是"风险转移"功能的初步流程，该流程仅仅体现了"风险"的初步转移，即商业银行所承担的风险初步转移至市场投资者。在资本市场中有一类投资者需要注意，即投资银行，其拥有资产证券化需求者与供给者的"双重角色":一方面,作为"需求者",投资银行即资产支持证券的投资者、商业银行信贷风险转移的接受者;另一方面,作为"供给者",投资银行将再次重组持有的资产支持证券,并基于新的"基础资产"再次发行资产支持证券,以形成证券化的平方、立方等,这样初步转移的风险实现了再次转移、N 次转移等,由此扩大了风险转移链条。

(二)资产证券化"风险转移"功能之明确定位

商业银行的核心功能——信用中介需要多层次风险管理渠道为之服务,而资产证券化"风险转移"功能虽然仅是针对银行面临的信用风险,并且从理论来看信用风险属于典型的非系统风险,但若无法有效控制或化解,信用风险极有可能向流动性风险等系统性层面的风险演化,并强化银行的系统性风险暴露。从运作程序来看,资产证券化"风险转移"功能对商业银行信用风险的控制主要体现在两个方面:一方面,银行可以基于此功能转移潜在的"信用风险源",以维持资产负债表的稳健性。另一方面,通过剥离低质量的资产,银行可以缓解期限错配、结构错配与风险错配等矛盾,防止信用风险向系统性风险演化。为此,对于资产证券化"风险转移"功能之明确定位,应强化金融机构针对信用风险的控制,并防止该功能导致的风险过度转移,以及由此引起的风险链条无限扩大与风险指数化扩散。

总之,从微观层面来看,随着资产证券化发展不断加快,维护银行体系的稳定,首先要得益于资产证券化功能的明确定位,而功能的定位必须基于银行真实需求的有效满足,资产证券化创新边界的确定也必须以功能为视角,以防止针对功能的过度使用而导致的风险扩散。

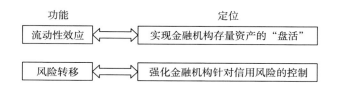

图 8 - 2 资产证券化功能定位的基本概览

第二节　中观层面路径：动态监控资产证券化对银行风险承担的影响链条

明确资产证券化的功能定位，旨在维护资产证券化创新边界。但从实践来看，资产证券化功能发挥超出创新边界属于常态，并导致银行风险承担上升（Archarya et al.，2013；Elul，2016；Kara et al.，2016）。理论上讲，一定程度的风险承担有助于银行拓展业务，但风险过度承担将不利于银行稳定。本部分内容即是以上述功能为出发点，阐述资产证券化影响银行风险承担的传导链条，并力求实现针对该传导链条的动态监控，从中观层面构建资产证券化创新趋势下商业银行的稳定路径。

一　动态监控资产证券化"流动性效应"功能对银行风险承担的影响

从定位来看，"流动性效应"功能在于有效"盘活"银行之存量资产，并帮助银行获得充足的流动性。但该功能的过度发挥，必将引致以商业银行为核心的流动性扩张（李佳，2015），并且这种流动性扩张属于"虚拟化"的内生流动性扩张（Bervas，2008），无疑将导致银行风险承担上升。

（一）资产证券化"流动性效应"功能影响银行风险承担的传导链条

资产证券化"流动性效应"功能导致商业银行流动性扩张主要体现在两方面：一方面，"流动性效应"功能强化了商业银行流动性扩张能力。该功能提供的流动性转换平台，使商业银行可以"盘活"非流动性资产，以缩短这些资产的期限，实现现金流的迅速回流，从而获得了更多的流动性资源，并且该功能从资产方为商业银行补充流动性，使商业银行不再受制于负债方，同时也不受央行存款准备金制度的约束。在这种情况下，商业银行不仅可以改善自身流动性，也可以通过将非流动性资产的循环"盘活"方式，为借款人提供更多信贷资源，为此可以产生比传统货币乘数更大的流动性扩张效应。

另一方面，被强化了的商业银行流动性扩张将与市场流动性扩张形成正向循环。"流动性效应"功能引致的银行流动性扩张，体现了银行更高的风险偏好，同时也提高了银行循环"盘活"非流动性资产的倾向，这为市场流动性扩张提供了基础性条件。当然，银行流动性扩张引起的信贷扩张，将增加市场投资者的资金规模，投资者对资产支持证券的需求也会提高。可见，银行流动性扩张将通过需求与供给两个角度推动市场流动性扩张。与此同时，市场流动性扩张将弱化资产支持证券的交易难度，并且投资者在构建多元化资产组合时也会增加对资产支持证券的配置需求，这反过来又要求商业银行扩大资产证券化的发行规模，而资产支持证券发行规模的扩大又会引起银行流动性扩张。

由此可见，资产证券化"流动性效应"功能强化了以银行为核心的机构流动性扩张，并且由机构流动性扩张引致的信贷扩张，体现了银行风险偏好的提升，而银行风险偏好的提升又促使机构流动性扩张与市场流动性扩张的正向循环，并导致"虚拟化"的内生流动性扩张。该过程不仅反映银行风险承担的上升，也使银行出现一定的系统性风险暴露（见图8-3）。

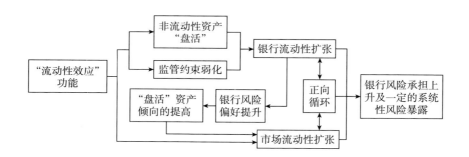

图8-3 资产证券化"流动性效应"功能影响银行风险承担的传导链条

（二）动态监控资产证券化"流动性效应"功能影响银行风险承担的传导链条

通过论证可知，资产证券化"流动性效应"功能对银行风险承担的影响并不是一蹴而就的，而是存在一个动态的传导链条，因此为了防止"流动性效应"功能导致银行风险过度承担，我们有必要从动态视角出发，对整个传导链条进行监控。第一，对银行通过"真实出售"获取的流动性资源进行监控，相应的监控指标即资产证券化创新所构建的基础资产池规模。第二，监控流动性转换平台的运作。基础资产向流动性的转换是"流动性效应"功能的核心环节，在此要监控基础资产"真实出售"后的流动性资产占比指标，同时鉴于银行有可能会配置部分资产支持证券，因此要对所配置资产支持证券的结构，及其信用等级的变化进行监控。第三，鉴于银行对非流动性资产的循环"盘活"方式可能会导致机构流动性扩张，并引起机构流动性扩张向市场流动性扩张传导，为此要主动设定相应的发行期间，并监测每个期间银行所主导的资产支持证券发行规模。第四，可以考虑预测市场投资者对资产支持证券的配置需求，从而监测由市场流动性扩张所导致的银行资产证券化发行倾向。

经过分析可知，"流动性效应"功能对银行风险承担的影响呈现出一种动态路径，为了防止银行风险过度承担及其产生的系统性风险暴露，我们有必要对该传导路径进行动态监控，依次对资产证券化创新的基础资产池规模、流动性转换平台、银行关于非流动性资产的循环"盘活"倾向以及市场投资者对资产支持证券的配置需求等方面进行监控或预测，当然对相关指标的监测也需要循环进行。通过对"流动性效应"功能相关环节的监测，有利于挖掘银行基于该功能的资产证券化创新边界，从而有效控制银行风险承担水平。

二　动态监控资产证券化"风险转移"功能对银行风险承担的影响

"风险转移"功能旨在强化金融机构针对信用风险的控制，但针对该功能的过度使用也会改变银行风险偏好，并通过一系列路径影响银行风险承担。从危机的实践来看，相比"流动性效应"功能，"风险转移"功能似乎能对银行风险承担带来更大的影响，并且多数学者也是基于"风险转移"功能展开研究（Elena et al.，2015；Bertay et al.，2016；Elul，2016）。为此，本部分内容力求构建一条完整的资产证券化"风险转移"功能影响银行风险承担的传导链条，并探讨针对该传导链条的动态监控机制。

（一）资产证券化"风险转移"功能影响银行风险承担的传导链条

通过"风险转移"功能，商业银行能够转移资产负债表中潜在的信用风险，并缓解期限错配、结构错配与风险错配等矛盾。但"风险转移"功能的这些正向溢出效应反而导致银行风险偏好不断提升，并使反映银行风险承担水平的资产负债结构、流动性结构、期限结构和风险结构等环节出现不利变动，由此导致银行风险承担上升，也就是说资产证券化"风险转移"功能首先影响到银行风险偏好，而风险偏好又将通过诸多路径影响至银行风险承担，这即是资产证券化"风险转移"功能影响银行风险承担传导链条的基本概况。

第一，"风险转移"功能拓宽了银行风险管理渠道，银行在发放贷款时可以不考虑信用风险等问题，即便是低质量的信贷资产，银行也可以通过该功能进行剥离和风险转移。为此，"风险转移"功能的存在，一方面弱化了银行的激励约束机制，致使银行不断降低持续监督借款者行为的动机；另一方面将使银行激励扭曲或道德风险等问题出现，银行可能会主动追求或索取质量较低的信贷资产。可见，被弱化了的银行激励约束机制，将使银行出现潜在的道德风险，这无不体现银行风险偏好的上升，并推动银行信贷标准的降低与高风险资产占比的提升，资产规模的风险结构也不断恶化。同时，市场型金融机构（比如投资银行）也会介入至银行资产证券化创新流程，成为银行信用风险的潜在分担者或接受者，及银行激励约束机制弱化的重要推手。这是"风险转移"功能导致银行风险承担上升的重要途径之一。

第二，上面已经提到，资产证券化的"风险转移"功能，将通过弱化银行激励约束机制促使银行提升高风险资产占比与风险权重，这无疑增加了加权风险资产总体规模，并降低资本充足率，银行资本金吸收损失的能力也将弱化，这对于改善风险承担状况是不利的。再者，通过"风险转移"功能，银行可以实现潜在信用风险的循环转移，即进入"信贷资产发放—风险转移—信贷资产再发放—风险再转移……"的循环，因此不断弱化的激励约束机制将促使银行扩大负债规模，为不断扩张的信贷资产补充资源，为此体现银行风险承担水平的资产负债率和杠杆倍数都将提升，银行资产负债结构也将恶化。

第三，理论上讲，"风险转移"功能将通过剥离潜在信用风险，可以与"流动性效应"功能相配合，以改善商业银行的流动性结构及资产项中的流动性资产占比。但"风险转移"功能所促使银行风险偏好的提升，将通过多种途径增加银行的高风险资产占比，并降低信贷标准，而这些质量较低的资产组合多数以长期资产的形式出现，可见，"风险转移"功能对银行流动性错配与期限错配的改善不仅是有限的，反而有可能再次恶化两种错配，从而提升银行风险承担。

与"流动性效应"功能一样，"风险转移"功能对银行风险承担的影响也呈现出一种动态链条，但与"流动性效应"功能不同的是，该功能直接影响银行风险偏好，并通过一系列途径导致银行资产负债结构、流动性结构、期限结构和风险结构等环节出现恶化，从而致使银行风险承担上升（见图 8 - 4）。若无法准确进行定位，"风险转移"功能也会不利于银行风险承担水平的维持，并导致潜在的银行脆弱性。

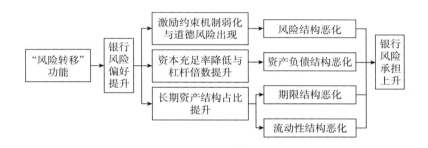

图 8 - 4　资产证券化"风险转移"功能影响银行风险承担的传导链条

（二）动态监控资产证券化"风险转移"功能影响银行风险承担的传导链条

鉴于"风险转移"功能对银行风险承担影响的动态特征，我们也必须以动态视角进行监控：第一，与"流动性效应"功能相类似，我们需要对银行资产证券化所构建的基础资产池进行监控，包括基础资产池中的资产结构、资产信用级别及资产规模，以初步掌控待转移信用风险的风险等级、具体规模等。但与"流动性效应"功能不同的是，由于"风险转移"功能会提高银行风险偏好，因此银行可能会步入风险转移的循环路径，并且资产支持证券的循环发行可能会引起风险过度转移或扩散，这不仅不利于银行风险承担，还有可能导致银行体系及金融体系的不稳定，因此在每一个会计区间，必须要求银行详细披露资产支持证券发行次数，及相应基础资产池的具体结构和质量等信息。

第二，资产证券化"风险转移"功能首先影响至银行风险偏好，而风险偏好的变化将弱化银行的激励约束机制，并引起道德风险出现，为此银行的信贷标准及质量都有可能出现下降，为此需要动态核查资产支持证券发行银行的信贷标准，并严格审查银行整个信贷流程（包括贷前审批和贷后管理等机制），对基础资产池中的低信用等级资产规模规定严格的上限。

第三，银行风险偏好变化带来高风险资产占比的提高，将增加整个资产的风险权重，为此必须动态监控银行资本充足率的变化，要求银行详细披露资本充足率"分母项"的核算过程。此外，资本充足率的变化，及银行风险偏好所带来"负债项"和"资产项"的同时扩张也会带来杠杆倍数的波动，因此也需要动态监控银行杠杆倍数的变化，严格规定资产支持证券发行银行杠杆倍数的上限。

第四，"风险转移"功能也可能会恶化银行的流动性错配和期限错配，虽然从营利性角度而言，银行需要持有一部分流动性较低、期限较长的资产，但如果过度持有将会引起较高的风险承担水平，所以这里就存在一个"边界"的问题。因此，需要动态监控资产支持证券发行银行的长期资产占比，防止银行出现过度的期限错配和流动性错配。

相比"流动性效应"功能，"风险转移"功能对银行风险承担的影响更为复杂。通过分析传导链条可知，该功能是通过影响银行风险偏好，进而影响风险承担水平，为此关于该传导链条，首要监测的环节即由风险偏好引起的激励约束机制变化，在此基础上进一步监控银行基础资产池结构、信贷标准、高风险资产占比、资本充足率、杠杆倍数及长期资产占比等指标，当然与"流动性效应"功能类似，对于这些指标也需要循环监控，防止风险过度承担、过度转移及过度扩散。通过对"风险转移"功能相关传导链条的监控，力求有效控制银行基于该功能的资产支持证券创新边界，从而防止风险过度承担。

总之，资产证券化功能的发挥超出应有边界属于常态，针对功能的过度使用会导致银行风险承担的提升，并不利于银行稳定与金融稳定，为此我们有必要动态监控资产证券化相关功能对银行风险承担的影响，从中观层面构建资产证券化发展趋势下商业银行的稳定路径。在此基础上，为了更好地维护资产证券化发展趋势下的银行稳定性，我们还必须从宏观层面进行考虑，并构建纳入资产证券化创新后的银行监管体系。

第三节　宏观层面路径：重构纳入资产证券化创新后的银行监管体系

资产证券化创新的引入，虽然为银行等金融机构提供了一系列可供利用的功能体系，但其负外部性效应也极其明显，因为资产证券化的基本功能在致使银行风险承担上升的同时，由于金融机构之间存在大量的资产支持证券交易，与基本功能的过度使用，以及出现的风险过度转移与内生流动性扩张，使银行体系存在严重的系统性风险传染、扩散及暴露，这也意味着资产证券化的发展促使银行体系形成一种非常复杂的网状结构。为此本章认为在动态监控资产证券化创新对银行风险承担影响链条的基础上，还需以宏观审慎监管为框架，重构纳入资产证券化创新后的银行监管体系。

一　加强资产支持证券创新或交易银行的资本要求

相关研究表明，随着核心资本充足率的提高，系统性风险的传染范围和频率都会随之下降（晏富贵、倪志凌，2015）。对于宏观审慎管理而言，资本监管是一项重要内容。随着资产证券化发展和交易规模不断扩大，应逐步强化银行的资本要求，这也是提高银行风险管理能力、防止风险传染的重要环节，在此基础上还应对如下几个方面进行考虑：首先，根据逆周期性和前瞻性原则构建拨备制度，在资产支持证券价格的顺周期性波动与价值上升周期时多计提拨备，对公允价值的顺周期性进行缓冲，并缓解事后贬值带来的损失；其次，鉴于银行资产支持证券的交易与杠杆率相关性较强，应跟踪与监测杠杆率的顺周期性变化；最后，基于逆周期性的方式计提流动性资本，为银行利用资产证券化"流动性效应"功能带来的负面作用提供保险，并实现商业银行流动性错配的平滑。

二　从宏观层面控制资产证券化创新规模，并基于分散化视角构建基础资产池

从宏观层面来看，必须控制资产证券化创新的整体规模，防止风险在银行之间过度转移，并降低系统性风险的传染效应。对于资产证券化创新规模的控制，可以从两个方面进行展开：一方面，控制银行资产证券化发展的总体规模，以控制宏观层面上可能存在的系统性风险传染，整体规模的控制其实也在微观角度进一步控制了银行风险承担上升的空间。对于银行资产证券化创新总体规模的控制，要从总体证券化创新规模占总体银行资产比重，及单家银行资产证券化创新规模与该家银行总资产之比两个方面进行考虑。另一方面，基于分散化原则构建资产证券化的基础资产池，比如可以考虑规定同类资产支持证券的规模占比上限。当然，对于单个银行资产证券化的基础资产池、银行关于同类资产支持证券的持有情况也必须赋予类似规定。对资产证券化发展规模的控制是防止发行银行出现关于基本功能过度使用现象的重要途径。

三　强化纳入资产证券化创新后银行资产负债的宏观审慎管理

从单个银行来看，资产负债管理的真实目标，在于规划与控制银行资产、负债及资本金水平的总量和结构，以实现安全性、流动性和营利性的动态均衡。而金融危机的实践表明仅靠加强单一银行的监管不足以实现金融稳定，应当强化整个银行体系的风险监测。在纳入资产证券化创新后，银行资产、负债的规模与结构均会发生变化，并且银行网状结构的形成也是资产负债表之间相互联系的不断深化而促成。为此，需要从宏观审慎管理角度，强化纳入资产证券化发展后的银行资产负债管理，从宏观层面力求使银行系统的资产负债结构、流动性结构、风险结构与期限结构达到均衡，或向均衡收敛，从而缓解银行体系内部的系统性风险暴露（在第九章中我们会深入分析针对资产证券化的宏观审慎监管框架）。

四　对参与资产支持证券创新与交易的商业银行实施"差别化"管理

从空间维度来看，资产证券化强化了银行之间的联系，但在银行体

系的这种网络结构中，不同规模的银行在风险传染中的作用也不尽相同。其中，系统重要性银行必然是行业内与其余银行联系较为紧密、参与资产证券化业务与交易较为集中的银行，为此有必要实施"差别化"管理，尤其是强化系统重要性银行的管理：第一，对于系统重要性银行，应形成"系统重要性清单"给予监管，包括相应的杠杆率、交易量及风险特征等，对清单里的信息进行注册登记，并监测相应的风险传导特性。第二，考虑征收"金融稳定贡献税"，即根据资产支持证券发展或交易的杠杆率、流动性、风险暴露及资产负债结构错配等指标，对系统重要性银行征税，以降低这些机构由于"大而不倒"产生的道德风险。第三，对系统重要性银行关于资产支持证券的交易（尤其是自营业务）进行一定程度的限制，必要时候可以考虑针对这类机构建立风险隔离机制，防止风险扩散。第四，对于参与资产支持证券业务或交易的中小银行，主要从风险隔离的角度强化管理，防止风险过度承担。

五　注重纳入资产证券化创新后银行宏观审慎管理的政策安排

从宏观审慎管理层面考虑纳入资产证券化发展后的银行监管系统，还必须合理安排相应的管理政策：首先，资产支持证券的创新或交易银行，必须与监管机构之间构建良好的信息沟通机制，及时将自身所涉足的资产支持证券创新或交易等信息与监管部门共享；其次，对于针对银行资产证券化业务的宏观审慎监管政策，应根据宏观经济环境、市场环境等方面的变化进行及时调整；最后，在资产证券化发展的主导下，银行体系与金融市场之间的联系必然不断强化，因此针对银行的宏观审慎管理政策应与其他金融行业的监管政策相配合，构建跨机构、跨市场和跨产品的监管体系，当然也要加强与宏观经济政策的联系（在第九章中我们会深入分析针对资产证券化的宏观审慎监管框架）。

本章小结

目前，在以"供给侧改革"为主导的政策框架下，资产证券化发展的提速对于盘活金融资产存量与提高资金使用效率具有重要作用。从理论上看，资产证券化的风险转移、流动性效应等功能，对于提高银行风险管理能力，及"盘活"存量资源发挥了有效作用。但从危机实践来看，针对功能的过度使用确实导致了银行风险承担，并不利于金融稳定。为此，本章认为，作为一项重要的金融创新技术，我们必须基于理性视角对资产证券化发展进行审视，采取"鼓励 + 审慎"的态度推动资产证券化发展，并力求合理使用资产证券化的基本功能，同时明确基本功能的定位，在此基础上，动态监测资产证券化基本功能对银行风险承担影响的传导链条，为合理判断银行风险承担变化态势提供一条路径，并考虑搭建针对资产证券化的宏观审慎监管框架，重构纳入资产证券化后的银行监管系统，从而为资产证券化的基本功能在一定区间内发挥效应提供"双保险"，以实现通过资产证券化的发展盘活金融资源存量与维护银行稳定的"双赢"。

第九章 经济下行期我国银行资产证券化发展的策略启示

在经济下行压力下，资产证券化的发展并未对银行风险承担带来不利影响，同时也未影响到银行稳定。但是通过对比发达国家的经验可知，随着资产证券化市场不断扩张，其必将促进银行体系与金融市场深度融合，并对金融体系的稳定性形成冲击。当前，"防范化解重大风险"攻坚战为金融服务实体经济提出了更高要求，为此，在政策因素的大力推动下，资产证券化能否有效发挥相关功能，并推动金融结构的优化成为我们关心的重要议题。在此背景下，随着经济下行压力不断趋强，有必要详细探讨我国资产证券化的发展及监管趋势。

第一节 资产证券化的发展目标：渐进式推动金融结构的优化

长期以来，以银行为核心的间接融资是我国融资体系的主体，我国金融体系一直是秉承"银行主导型"的模式，该模式为提高资金融通效率，推动储蓄向投资转化等方面发挥了巨大作用。随着经济增长进入下行期，"银行主导型"金融体系结构的弊端开始不断显现，信贷风险的积累、中小企业融资难题等问题的出现，与我国长期间接融资占据主导存在很大关系。因此在经济下行压力下，作为一项可连接银行机构与金融市场的金融创新流程，资产证券化的发展，应能有效改变目前间接融资独大的现象，并实现金融结构的优化。

一　重构投资者结构，引导投资者发展的多元化

对于金融结构的优化，首先要引导投资者发展的多元化，通过培育多元化的投资者反哺金融结构的优化，因此可以借助资产证券化迅速发展的契机实现投资者的多元化：第一，着力培养机构投资者，实现资产证券化投资者的合格化。机构投资者具有不同的投资需求与特点，而资产支持证券产品也有一定的特殊性，可以根据不同的基础资产和分层结构，设计出具有不同收益与风险特征的证券，从而满足不同的投资需求，这样具有多元化特征的资产支持证券，可以对多元化的投资者进行培育。同时，由于机构投资者专业水平普遍较高，对这类投资者的引导和培育，也有助于他们更多涉足夹层级与次级资产证券化产品，从而推动资产证券化市场广度的延伸。第二，适当允许合格的个人投资者参与资产支持证券交易。从目前来看，一些个人投资者具有丰厚的资金实力，及丰富的投资经验，这类投资者不应被隔离出资产支持证券市场。第三，大力吸引境外投资者（包括机构投资者和个人投资者）参与资产证券化交易。吸引境外投资者进入我国资产证券化市场，不仅能够优化投资者结构，也有助于提升金融市场投资者的专业投资水平，并且境外投资者的进入，对于促进资产证券化市场的长期发展、盘活信贷资产、提升资金的使用效率、实现金融机构的风险转移及分散也具有重要意义。目前，我国开展"债券通"的目的就是吸引境外投资者，下一步可以在 QFII 的基础上，不断吸引境外投资者涉足资产支持证券交易，以提升境外投资者的比重，逐步实现投资者结构的优化。

二　培育多层次金融机构——改变银行机构的主导地位

目前，我国多层次金融机构或金融市场发展有很大的滞后性，多层次金融机构的发展，能够有效地提高金融市场的效率及稳定性，通过完善资本市场的功能，切实有效为实体经济提供融资服务，并进一步解决"稳增长、调结构、促转型"的难题。众所周知，资产证券化创新流程具有特有的复杂性，并且参与机构众多，包括证券公司、投资银行、评级机构、信托公司等，所以在资产证券化发展过程中，更多非银行金融机构的参与是完善资本市场的重要途径。同时，资产证券化的发展，也

能够切实培育非银行金融机构，以推动金融机构的多层次性。比如，作为资产证券化的重要管理者——证券公司，或投资银行能够通过资产证券化业务获得必要的通道收入和承销费用，并且证券公司通过对资产证券化创新流程的深入参与，能够有效提升产品的设计能力及专业水平，若所涉足的资产支持证券等债券工具在金融市场中交易，证券公司还可有更广阔的业务拓展空间。信托公司也是资产证券化创新流程中的重要参与者，其首先可以获得作为 SPV 带来的收益，并且信托公司的盈利模式也会随着资产证券化的发展不断丰富，比如在资产证券化创新流程中，信托公司作为专职受托人，也能通过参与资产证券化提高自身金融服务水平。此外，资产证券化的发展也为基金公司和保险公司等提供了丰富的投资品种。由此可见，资产证券化的不断发展，可为证券公司（SPV 或债券承销商）、信托公司（SPV 之一）、保险公司与基金公司等非银行金融机构提供极大益处，由此推动多层次金融市场的发展，并改变目前银行主导的地位。

三　改变融资工具"失衡"的局面，通过混业经营促进结构优化

我国多层次资本市场的发展，也需要多层次融资工具给予配套。实现融资工具的多层次性，需要各类金融机构提供更为丰富的投资工具和产品，以满足不同投资者对风险、投资期限、回报率等方面的偏好。理论上讲，资产支持证券的收益和风险介于股票和固定收益证券之间。首先，资产支持证券是一种与传统债券融资工具有所区别的产品，在发达国家，资产证券化已经成为金融机构和企业重要的融资工具，在美国更是成为仅次于国债的融资工具。目前，我国金融市场的融资工具种类有待丰富，资产证券化的出现可以进一步丰富融资工具，其主要目的不仅是为银行机构提供一种风险转移、增加流动性的途径（虽然这是银行发展资产证券化的主要目的），还可作为非银行类金融机构重要的融资手段。

其次，资产证券化也是一项优质的投资工具，在发达国家，各类资产支持证券已成为机构投资者资产配置的重要工具，其不仅可以解决银行和保险公司期限错配等问题，也是机构投资者追求收益、分散风险的重要平台。随着我国资产证券化的不断发展，该产品必将成为

投资者广泛欢迎的投资标的。此外，在资产证券化迅速发展中，金融机构也会推出相对应的金融服务或产品，这极大地丰富了金融体系的投融资平台。

目前来看，金融混业经营可分为三个层次：首先是产品层次，这是金融混业经营最基本的层次，即商业银行、保险公司、证券公司之间展开合作，这一层次在国内金融业已经广泛开展。其次是股权层次，即金融子行业之间股权交叉组织形式。最后为经营层次，主要有三种表现形式，即金融控股公司、全能银行与产融结合模式等。资产证券化的创新流程，比如资产池构建与管理、不同证券种类的分割、评级技术等，需要商业银行、信托公司、投资银行、评级机构等机构共同参与，在传统分业经营模式下，各类金融机构之间高昂的交易成本将会阻碍资产证券化的发展。然而，随着政策因素的推动，资产证券化可作为一种"盘活存量"的良好工具得到大力推广，在此背景下，越来越多有实力的金融机构将加入这一流程，由此形成混业经营的局面。比如，在重启信贷资产证券化后，银行从事资产证券化创新的同时，又可以以项目担保人的身份参与企业为主导的资产证券化业务，而且企业的贷款资源也可为银行进一步发展资产证券化提供空间。可见，资产证券化的发展，可在银行机构与金融市场之间搭建桥梁，以形成两者的深度融合，这不仅有利于推动混业经营，也有助于金融结构的优化。

四　改善中小企业融资约束，不断优化融资结构

虽然我国"银行主导型"的金融结构模式为提高资金融通效率，推动储蓄向投资转化等过程发挥了巨大作用。但随着经济增长进入下行期，信贷风险的积累不断显性化，中小企业融资难等问题也不断出现，作为结构化融资的主要载体，资产证券化这一融资平台为解决中小企业融资难等问题提供了更多选择，这在一定程度上也实现了融资结构的优化。

我们知道，资产证券化的创新流程存在两类重要特征，即真实出售和破产隔离。在资产证券化运作过程中，本息的偿付与中小企业本身的资信水平无关，而是以资产池的现金流为保证，该流程能够较好回避由于较低的信用等级而影响中小企业融资难的问题。此外，SPV 并不是简

单地以某一企业的应收账款、项目融资的收益权为支撑发行资产支持证券，而是将众多企业的资产集合在一起，按照多样化的原则构建资产池，主要目的是实现风险的分散或对冲，然后以一定的程序对资产池进行信用增级，并在此基础上进行结构化重组以发行不同风险与收益特征的证券。在这一系列处理过程中，中小企业的融资风险可以实现一定程度的降低，资产支持证券也有效提高了自身的投资价值，以广泛吸引投资者，由此实现中小企业融资渠道的拓宽。

第二节　严守功能边界：审慎看待资产证券化的功能体系

理论上讲，虽然针对"功能"的需求是引导资产证券化发展的重要动力，但若无法从"功能"视角对资产证券化进行约束，则功能的发挥必将导致"负外部性"，这不利于金融稳定。在后危机时代，随着以维护金融稳定为目标的宏观审慎监管不断强化，机构型监管也必将向功能型监管过渡，为此，在经济下行压力下，若使资产证券化能够发挥应有的功能效应，我们必须构建以"功能"为导向的资产证券化监管体系，这也体现了经济下行期资产证券化的监管趋势，并且对"功能"的约束也有利于明晰资产证券化的创新边界。

一　谨慎看待"发起—分销"模式——对"流动性效应"功能的约束

作为资产证券化诞生之初的基本功能，"流动性效应"不仅能够满足银行的功能性需求，还促使银行经营模式由"发起—持有"向"发起—分销"转变。在"发起—分销"业务模式下，银行不仅可以实现非流动性资产的"盘活"，还拥有了更多控制流动性的渠道，同时具备了业务拓展的空间，但是这种转变为"以金融机构为中心"与"以金融工具为中心"的"内生流动性扩张"（即一种脱离实体经济的流动性扩张）奠定了基础，该扩张机制不仅赋予传统融资媒介具备了不受存款准备金约束的流动性扩张能力，还使市场流动性和机构流动性出现正向循环，从而对金融稳定产生"负向"影响。为此，我们必须谨慎审视由"流动性效应"功能所衍生的"发起—分销"业务模式。

第一，严格规定基础资产的规模。对于资产证券化的"流动性效应"功能，最基本的约束点即基础资产，而基础资产的规模是流动性转换的基础，规模大小也决定了流动性转换的大小，并为后续内生流动性扩张奠定了基础，为此我们认为在资产证券化发展初期，应适当限制基础资产的规模，防止大规模创新（或过度创新）的出现，为市场形成"缓冲期"。随着市场条件逐步成熟，再不断对基础资产规模进行放宽或扩大。

第二，对于金融机构的流动性扩张，监管当局通常会设置法定存款准备金和资本金要求等约束条件，作为"发起—分销"模式的核心环节，SPV 是盘活信贷资产二级市场、缓解银行流动性压力的重要因素，但在现实运作中，一些注册资本较少，甚至没有任何资本金的 SPV 就能参与资产证券化业务创新，这是导致杠杆率攀升和内生流动性扩张的重要原因，为此我们需要严格规定 SPV 的资本金规模，通过对资本金规模的控制形成了对"增加流动性"功能的另一种约束，从而防止银行对该功能的滥用。

第三，传统流动性扩张机制中还存在中央银行和存款保险公司等必要的流动性风险保护机构。而在资产证券化的流动性扩张中，提供风险保护的主要有信用评级机构、信用增级机构及出售风险保护合同的金融机构等，但这些机构并不具备独立性，因此监管机构应强化针对这类机构的监管，比如在市场条件还不成熟的情况下，我们可以基于"监管特许权"的视角构建信用评级机构，严格限制信用评级机构的专业化操作范围，强化信用评级机构的跟踪评级、利益冲突规避机制及信息披露监管，为资产证券化流动性创造提供良好的风险保护平台。

二 强化创新模式的监管——对"风险转移"功能的约束

"风险转移"功能是资产证券化另一项重要的基本功能，对于"风险转移"功能的约束，应基于"创新模式"进行考虑，目的是防范风险的过度转移，主要包括对基础资产与创新流程的限制，当然也要对实施资产证券化创新后银行风险承担的变化、由"发起—分销"模式引起的表外模式与表内模式的区别等方面进行判断。

（一）加强对资产证券化基础资产的监督

对于资产证券化"风险转移"功能的约束，首要着力点即对基础资产的约束，这一点与"增加流动性"功能是一致的。但对于"风险转移"功能而言，不仅要对基础资产的规模进行约束，还要强化针对质量的监督，以防止风险过度转移：第一，基于多元化角度构建基础资产池，从创新源头即实现风险部分分散，并且在资产选择时要严格控制资产的质量、标准及信用等级。第二，强化针对基础资产的贷后管理，持续跟踪基础资产借款人的资产负债表，尤其关注基础资产的现金流状况，以确保现金流的稳定性。监管部门也要持续关注银行的贷后管理行为，防范银行在"真实出售"后出现道德风险。第三，清晰界定 SPV 或 SIVs 等风险隔离机制的法律形式，以基础资产的质量为基础，来决定是否采取"风险转移"模式对风险隔离机制进行设计。当然，可以规定银行"风险自留"部分资产，通过要求银行承担部分信用风险，将银行与投资者的利益进行捆绑，由此实现对投资者的保护，同时也实现了对风险过度转移的约束。

（二）在表外证券化和表内证券化之间实现创新流程的有效权衡

资产证券化的创新模式，即"发起—分销"模式实现了基础资产的"表外化"，但正是"表外化"的存在，才导致银行拥有风险过度转移的偏好。因此，为了控制"风险转移"功能的边界，必须在表外证券化和表内证券化之间实现有效权衡，即并非所有资产都能表外化，而是对于质量较好的资产，可以鼓励表外化创新，这对于优化金融机构的风险结构是有利的；对于质量较差的资产，应要求银行采取表内化模式，以对银行风险偏好、杠杆化偏好、风险转移偏好等形成有效制衡，防止银行对"风险转移"功能的滥用。

（三）动态审视银行风险承担的变化趋势

从理论上讲，如果银行存在风险过度转移行为，必将提高自身风险承担水平，同时也会提高资产证券化创新偏好。可见，有必要动态审视银行风险承担的变化趋势，以判断银行是否存在风险过度转移行为，从而对"风险转移"功能形成约束。我们可以采取强化信息披露的方式，来动态审慎银行风险承担的变化，比如要求实施资产证券化创新的银行详细披露基础资产的规模及质量、创新后的风险敞口、对借款人的持续监督行为、信贷资产的质量变化等信息，尤其是要求银行详细披露在实施资产证券化创新后资产结构的变化趋势，并对银行参与的高风险业务进行核查，可以考虑规定银行投资高风险业务的规模与自身核心资本之比的上限，以防止银行出现道德风险。通过对实施资产证券化创新后的银行风险承担水平变化进行监测，从而控制其风险过度转移的偏好，以形成对"风险转移"功能的约束。

第三节 强化资产证券化的监管：以"宏观审慎监管"为蓝本

上一章已经提到，从宏观层面来看，应注重纳入资产证券化创新后的银行宏观审慎管理框架。金融危机的爆发表明，资产证券化的微观审慎监管存在一定偏差，宏观审慎监管也存在严重缺位，为此我们只有从强化"宏观审慎监管"入手，来改进资产证券化的金融监管：首先，要明确资产证券化宏观审慎监管的目标；其次，从宏观审慎分析、政策工具以及政策安排等方面来探讨资产证券化的宏观审慎监管框架（见图 9 - 1）。

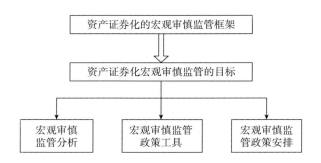

图 9 - 1 资产证券化宏观审慎监管的整体框架

一 资产证券化宏观审慎监管的主要目标

分析任何金融工具的宏观审慎监管，首先要明确监管目标，这对资产证券化也不例外。Borio 和 Drehmann（2009）指出，防范系统性风险是宏观审慎监管的主要目标。Caruana（2010）认为，"通过控制金融机构之间的相关性和顺周期性来降低系统性风险"是宏观审慎监管的目标。因此，应以防范系统性风险或维护金融稳定为基础来确定资产证券化的宏观审慎监管目标，相关具体目标应包括两个方面：一是评估单个资产支持证券对系统性风险的作用；二是分析和计量整体资产证券化市场的系统性风险。

二　资产证券化宏观审慎监管的基本构成

在确定监管目标之后，第二步即构建资产证券化的宏观审慎监管框架。关于资产证券化的宏观审慎监管框架，应包括宏观审慎监管的分析、政策工具，及政策安排等。

（一）资产证券化宏观审慎监管框架的基础即监管分析

由于宏观审慎监管的目标即维护金融稳定，因此相关监管分析即是对系统性风险的分析，并对风险的来源进行预测，以对后续的风险预警和防范措施提供理论依据。与此同时，监管机构也应对涉及资产支持证券交易的资金流动进行分析，以避免由于资金流动引起的市场流动性波动。

（二）政策工具即资产证券化宏观审慎监管框架的核心环节

Borio（2003）设计了两类关于宏观审慎监管的政策工具：一类是逆周期监管工具，主要针对时间维度中的顺周期性；另一类是针对空间维度而构建，主要防止微观金融主体的"同质性"或共同的风险敞口，以及系统重要性机构"大而不倒"等问题。关于资产证券化宏观审慎政策工具的设计，也应从时间维度和空间维度两个方面来考虑。

第一，时间维度上的政策工具主要是应对顺周期性，因此可从资本监管和流动性监管两个方面来构建（见表9－1）。首先，资产支持证券主要在场外交易，但为了约束金融机构的行为，在计提资本拨备时，必须以产品价格的顺周期性为基准，抑制资产支持证券交易的顺周期性：一是根据逆周期性构建资本缓冲制度，即根据资产支持证券价值波动的顺周期性来计提相关资本，从而缓解杠杆率和公允价值的顺周期性。二是根据前瞻性构建拨备制度。在资产支持证券价值上升周期时多计提拨备，这既能有效缓解事后价值贬值带来的损失，也能对产品创新超出相应边界进行预防。三是动态监控杠杆率的变化，即对杠杆率的顺周期特点进行及时跟踪和监测。其次，从流动性监管来看，一方面，通过逆周期的方式计提流动性资本，为各种证券化工具提供流动性保险，同时也可以平衡金融机构的资产负债期限错配（Perroti and Suarez，2009）。另一方面，以盯住融资（mark‐to‐funding）的方式进行估值，根据一定的折现率，对证券化资产未来的现金流进行折现来确定价格，这样金融机构就可以注重长期资金来源，并减轻流动性紧缩带来的冲击。

表 9 – 1　　　　资产证券化宏观审慎监管的时间维度工具及目标

监管项目	政策工具	政策工具目标
资本监管	反周期的资本缓冲制度	缓释公允价值的顺周期性，抑制资产支持证券过度扩张
	前瞻性拨备制度	抑制资产支持证券过度扩张，并在事后冲抵衍生工具带来的损失
	对投资主体杠杆率进行动态监控	防止投资主体的"杠杆化"和"去杠杆化"
流动性监管	增加流动性资本要求	为资产支持证券提供流动性保险，并改善资产负债的期限错配
	采用盯住融资的估值方式	注重长期稳定的资金来源，减轻危机时被迫销售带来的流动性困难

　　第二，从空间维度来看，资产证券化强化了商业银行与金融市场之间的联系，各种系统重要性金融机构或工具的发展也增强了金融体系的"同质性"，因此空间维度系统性风险的监管难度也有所增加。关于空间维度的宏观审慎监管：一是由于系统重要性金融机构是资产支持证券的主要持有者，因此要强化此类机构的监管（包括严格资本金要求等）。二是由于资产证券化创新强化了金融机构的"同质性"，并且产品交易主要集中在几家大型金融机构，风险也相对集中，因此要强化对系统重要性工具的监管，可以考虑形成一种系统重要性工具清单，包括相关的杠杆率、交易量以及风险特征等，对这些"重要性"工具进行注册登记，以控制或监测这些工具的风险传导特征。三是考虑征收

"金融稳定贡献税"，也就是针对系统重要性金融工具或机构征税（上一章中已经提到）。四是严格限制系统重要性金融机构关于资产证券化的自营交易业务，同时要在商业银行与特殊目的机构之间构建严格的风险隔离机制（见图9-2）。

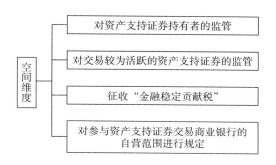

图9-2　资产证券化宏观审慎监管的空间维度

（三）资产证券化宏观审慎监管的政策安排

资产证券化的宏观审慎监管主要注重对系统性风险及金融稳定的控制，为此可以从以下几个角度来考虑相关政策安排：首先，建立资产证券化参与主体与监管机构之间的信息沟通机制，对与资产证券化相关的宏观经济信息、交易信息和监管信息应及时共享；其次，应根据宏观审慎监管的分析结论及时调整资产证券化的监管政策；最后，由于资产证券化使商业银行与金融市场之间的联系得到了强化，因此其监管政策应与其他金融行业的监管政策，比如银行业、证券业和保险业的监管政策相配合，同时也要加强与宏观经济政策的联系。

三　资产证券化监管框架的构建

总体而言，资产证券化宏观审慎监管的核心是维护金融稳定，并注重对系统性风险的监管。从改进金融监管的角度来讲，我们的目的是加强宏观审慎监管，促使微观审慎理念向宏观审慎理念过渡，但在构建监管框架时，我们也不能忽视微观审慎监管，因此必须有机结合微观审慎监管和宏观审慎监管来构建资产证券化的监管框架。

（一）资产证券化的微观审慎监管主体

当前，资产证券化已成为商业银行与金融市场连接的桥梁，在经历次贷危机向金融危机演变的洗礼后，资产证券化的发展已步入至适应世界银行业发展的高级阶段，为了防止出现所谓的多重监管或监管"真空"，基于"微观审慎"的资产证券化监管框架必须能够实现跨市场、跨机构和跨产品的监管，由银行业、证券业和保险业的监管机构，以及负责监管场外交易的机构组成，且各监管机构之间应实现分工协作与信息共享。与此同时，与传统的机构性监管不同，基于"微观审慎"的资产证券化监管框架应是依据不同的基本功能而构建（见图9-3，双箭头代表机构间的协调和信息共享，下同）。

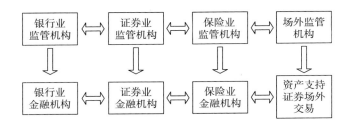

图9-3 资产证券化的微观审慎监管框架

（二）资产证券化的宏观审慎监管主体

对于资产证券化的宏观审慎监管，不仅要关注系统性风险及金融稳定，还要注重监管机构之间的信息共享与协调，因此，资产证券化宏观审慎监管的主体应是由中央银行、财政部以及各个金融监管机构构成的协调组织系统，该系统的主要职责包括：第一，对宏观经济运行中存在的系统性风险信息进行监测和评估；第二，对资产证券化可能产生的系统性风险源头进行判断，并对单个资产支持证券与系统性风险的关系进行分析；第三，根据分析结果，适时向相关监管机构提供建议，督促监管机构进行必要的风险预警，以采取措施防范系统性风险。

（三）资产证券化监管框架的构建——微观审慎与宏观审慎的有机结合

资产证券化监管框架的构建，必须实现微观审慎监管和宏观审慎监管的有机结合。在这个系统中，微观审慎监管者需要向宏观审慎监管者传递经济发展信息，两者必须实现信息共享，而宏观审慎监管者在这些信息的基础上，对资产证券化可能产生的系统性风险进行分析判断，并通过风险预警的方式将信息反馈至微观审慎监管者，并对微观审慎监管者具体政策的制定进行指导（资产证券化的监管框架如图9-4所示）。

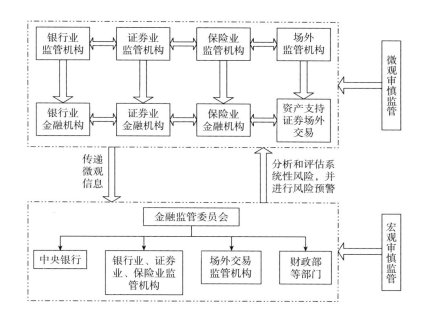

图9-4　微观和宏观审慎相结合的资产证券化监管框架

通过上面的分析，我们构建了资产证券化的监管体系。鉴于在金融危机中资产证券化监管的缺陷，在未来的监管改革中，我们不仅要对微观审慎监管的偏差进行修正，更重要的是构建宏观审慎监管体系，未来的金融监管理念也是从微观审慎监管向宏观审慎监管过渡。但对于具体监管框架的构建，要有机结合微观审慎监管和宏观审慎监管，并注重两者之间的信息传递和资源共享。当前，我国资产证券化正进入提速发展的通道，推进资产证券化也是促进我国金融体系功能的完善，及商业银行经营转型的重要渠道，但从发达国家的经验来看，资产证券化的迅速发展虽然会强化商业银行与金融市场之间的联系，但也拉大了相关信用链条，并威胁到金融稳定，所以我们基于微观审慎监管和宏观审慎监管的有机结合来构建资产证券化的监管框架。只有这样，我们才能有效利用资产证券化的金融功能，并对资本市场服务实体经济的相关功能进行完善。

四 基于宏观审慎监管框架对"信用中介"功能的约束

现有研究认为，资产证券化也可发挥"信用中介"功能，该功能有利于实现多层次资本市场的发展，并提升金融资源的配置效率。但这种"中介"存在内在脆弱性，并且对该功能的过度利用会带来宏观层面的"负外部性"。为此，我们认为可以通过强化宏观审慎监管的方式，对资产证券化的"信用中介"功能进行约束。

一方面，"信用中介"功能是在"风险转移"与"增加流动性"等基本功能的基础上发挥效应，任何对基本功能过度利用的行为，均会导致对"信用中介"功能的过度利用。通过分析可知，"风险转移"功能的过度利用，不仅会导致风险过度转移，还会导致资产证券化创新链条的不断扩张，这是一种典型的系统性风险积累现象；而"增加流动性"功能的过度利用，则会导致内生性流动性扩张与资产价格泡沫，由此引起金融不稳定。从理论上讲，基本功能所实现的风险转换和流动性转换，均是"信用中介"功能发挥的基础（李佳，2015），为此有必要从"宏观审慎"的角度强化对"信用中介"功能的约束。可以考虑通过采取资本监管与流动性监管等应对顺周期性的监管工具，以资本监管对风险转换进行约束、流动性监管对流动性转换进行约束，对发行资产支持证券银行机构的资本缓冲、前瞻性拨备、杠杆率、流动性资本等进行动态监测，防范过度的风险转换和流动性转换。

另一方面，"信用中介"功能的发挥，使传统金融中介与资本市场之间的联系更加紧密，并增强了金融体系的"同质性"，所以从"宏观审慎"角度来看，这种"同质性"其实强化了金融体系的"脆弱性"。为此，一方面，要加强对系统重要性金融机构的监管力度，比如可以考虑构建包括交易量、风险资本及杠杆率等指标的系统重要性清单，以形成对系统重要性金融机构的监测，从而遏制系统重要性金融机构的道德风险或"大而不倒"问题。另一方面，在资产证券化发展的引导下，随着金融机构的联系不断紧密，应结合上文提到的微观审慎监管与宏观审慎监管相融合的监管体系，实现资产证券化创新主体与监管机构之间的信息共享，推动监管体系由机构型监管向功能型监管过渡，从空间上实现对"信用中介"功能的宏观审慎监管。

第四节　扩大资产证券化的试点，适度推进"表外化"模式

虽然信贷资产证券化自 2012 年开始重启，但各项功能，尤其是风险转移功能直到近期才发挥作用，并且该功能若能真正缓解银行风险，将会进一步促进银行风险管理渠道的优化与资本压力的释放。在此背景下，考虑到经济增速放缓及银行面临的潜在经营转型压力，必须为有效利用资产证券化相关功能提供制度空间。当然，不良贷款证券化的启动是一种很好的制度尝试，我们应在此基础上完善资产证券化基础资产安排的政策文件，特别是可以考虑扩大资产证券化的试点范围，适度扩大银行资产证券化的基础资产种类，对于基础资产要适当增加个人贷款、中小企业贷款的比重，开展包括租赁租金、循环贷款、商业房地产抵押贷款、保单质押贷款、信托受益权、保理债权、票据收益权、个人消费贷款等方面的创新，同时充分给予银行更多的自由选择权，推动资产证券化产品的多样化发展，基础资产池种类的增加也有助于设计不同风险档次的资产支持证券，以满足不同风险偏好投资者的投资需求。

从运作模式来看，虽然我国资产证券化与美国"表外化"模式颇为类似，但法律基础还存在较大不同。在此，我们暂不论美国"表外化"模式是否合理，但该模式确实有利于实现风险转移，并优化银行风险管理渠道。鉴于目前我国银行资产证券化的发展还较为审慎，因此可以考虑调整相关制度约束，渐进式推动拥有"真实出售"功能的"表外化"模式，打破银行无法实现"破产隔离"的制度约束，使银行真正实现风险转移，从而缓解风险。但需要注意的是，一旦针对"真实出售"大开绿灯，难免金融机构不会出现逆向选择或道德风险，因此我们也需要从信息披露、质量监管、信用评级等方面强化针对"表外化"模式的监控，防止银行过度利用"表外化"模式或风险转移功能。

第五节　资产证券化发展的制度保障：
完善法律制度体系

一　对资产证券化基础资产的标准进行明晰

对于资产证券化的基础资产标准，必须从法律层面予以明晰，即通过法律方式可以概括出基础资产的核心特征，对于基础资产的类型也可以从法律层面进行抽象化的明确。无论是何种类型的基础资产，其特征必须满足如下几个条件：第一，基础资产的现金流必须是可预测的，只有可预测的现金流才符合资产证券化基础资产标准的基本要求。第二，基础资产的现金流必须是稳定的，因为稳定的现金流才能保证投资者未来的收益是有保障的。第三，基础资产必须具有可交易性和可转移性。在资产证券化创新流程中，一个重要环节即将特定资产通过 SPV 实现转移，这就决定了被证券化的资产必须在二级市场上具有可交易性，也就是说基础资产所蕴含的权利必须是在法律上受保护的，是一种有效的资产。第四，基础资产必须具有低违约的记录。基础资产是否具有低违约的记录，是衡量基础资产能否产生持续稳定现金流的重要前提条件，低违约的记录，也体现了基础资产的债务人具有良好的财务状况。第五，在明确资产证券化基础资产的标准时，还需要明确的是资产证券化的基础资产必须以既存债权为主，即当事人之前已经存在债权债务关系的债权，从理论来讲，既存债权比未来债权的确定性要高，未来债权由于衡量的是当事人之前尚未发生债权债务关系的债权，因此具有较高的不确定性，由此可见资产证券化的基础资产虽然可以不排斥可预见性较强的未来债权，但在实际运作中，应以既存债权为主。

二　对特设目的机构（SPV）的法律性质进行明确

目前，我国主要采取的特设目的信托方式在法律上存在诸多障碍，导致其法律性质较为模糊，这种方式虽然也实现了资产交易或转移，但并未完全隔离发起人的风险，主要原因在于我国部分法律制度并不完善，相关法律规定之间存在一定程度的冲突。针对这种问题，我们认为可以通过对现有法律制度进行修正予以解决，比如，可以通过法律方式明确资产证券化基础资产的所有权归属受托人，而非委托人，从而实现"真实出售"，这种方式也有利于彻底隔离作为委托人的发起人所承担的破产风险。当然在此过程中也要加强对信托公司的监管，对信托公司的业务范围进行限制，严格控制信托公司对受托资产的处置力度，对信托公司资产证券化运作过程中蕴含的风险进行监控。从远期来看，可以考虑制定专门的法律制度对资产证券化的业务进行规范，比如直接制定《资产证券化法》，对真实出售及其标准进行全面系统的梳理，包括真实出售的认定标准、真实出售制度的执行监控等方面进行详细规定，并使该法与其他部门法处于同一档次，这里可以借鉴美国等发达国家的资产证券化法律体系，因为这些国家的资产证券化法律制度已趋于完善，而且对资产证券化进行专门立法已成为学术界的共识，这同时也反映了金融创新对法制化依赖的客观现实。

三　从法律角度对资产证券化业务的信息披露给予强制规定

银行体系的资产证券化创新是一个复杂的流程，其所构建的基础资产池是整个信贷资产证券化业务活动的逻辑起点，市场投资者是否参与资产支持证券交易，主要也是依赖于自身对商业银行所披露基础资产的信息进行判断。从理论上讲，银行体系所披露的基础资产信息，主要是与"真实出售"认定标准相关的信息，包括基础资产池的结构、银行的风险自留比例、所转移资产的信用风险、信托受益权支付等方面，这些信息对于特设目的机构、市场投资者、信用评级机构、信用增级机构等评估资产证券化的风险和收益特征起到决定性的作用，因此，监管部门应该通过法律的方式，对银行所披露信息的真实性和完整性进行严格监督，再者也应该在不断完善真实出售标准的基础上，对发起银行所披露的基础资产结构、信用风险情况、风险自留比例等信息实现量化处理，这样从法律的形式不仅保证资产证券化业务信息披露的完整性，也能够满足银行体系信贷资产证券化的风险预警和揭示需求，更应有助于市场机构对资产支持证券的风险与收益特征进行有效评估。

四 强化资产证券化业务参与主体的法律监管

对于资产证券化业务参与主体的法律监管，主要包括针对发起银行及特设目的机构的监管：一方面，针对发起银行的法律监管。对于发起银行而言，其在资产证券化运作中存在双重角色：一是资产证券化业务的直接参与主体，二是资产证券化业务的服务机构。作为直接参与主体，银行应能对信贷资产证券化的风险或自身所保留的风险进行准确评估和监测，银行资本充足率的计算应能反映资产证券化业务所蕴含的种种风险，从而确保银行的风险得到真实披露和控制。而作为资产证券化业务的服务机构，银行应设置专门的业务部门从事资产证券化服务业务，资产证券化运作所涉及的资金流动也应当单独设账，并与其他业务的资金流动进行分开管理。同样，不同资产证券化交易中心的资金流动也必须分别记账、分开管理。监管部门应通过法律的方式对发起银行的资产证券化服务业务进行严格检查和监督。此外，作为双重角色的商业银行，其贷款管理的有效性应能在很大程度上影响逾期贷款或违约贷款的回收概率，监管机构也应通过法律的方式强化商业银行在激励约束机制方面的主动性，从而有效保证投资者的利益。另一方面，强化对特设目的机构的法律监管。从我国目前来看，特设目的机构一般由信托公司担任，因此需要从法律方面对涉足资产证券化业务信托公司的市场准入标准、业务范围、风险控制、内部治理机制、信息披露等方面做出严格规定，当然信托公司的风险和收益特征也是监管部门关注的焦点。

本章小结

在经济下行压力下，资产证券化的发展并未对银行风险承担带来不利影响，但是通过对比发达国家的经验可知，随着资产证券化市场不断扩张，其必将促进银行体系与金融市场深度融合，并对金融体系的稳定性形成冲击。在此背景下，随着经济下行压力不断趋强，有必要详细探讨我国资产证券化的发展及监管趋势。本章首先明确了我国资产证券化的发展目标，即渐进式推动金融结构的优化；其次认为应审慎看待资产证券化的功能体系，严守资产证券化功能边界，并以"宏观审慎监管"

为蓝本，强化资产证券化的监管；再次，根据功能要求，适度推进
"表外化"模式的资产证券化，扩大资产证券化的试点；最后，完善法
律制度体系建设，对资产证券化基础资产的标准进行明晰，从法律角度
对资产证券化业务的信息披露给予强制规定，并强化针对资产证券化业
务主体的法律监管。

第十章　研究结论

考虑到我国"银行主导型"的金融结构背景，近二十年来，银行体系一直是提高融资效率的重要力量，但其中蕴含的风险也不容忽视，主要表现在如下两点：一方面，长期信贷扩张将会带来金融风险不断积累；另一方面，经济下行压力导致实体经济风险的恶化将不可避免传导至银行体系，目前银行体系不良贷款与不良贷款率的"双升"已经凸显了该问题。因此，在经济下行趋势下，如何厘清银行风险的变化特征已成为学术界和监管部门亟待解决的重要课题，同时，商业银行风险承担水平的降低，不仅是维护银行体系稳定、守住不发生系统性金融风险的基础环节，更为监管机构优化监管措施提供决策支撑。

我国资产证券化自 2005 年正式起步，但金融危机的爆发使该实践一度停顿，直至 2012 年 6 月，伴随金融深化的需要，信贷资产证券化再度启动，并且监管部门也不断推出有利措施，以推动资产证券化迅速发展。那么需要考虑的是，在经济下行压力下，拥有风险转移与流动性效应等微观功能的资产证券化将对银行风险承担产生何种影响？资产证券化能否成为银行风险管理的重要创新途径？这不仅是本书需要回答的主要问题，也是关系到如何进一步规范资产证券化发展的基础考虑因素。为此，本书基于"经济下行期"的重要背景，针对已有研究的不足，在借鉴现有文献的基础上，全面地探讨了资产证券化对银行风险承担的影响。本书的主要研究内容与结论如下：

第一，基于"经济下行压力"的背景趋势，对银行资产证券化的发展动因与内涵进行剖析：一方面，从理论上得出我国商业银行发展资产证券化的目的在于改善资产流动性结构、缓解资产负债的期限错配、提升风险管理能力与竞争力。另一方面，以我国银行业为样本进行实证考察，发现商业银行发展资产证券化的真实目的在于缓解风险和改善营利性，并且上市银行与非上市银行的资产证券化发展存在显著区别，同时经济下行态势也是银行发展资产证券化的重要动力，而且随着银行经营压力的提升，资产证券化增加流动性、转移风险、提高营利性和补充资本等功能将逐渐被银行重视，这也凸显经济下行压力给银行带来的经营困境，是政府部门大力推动资产证券化的目的之一。

第二，从理论上厘清资产证券化对银行风险承担的影响机制。针对理论机制的分析表明，资产证券化对银行风险承担的影响并不是一蹴而就的，而是遵循一条由"微观向宏观"过渡的三阶段路径：第一阶段，借助功能效应，资产证券化将通过风险转移、流动性效应及监管资本套利等功能影响银行个体行为，这是微观阶段的影响。第二阶段，上述功能效应对银行个体行为的影响，将通过银行资产负债结构、流动性结构、期限结构及风险偏好等变化来体现，并反映在风险承担水平的变化上，这是中观阶段的影响。第三阶段，资产证券化对银行风险承担的影响，将产生一定的溢出效应，并且该溢出效应最终将体现于金融稳定的变化，这是宏观阶段的影响。

第三，初步判断我国资产证券化与银行风险承担的关系。基于资产证券化风险转移的基本功能，并结合我国现实剖析资产证券化对银行风险承担影响的具体机制，同时以重启后的银行信贷资产证券化发展为样本，发现在初始阶段，资产证券化显著推动了银行风险上升，即由于重启不久，资产证券化及其风险转移功能并未起到缓解银行风险的作用，同时机制分析结果表明：资产支持证券发行银行主要通过道德风险倾向或从事高风险业务，及持有更高比例风险资产与更多"基础资源"导致不良贷款率上升，并且在发展初期，银行更注重基础资产池的高信用质量，或采取"风险自留"等微观行为，这均不利于风险的缓解。与此同时，通过长期分析发现，在政策因素推动下，资产证券化能够缓解银行风险，可见目前采取的政策基本实现了应有目标，属于有效的"政策"，该结论也说明伴随时间推移及资产证券化不断发展，其导致银行风险上升的效应将不断弱化。

第四，基于"经济下行压力"的背景构建准自然实验分析框架，采用双重差分法对资产证券化与银行风险的关系进行深入剖析。研究发现：在经济下行趋势中，资产证券化能够显著降低银行风险；关于不同银行类别的分析发现，在经济下行压力下，相比上市银行和规模较大银行，资产证券化更有利于降低非上市银行、规模较小银行及城商行等机构的风险；在考虑银行微观结构差异的分析中，发现对于资产流动性、资本规模、营利性较低，及风险资产占比较高的银行，资产证券化越有利于实现风险缓解，这也从侧面证实了在经济下行压力下，资产证券化可通过改善银行资产流动性、资本规模、盈利水平及风险资产占比等微观结构，以实现风险的降低。

第五，进一步判断资产证券化对银行稳定的影响。通过构建一个简化的存贷收益模型，从理论上推导演绎了资产证券化对银行资本比率、资产收益率的正向促进作用，即在其他条件不变的情况下，资产证券化不仅有助于补充资本规模，有效提升资本比率，还可以降低经营成本，以增加盈利水平，而资本规模和盈利水平的上升又会引起 z 值（即银行稳定性的衡量指标）提升，由此体现银行稳定性的增强。进一步通过实证检验发现，在当前经济下行趋势下，资产证券化并未对银行稳定带来不利影响，同时也未导致银行杠杆的过度增长，可知目前我国银行资产证券化的发展处在稳定状态，其微观功能的发挥也在正常边界之内。

第六，探讨资产证券化创新背景下维护银行稳定性的操作路径。本书认为"资产证券化创新可以充当维护经济下行期银行稳定"的重要途径，因此必须基于理性视角及"鼓励＋审慎"的态度推动资产证券化发展，并力求合理使用资产证券化的基本功能，在此基础上，动态监测资产证券化基本功能影响银行风险承担的传导链条，为合理判断银行风险承担变化态势提供一条路径，并考虑重构纳入资产证券化后的银行监管系统，从而为资产证券化基本功能在一定区间内发挥效应提供"双保险"，以实现通过资产证券化的发展盘活金融资源存量与维护银行稳定的"双赢"。

第七，明确经济下行期，我国银行资产证券化应遵循的发展策略：一是界定资产证券化的发展目标，即渐进式推动金融结构的优化。二是审慎看待资产证券化的功能体系。对于"流动性效应"功能的约束，应谨慎看待"发起—分销"的经营模式，严格规定基础资产的规模；

对于"风险转移"功能的约束，应强化创新模式的监管，不仅应加强对资产证券化基础资产的监督，也要以动态视角监控银行风险承担的变化趋势。三是以"宏观审慎监管"为蓝本，强化资产证券化的监管，并将微观审慎监管和宏观审慎监管融合，以此构建资产证券化的监管框架。四是从法律制度角度完善资产证券化发展的制度保障。

参考文献

外文参考文献

1. Acharya, V. , Schnabl, P. and Suarez, G. , "Securiztization without Risk Transfer", *Journal of Financial Economics*, 107（15730）, 515 – 536, 2013.

2. Acharya, V. , T Yorulmazer. "Too many to fail—An analysis of time – inconsistency in Bank Closure Policies", *Bank of England Quarterly Bulletin*, 16（319）, 1 – 31, 2007.

3. Adrian, T. , Shin, H. S. , "The changing nature of financial intermediation and the Financial Crisis of 2007 – 2009", *Annual Review of Economics*, 2（1）, 603 – 618, 2010.

4. Adrian, T. , H. S. Shin, "Procyclical Leverage and Value – At – Risk", *The Review of Financial Studies*, 27（2）, 373 – 403, 2013.

5. Affinito, M. , Tagliaferri, E. , "Why do（or did?）Banks Securitize their Loans? Evidence from Italy", *Journal of Financial Stability*, 6（4）, 189 – 202, 2010.

6. Agarwal S. , Chang Y. , Yavas A. , "Adverse Selection in Mortgage Securitization", *Journal of Financial Economics*, 105（3）, 640 – 660, 2012.

7. Allen, F. , E. Carletti, "Credit Risk Transfer and Contagion", *Journal of Monetary Economics*, 53（1）, 89 – 111, 2006.

8. Allen, F. , and D. Gale, *Understanding Financial Crises*, Oxford, UK：Oxford University Press, 2007.

9. Altunbas, Y. , Gambacorta, L. , Marques – Ibanez, D. , "Securitization and the Bank Lending Channel", *European Economic Review*, 53 (8), 996 – 1009, 2009.

10. Ambrose B. R. , LaCour – Little M. , Sanders A. , "Does Regulatory Capital Arbitrage or Asymmetric information drive Securitization? ", *Journal of Financial Services Research*, 28 (1), 113 – 133, 2005.

11. Anand K. Bhattaharya and Frank J. Fabozzi, *Asset – Backed Securities*, Frank J. Fabozzi Associates, 1996.

12. Ata Can Bertay, Di Gong, Wolf Wagner, "Securitization and Economic Activity: The Credit Composition Channel", *Journal of Financial Stability*, (2), 1 – 15, 2016.

13. Attig. N. and J. Dai, "Does Trading in Derivatives Affect Bank Risk? ", *The Canadian Evidence*, Saint Mary's University Working Paper, 2009.

14. Bannier, C. E. , Hansel, D. N. , "Determinants of European Banks' Engagement in Loan Securitization", Discussion Paper, Deutsche Bundesbank, 2008.

15. Barrett, R. and John Ewan, "BBA Credit Derivatives Report 2006", British Bankers' Association, London, In http: //www. bba. org. uk, 2006.

16. Baron, R. M. and D. A. Kenny, "The Moderator – Mediator Variable Distinction in Social Psychological Research: Conceptual, Strategic, and Statistical Considerations", *The Journal of Personality and Social Psychology*, 51 (6), 1173 – 1182, 1986.

17. Bartov, E. , "The timing of Asset Sale and Earnings Manipulation", *The Accounting Review*, (68), 840 – 855, 1993.

18. F Battaglia, A. Gallo. , "Securitization and Systemic Risk: An empirical investigation on Italian Banks over the Financial Crisis", *International Review of Financial Analysis*, 30 (4), 274 – 286, 2013.

19. F Battaglia. , A. Gallo. , M Mazzuca. , "Securitized Banking and the Euro Financial Crisis: Evidence from the Italian Banks Risk – Taking", *Journal of Economics and Business*, 76 (C), 85 – 100, 2014.

20. Beatty, A., Chamberlain, S., Magliolo, S., "Managing Financial Reports of Commercial Banks: the Influence of Taxes, Regulatory Capital, and Earnings", *Journal of Accounting Research*, 33 (2), 231 – 261, 1995.

21. M Bedendo, B. Bruno, "Credit Risk Transfer in U. S. Commercial Banks: What changed During the 2007 – 2009 Crisis?", *Journal of Banking and Finance*, 36 (12), 3260 – 3273, 2012.

22. E Benmelech, J. Dlugosz, "The alchemy of CDO Credit Ratings", *Journal of Monetary Economics*, 56 (5), 617 – 634, 2009.

23. Benveniste, L., An Berger, "Securitization with Recourse : An Instrument that offers uninsured Bank Depositors Sequential Claims", *Journal of Banking and Finance*, 11 (3), 403 – 424, 1987.

24. Bervas A., "Financial Innovation and The Liquidity Frontier", Banque de France, Financial Stability Review – Special issue on liquidity, 2008, No. 11, February.

25. Z. Bodie, R. C. Merton, "Finance", Preliminary Edition, Prentice Hall, Inc., 1998.

26. Brunnermeier, M. K., "Deciphering the Liquidity and Credit Crunch 2007 – 2008", *Journal of Economic Perspectives*, 23 (1), 77 – 100, 2009.

27. Brunnermeier, M. K., Sannikov, Y., "A Macroeconomic Model with a Financial Sector", *American Economic Review*, 104 (2), 379 – 421, 2014.

28. Calem P. S., LaCour – Little M., "Risk – based Capital Requirements for Mortgage Loans", *Journal of Banking and Finance*, 28 (3), 647 – 672, 2004.

29. Calomiris, C., J. R. Mason, "Credit Card Securitization and Regulatory Arbitrage", *Journal of Financial Services Research*, 26 (1), 5 – 27, 2004.

30. Carbo – Valverde, S., Degryse, H., Rodriguez – Fernandez, F., "The Impact of Securitization on Credit Rationing: Empirical Evidence", *Jour-*

nal of Financial Stability, (20), 36 – 50, 2015.

31. Cardone – Riportella, C., Samaniego – Medina, R., Trujillo – Ponce, A., "What Drives Bank Securitization? The Spanish Experience", *Journal of Banking and Finance*, 34 (11), 2639 – 2651, 2010.

32. B Casu, A. Clare, A. Sarkisyan, S. Thomas, "Securitization and Bank Performance", *Journal of Money, Credit and Banking*, 45 (8), 1617 – 1658, 2013.

33. Cebenoyan, S. A., Strahan, P. E., "Risk Management, Capital Structure and Lending at Banks", *Journal of Banking and Finance*, 28 (1), 19 – 43, 2004.

34. Cerasi, V., J. C. Rochet, "Rethinking the Regulatory Treatment of Securitization", *Journal of Financial Stability*, 10 (1), 20 – 31, 2014.

35. Cheng M., Dhaliwal D., Neamtiu M., "Asset Securitization, Securitization Recourse, and Information Uncertainty", *Accounting Review*, 86 (2), 541 – 568, 2011.

36. Christian Farruggio, Andre Uhde, "Determinants of Loan Securitization in European Banking", *Journal of Banking and Finance*, 56 (7), 12 – 27, 2015.

37. Dell' Ariccia G., Igan D., Laeven L.. "Credit Booms and Lending Standards: Evidence from the Subprime Mortgage Market", *Journal of Money, Credit and Banking*, 44 (2 – 3), 367 – 384, 2012.

38. DeMarzo, P., "The pooling and tranching of Securities: A Model of Informed Intermediation", *Review of Financial Studies*, 18 (1), 1 – 35, 2005.

39. P DeMarzo, D. Duffie, "A Liquidity – Based Model of Security Design", *Econometrica*, 67 (1), 65 – 100, 1999.

40. Diamond, D., R. G. Rajan, "The Credit Crisis: Conjectures About Causes and Remedies", *American Economic Review*, 99 (2), 606 – 610, 2009.

41. Dionne G., Harchaoui T., "Banks' Capital, Securitization and Credit Risk: an Empirical Evidence for Canada", HEC Working Paper No.

03 – 01, 2003.

42. Duffee, G. , C Zhou, "Credit Derivatives in Banking: Useful Tools for Managing Risk?", *Journal of Monetary Economics*, 48 (1), 25 – 54, 2001.

43. D. Duffie, "Innovations in Credit Risk Transfer: Implications for Financial Stability", *BIS Working Papers*, 68 (3), 1 – 18, 2008.

44. Elena Beccalli, Andrea Boitani, Sonia Di Giuliantonio, "Leverage pro – cyclicality and Securitization in US Banking", *Journal of Financial Intermediation*, (24) 2, 200 – 230, 2015.

45. Fender, I. , Mitchell, J. , "Incentives and Tranche Retention in Securitisation: A Screening Model", Working Paper of Bank for International Settlements, 2009.

46. Gai, P. , Sujit Kapadia, Stephen Millard and Ander Perez, "Financial Innovation, Macroeconomic Stability and Systemic Crises", *The Economic Journal*, 118 (3), 3 – 24, 2008.

47. L. Gambacorta, M Haliassos, "The Bank Lending Channel: Lessons from the Crisis", *Economic Policy*, 26 (66), 135 – 182, 2011.

48. Gorton G. , "The Panic of 2007", Yale ICF Working Paper 08 – 24, 2008.

49. Gorton, G. , "Securitized Banking and the Run on Repo", Yale and NBER Working Paper, 2010.

50. Gorton, G. , G. Pennacchi, "Banks and Loan sales Marketing nonmarketable Assets", *Journal of Monetary Economics*, 35 (3), 389 – 411, 1995.

51. Gorton G. , Souleles N. S. , "Special Purpose Vehicles and Securitization. In: Stulz R. , Carey M. (eds.) The Risks of Financial institutions", University of Chicago Press, Chicago, 2007.

52. Goswami, M. , Jobst, A. , and Long, Xin, "An Investigation of Some Macro – financial Linkages of Securitization", IMF Working Paper.

53. Greenbaum, S. , Thakor, A. , "Bank funding modes: Securitization versus Deposits", *Journal of Banking and Finance*, 11 (3), 379 – 401,

1987.

54. Guixia Guo, Ho – Mou Wu, "A Study on Risk Retention regulation in Asset Securitization Proess", *Journal of Banking and Finance*, 45 (1), 61 – 71, 2014.

55. Haensel D. , Krahnen J. P. , "Does Credit Securitization Reduce Bank Risk? Evidence from the European CDO Market", Working Paper, 2007.

56. Hattori, M. , Ohashi, K. , "Detrimental Effects of Retention Regulation: Incentives for Loan Screening in Securitization under Asymmetric Information", IMES Discussion Paper Series 2011 – E – 17.

57. Huong Thi Thu Le, Narayanan, Rajesh P. , Lai Van Vo, "Has the Effect of Asset Securitization on Bank Risk Taking Behavior Changed?", *Journal of Financial Services Research*, 49 (1), 39 – 64, 2016.

58. Instefjord, N. , "Risk and Hedging: Do Credit Derivatives Increase Bank Risk?", *Journal of Banking and Finance*, 29 (2), 333 – 345, 2005.

59. James A. Rosenthal and Juan M. Ocampo, "Securitization of Loan", 1998.

60. Jiangli W. , Pritsker M. , "The Impact of Securitization on US Bank Holding Companies", FDIC Working Paper, 2008.

61. Jiangli W. , Pritsker M. , Paupach P. , "Banking and Securitization", FDIC Working Paper, 2007.

62. Kara, A. Marques – lbanez, Ongena, S. , "Securitization and Lending Standards: Evidence from the European Wholesale Loan Market", *Journal of Financial Stability*, 26, 107 – 127, 2016.

63. Karaoglu, E. , "Regulatory Capital and Earnings Management in Banks, the case of Loan Sales and Securitizations", FDIC CFR Working Paper, 2005.

64. Keys, B. J. , Mukherjee, T. K. , Seru, A. , Vig, V. , "Did Securitization lead to Lax Screening: evidence from Subprime Loans 2001 – 2006", *Quarterly Journal of Economics*, 125, 307 – 362, 2011.

65. Kiff, J. , Kisser, M. , "Asset Securitization and Optimal Retention",

IMF Working Paper No. 10/74, 2010.

66. Kishan, R., and Opiela, T., "Bank Size, Bank Capital, and the Lending Channel", *Journal of Money, Credit, and Banking*, (32), 121 – 141, 2000.

67. Kothari, V., "Credit Derivatives and Securitization", Academy of Financial Services, Calcutta, 2002.

68. Krainer J., Laderman E., "Mortgage Loan Securitization and relative Loan Performance", *Journal of Financial Services Research*, 45 (1), 39 – 66, 2014.

69. Lai, R. N. Van Order, "Securitization, Risk – Taking and the Option to Change Strategy", *Real Estate Economics*, 42 (2), 343 – 362, 2014.

70. Leland, Hayne, "Financial Synergies and the Optimal Scope of the Firm: Implications for Mergers, Spinoffs, and Structured Finance", *Journal of Finance*, forthcoming, 2006.

71. Leon T. Kendall and Michael J. Fabozzi, "Asset – Backed Securitization", Massachusetts: The MIT Press, 1996.

72. Leno T. Kendall, "Securitization: A New Era In American Finance", In Leon T. Kendall and Michael J. Fishman. Eds., A Primer on Securitization, Cambridge: MIT Press, 1997.

73. Loutskina E., "The Role of Securitization in Bank Liquidity and Funding Management", *Journal of Financial Economics*, 100 (3), 663 – 684, 2011.

74. Maddaloni, A., Peydro, J. L., "Bank Risk – Taking, Securitization, Supervision, and Low Interest Rates: Evidence from the Euro – area and the U.S. Lending Standard", *Review of Financial Studies*, 24 (6), 2121 – 2165, 2011.

75. Marsh, I., "The Effect of Lenders' Credit Risk Transfer Activities on Borrowers' Equity Returns", Bank of Finland, Discussion Paper, 2006.

76. Martin – Oliver, A., Saurina, J., "Why do Banks Securitize Assets? In: XV Spanish Finance Forum Conference Proceedings", Spanish Finance Association, Palma de Mallorca, 2007.

77. Mian A, Sufi A. , "The consequences of Mortgage Credit Expansion: evidence from the U. S. Mortgage Default Crisis", *Quarterly Journal of Economics*, 124 (4), 1449 – 1496, 2008.

78. Michalak, T. C. , Uhde, A. , "Securitization and Systematic Risk in European Banking: Empirical Evidence", *Journal of Banking and Finance*, 34 (12), 3061 – 3077, 2010.

79. Michalak, T. C. , Uhde, A. , "Credit risk Securitization and Bank soundness in Europe", *The Quarterly Review of Economics and Finance*, 52 (3), 272 – 285, 2011.

80. Minton, B. A. , Sanders, A. , Strahan, P. , "Securitization by Banks and Finance Companies: Efficient Financial Contracting or Regulatory Arbitrage?", Working Paper, Ohio State University, 2004.

81. Nadauld T, Sherlund S. , "The Impact of Securitization on the Expansion of Subprime Credit", *Journal of Financial Economics*, 107 (2), 454 – 476, 2011.

82. R Nijskens, W. Wagner, "Credit Risk Transfer Activities and Systemic Risk: How Banks became less Risky individually but posed greater Risks to the Financial System at the same time", *Journal of Banking and Finance*, 35 (6), 1391 – 1398, 2008.

83. Obay, Lamia. , "Financial Innovation in the Banking Industry", The Case of Asset, Securitizaiton, Garland Publishing, New York, 2000.

84. Panetta, F. , Pozzolo, A. F. , "Why do Banks Securitize their Assets? Bank – levelevidence from over One Hundred Countries", Available at SSRN: http: //ssrn. com/abstract = 1572983, 2010.

85. Pennacchi, G. , "Loan sales and the cost of Bank Capital", *Journal of Finance*, 43 (2), 375 – 396, 1988.

86. A Purnanandam, "Originate – to – distribute Model and the Subprime Mortgage Crisis", *Review of Financial Studies*, 24 (6), 1881 – 1915, 2011.

87. Rajan, R. , "Has Finance Made the World Riskier?", *European Financial Management*, 12 (4), 499 – 533, 2006.

88. Ronel Elul, "Securitization and Mortgage Default", *Journal of Financial Services Research*, 49 (2 – 3), 281 – 309, 2016.

89. Rosch D., Scheule H., "Capital incentives and Adequacy for Securitizations", *Journal of Banking and Finance*, 36 (3), 733 – 748, 2012.

90. Santomero, A., Trester, J., "Financial Innovation and Bank Risk Taking", *Journal of Economics Behavior and Organization*, 35 (1), 25 – 37, 1994.

91. Schwartz, E. S., W. N. Torous, "Prepayment and the Valuation of Mortgage – Backed Securities", *The Journal of Finance*, 44, 375 – 392, 1989.

92. Shin, H. S., "Securitization and Financial Stability", *Journal of Economic*, 119 (536), 309 – 332, 2009.

93. Thomas, Hugh, "Effects of Asset Securitization on Seller Claimants", *Journal of Financial Intermediation*, 10 (3 – 4), 306 – 330, 2001.

94. Titova, Y., and A. Girard, "Impact of Derivatives use intensity and Credit Risk Exposure on European Bank Risks", European Business School Paris Working Paper, 2012.

95. Tucker, P., "Shadow Banking, Financing Markets and Financial Stability", Bank of England, Jan., 2010.

96. H Uzun, E Webb, "Securitization and Risk: Empirical Evidence on US Banks", *Journal of Risk Finance*, 8 (1), 11 – 23, 2007.

97. Wang, Y., Xia, H., "Do Lenders still monitor when they can Securitize Loans?", *Review of Financial Studies*, 27 (8), 2354 – 2391, 2013.

中文参考文献

1. 巴曙松:《加强对影子银行系统的监管》,《中国金融》2009 年第 14 期。

2. 白剑眉:《金融功能的层次结构:一个全景分析》,《广东金融学院学报》2005 年第 7 期。

3. 白钦先、谭庆华:《论金融功能演进与金融发展》,《金融研究》2006 年第 7 期。

4. 陈小宪、李杜若：《信贷资产证券化的微观动因研究——基于中国商业银行数据的实证分析》，《山西财经大学学报》2017 年第 2 期。

5. 陈彦斌、王兆瑞：《经济下行压力下的风险研判及宏观政策应对》，《经济纵横》2019 年第 1 期。

6. 陈忠阳、李丽君：《资产证券化中存在逆向选择吗？——基于美国银行层面数据的实证分析》，《国际金融研究》2016 年第 2 期。

7. 崔傅成、陶浩：《经济新常态下我国商业银行不良贷款的成因及对策》，《经济体制改革》2018 年第 4 期。

8. 崔婕、白婧、弓哲：《中国银行业同业杠杆对流动性风险的影响研究》，《宏观经济研究》2019 年第 3 期。

9. 段军山、张锐豪：《金融衍生品、货币环境与商业银行风险承担》，《当代财经》2016 年第 2 期。

10. 高蓓、张明、邹晓梅：《资产证券化与商业银行经营稳定性：影响机制、影响阶段与危机冲击》，《南开经济研究》2016 年第 4 期。

11. 高磊、郭红玉、许争：《资产证券化、风险贷款与商业银行流动性风险》，《金融论坛》2019 年第 3 期。

12. ［美］辜朝明：《大衰退——如何在金融危机中幸存和发展》，东方出版社 2008 年版。

13. 顾海峰、张亚楠：《金融创新、信贷环境与银行风险承担——来自 2006—2016 年中国银行业的证据》，《国际金融研究》2018 年第 9 期。

14. 郭红玉、高磊、史康帝：《资产证券化对商业银行流动性风险的影响——基于流动性缓冲视角》，《金融论坛》2018 年第 2 期。

15. 郭经延、赵睿：《美国资产证券化的经验及启示》，《上海经济研究》2015 年第 10 期。

16. 郭甦、梁斯：《资产证券化是否改变了商业银行的风险承担？——一个来自中国的证据》，《国际金融研究》2017 年第 9 期。

17. 何小锋等：《资产证券化：中国的模式》，北京大学出版社 2002 年版。

18. 黄小英、许永洪、温丽荣：《商业银行同业业务的发展及其对货币政策信贷传导机制的影响——基于银行微观数据的 GMM 实证研究》，《经济学家》2016 年第 6 期。

19. 霍源源、李江、冯宗宪：《不同股权结果商业银行信用风险分析》，《财贸经济》2016 年第 4 期。

20. 蒋海、张小林、刘敏：《货币政策影响银行风险承担的杠杆机制检验》，《世界经济研究》2019 年第 3 期。

21. 孔丹凤、孙宇辰、马驰骋、秦大忠：《信用风险转移工具真的转移了风险吗？——基于美国上市银行面板数据的实证分析》，《金融研究》2015 年第 2 期。

22. 李宏瑾、苏乃芳：《金融创新、金融脱媒与信用货币创造》，《财经问题研究》2017 年第 10 期。

23. 李佳：《资产证券化的流动性扩张：理论基础、效应及缺陷》，《财经科学》2014 年第 10 期。

24. 李佳：《资产证券化创新视角下的金融结构变迁》，《金融经济学研究》2015 年第 5 期。

25. 李佳：《金融稳定的周期性演变研究：以资产证券化为分析视角》，中国社会科学出版社 2016 年版。

26. 李佳：《资产证券化能否缓解银行信用风险承担？——来自中国银行业的经验证据》，《国际金融研究》2019 年第 6 期。

27. 李扬、张晓晶：《"新常态"：经济发展的逻辑与前景》，《经济研究》2015 年第 5 期。

28. 梁志峰：《资产证券化的金融创新理论研究综述》，《南华大学学报》（社会科学版）2006 年第 3 期。

29. 刘琪林、李富有：《资产证券化与银行资产流动性、盈利水平及风险水平》，《金融论坛》2013 年第 5 期。

30. 刘信群、刘江涛：《杠杆率、流动性与经营绩效——中国上市商业银行 2004—2011 年面板数据分析》，《国际金融研究》2013 年第 3 期。

31. 刘瑶、张明：《中国银行部门杠杆率：现状与隐忧》，《国际经济评论》2019 年第 3 期。

32. 陆晓明：《中美影子银行体系比较分析和启示》，《国际金融研究》2014 年第 1 期。

33. 潘彬、王去非、易振华：《同业业务、流动性波动与中央银行流动性管理》，《经济研究》2018 年第 6 期。

34. 盛天翔、张勇：《货币政策、金融杠杆与中长期信贷资源配置》，《国际金融研究》2019 年第 5 期。

35. 宋艳伟、王静：《激励扭曲、正反馈效应与信用风险转移工具的顺周期性——基于美国市场面板数据的分析》，《新金融》2012 年第 3 期。

36. 宋清华、胡世超：《资产证券化、信用风险与系统性风险——基于中国上市银行的实证研究》，《广西大学学报》（哲学社会科学版）2018 年第 5 期。

37. 孙安琴：《信用风险转移与银行体系稳定性研究》，《金融研究》2011 年第 11 期。

38. 孙光林、王海军、王雪标：《经济波动、产能过剩与商业银行不良贷款》，《经济问题探索》2017 年第 6 期。

39. 谭政勋、李丽芳：《中国商业银行的风险承担与效率——货币政策视角》，《金融研究》2016 年第 6 期。

40. 万志宏：《流动性之谜：困扰与治理》，厦门大学出版社 2012 年版。

41. 王倩、赵铮：《同业融资视角下的商业银行杠杆顺周期性》，《金融研究》2018 年第 10 期。

42. 王晓、李佳：《从美国次贷危机看资产证券化的基本功能》，《金融论坛》2010 年第 1 期。

43. 王晓、李佳：《功能观视角下的资产证券化创新与监管——以经济新常态为背景》，《财经科学》2016 年第 6 期。

44. 汪莉：《隐性存保、"顺周期"杠杆与银行风险承担》，《经济研究》2017 年第 10 期。

45. 王向楠：《寿险公司的业务同质化与风险联动性》，《金融研究》2018 年第 9 期。

46. 项后军、陈简豪、杨华：《银行杠杆的顺周期行为与流动性关系问题研究》，《数量经济技术经济研究》2015 年第 8 期。

47. 许坤、殷孟波：《信用风险转移创新是否改变了银行风险承担行为?》，《国际金融研究》2014 年第 7 期。

48. 晏富贵、倪志凌：《资产证券化的宏观审慎监管——基于网络模型的模拟研究》，《当代经济科学》2015 年第 9 期。

49. 姚禄仕、王璇、宁霄：《银行信贷资产证券化效应的实证研究——基于美国银行业的面板数据》，《国际金融研究》2012 年第 9 期。

50. 于凤坤：《资产证券化：理论与实务》，北京大学出版社 2002 年版。

51. 张超英：《美、日金融资产证券化：比较分析——对有关技术问题的再表述》，《国际金融研究》2012 年第 11 期。

52. 张超英：《关于资产证券化动因的理论探析》，《财贸经济》2003 年第 6 期。

53. 张庆君、陈思：《杠杆率监管引入对商业银行风险承担具有缓释效应吗？——基于中国 96 家商业银行的实证分析》，《经济与管理研究》2019 年第 3 期。

54. 张晓晶、刘磊、李成：《信贷、杠杆率与经济增长：150 年的经验和启示》，《比较》2019 年第 1 期。

55. 赵征：《风险配置的内在冲突、信用风险转移市场的脆弱性与监管改进》，《上海金融》2012 年第 8 期。

56. 周莉萍：《影子银行体系：自由银行业的回归？》，社会科学文献出版社 2013 年版。

57. 朱鸿鸣、赵昌文：《"攫取性"金融体系及其危害——一个基于金融竞合观的分析框架》，《经济体制改革》2015 年第 3 期。

58. 庄毓敏、孙安琴、毕毅：《信用风险转移创新与银行（体系）的稳定性——基于美国银行数据的实证分析》，《金融研究》2012 年第 6 期。

59. 邹晓梅、张明、高蓓：《美国资产证券化的实践：起因、类型、问题与启示》，《国际金融研究》2014 年第 2 期。